KB015191

성소수자의 권리 논쟁

김일수

세창出판사

이 도서의 국립중앙도서관 출판시도서목록(CIP)은 서지정보유통지원시스템 홈페이지(https://seoji.nl. go.kr)와 국가자료공동목록시스템(https://www.nl.go.kr)에서 이용하실 수 있습니다. (CIP제어번호: CIP2019035143)

머리말

　성소수자권리에 관한 논쟁이 이제는 여기에서도 남의 나라 불구경거리가 아니다. 일찍이 기독교 신앙과 영성의 빛 안에서 형법학을 연구하고 또 글쓰기에 열중해 온 저자에게도 오래전부터 문제의 심각성이 감지되어 왔다. 하여 지금까지 살며 생각하며 일관되게 추구해 온 세계관의 관점에서 이 문제에 대한 저자의 입장을 말해야 할 기회가 온 것은 비교적 최근이다. 그러나 잠깐 뒤돌아보니 그사이 벌써 2년이란 세월이 훌쩍 지나갔다. 비록 완결된 연구는 아니지만, 이쯤에서 글의 마침표를 찍고, 용기를 내어 이 모습 이대로 상재하기로 결심하였다.

　오늘날 일반학문의 세계에서 내놓고 신의 이름을 거론하거나 신의 계명을 들어 논증을 펴는 것은 아주 희귀한 일이 되어 버렸다. 장엄한 신의 존재를 상정하기만 해도, 그 신 앞에서 아무나 돼먹지 않은 언사를 농하는 것이 불편한 노릇이 되었기 때문일 게다. 거룩한 신의 손이 제발 자신들의 운명을 건드리지 말고 그냥 내버려 두도록 일부러 역겨운 난장판을 연출하는 세속주의는 이미 인간들의 영혼을 미풍에도 날려 가는 검불처럼 만든 지 오래되었다. 이런 정신적 풍토를 배경삼아 마치 미끄러운 경사면을 내닫는 것과 같은 위험을 즐기는 사변가들의 향연은 오늘날 때와 장소를 가리지 않고 대중들을 열광의 도가니 속으로 끌고 들어가기도 한다. 어느새 신을 조롱하거나 부인하는 목소리는 점점 더 대담해졌고 더욱더 기승을 부리는 세태가 돼 버렸다. 영성 있는 지성인들의 눈에는 그것 자체가 소름 끼칠 만큼 아찔한 일이다. 하지만 많은 사변가들은 역사를 초월해 있으면서도 항상 역사를 붙들고 계신 하나님을 세계내의 사물들처럼 역사의 차원으로 끌어내려 일정한 시대구간 속에 가두어 두기 위해 온갖 안간힘을 다해 왔다. 서양 근대의 정신사는 정도의 차이가 있을지라도 대부분 이런 조류를 타고 흘러내려 왔다고 해도 과언이 아닐 것이다. 살아 계신 하나님은 공교롭게도 우리가 예상하지 못한 때, 뜻하지 않은 상황에서도 여전히 나타나, 말도 안 되는 방법으로 역사의 흐름을 그분이 뜻하는 방향으로 틀어 놓는 일을 서슴없이 하시는 분이시다.

참생명과 진리의 하나님과 대면하면서 마주치게 될 예측불가능과 두려움을 피하기 위해 공교하게 머리를 굴릴 줄 아는 사람들 중에는 하나님과의 사이에 중립지대와 같은 모호한 영역을 설정해 두고, 일정한 거리와 간격을 유지하는 전략들을 구사하기도 한다. 근대 이성의 시대가 주류를 형성한 이후 형이상학과 철학사조 그리고 문학과 예술을 통해 자신을 나타내는 시대정신들이 서로서로 어깨를 나란히 하며 이에 맞닿아 있다. 이성이 신의 자리를 대신할 만큼 첨탑을 높이 쌓아 갈 즈음, 불안을 미리 예감한 일단의 정신사조는 아예 신 없는 사상의 향연장을 더욱 과감하게 구축하기 시작했다. 지난 세기 두 차례에 걸친 처참한 세계대전의 참화현장 중심에 신을 몰아세워 놓고 침묵하는 '신의 죽음'을 선포하는 제례의식은 각 방면에서 유행하였다. 우리들에게도 결코 낯설지 않은 실존주의 문학의 거장 새뮤얼 베케트(Samuel Beckett, 1906-1989)는 『고도를 기다리며』에서 "우리는 왜 오지 않는 고도를 기다리는 걸까요?/그건 말이야 인간이 더 이상 갈 곳이 없기 때문이지"라는 단조로운 연극대사를 통해 신 없는 대지의 허무를 노래한다.

이제 신의 죽음이 선포되는 곳에서는 형이상학도 철학도 끝나고, 참된 것, 선한 것, 거룩한 것에 관한 판단기준도 그리고 인간의 기본적인 윤리도 근본에서부터 흔들려 정신적 혼란과 무질서 속으로 빠져들고 만다. 저자는 성소수자들의 극단적인 권리주장과 집요한 운동에서 이런 유의 골이 깊은 무신론의 명증하고도 단적인 실례를 눈으로 보았을 뿐 아니라 귀로 들었고 아픈 마음으로 읽은 것이다. 하지만 참신은 영원한 분이시며 지금도 변함없이 우리 곁에 살아 계시는 분이시다. 그러므로 천하 만물의 유일한 설계자인 신의 죽음을 섣불리 떠벌리는 것만큼 역설 중의 역설도 없다.

신을 인간의 정신세계에서 추방하거나 죽이기로 작정한 이후, 정작 인간의 삶을 파고든 것은 더 깊은 공포와 불안, 끝없는 공허뿐이리라. 이사야 선지자가 기원전에 설파했던 것처럼 "여호와께서 그 위에 혼란의 줄과 공허의 추를 드리우실 것"(사34:11)이기 때문이다. 죽음의 공포와 고통을 스스로 극복할 수 없는 나약한 인간이 그 굴레에서 벗어나는 길은 언제나 변함없는 사랑의 하나님 품으로 겸손하게 돌아가는 것이다. 그것이 인류정신사에 깊이 뿌리내린 유대-기독교적 종교의 깨우침이다. 그러나 한번 하나님의 품을 떠나 자기 마음대로 제 갈 길을 가 본 사람은 쉽게 그 길로 돌아서기 쉽지 않다. 근대와 탈근대에 우후죽순처럼 뻗어난 무신앙과 무신론적 사상은 계보학적으로 이런 상황을 배경으로 한 것이다.

하나님 없는 세상에서 자신을 우상화한 인간존재의 이 본원적인 공허를 메울 대상으로 철학자들 중에는 고립된 개체 내지 초인과 같은 환상을 자아내는 자아를 내세우기도 하고 실존을 본질보다 우선시하는 사상을 등장시키기도 했다. 더 나아가 절대자유를 따라 욕망과 몸을 긍정하는 감성과 몸의 철학도 등장했다. 인간존재의 한 단면을 떼어 내 이를 절대화한 이 같은 파편적인 사고는 공허의 문제를 해결하기는커녕, 더욱 미궁 속으로 밀어 넣은 채, 개인을 마치 고대희랍신화나 동방영성종교에 등장하는 잡다한 우상 신들의 자리로 끌고 가기도 했다. 인간의 영육 간의 삶을 돌보고 끝까지 보존하기를 기뻐하는 참하나님께 감사치도 않고 경외하지도 않는 인간의 이 같은 사고는 실은 파괴적이요 무질서하며, 가식과 속임수가 가득한 그 무엇일 뿐이다.

인간이 개인존재의 차원을 넘어서 타인과 평화롭게 공존할 수 있는 사회존재, 더 나아가 전체 인류의 일원으로 살아가려면 하나님 없는 인간이라는 현대의 허상에서 탈출해 나와야 한다. 개성과 풍속과 문화와 전통 그리고 인종과 언어와 피부색과 남녀의 성적 차이를 뛰어넘어 우리가 인간가족으로서 통합과 조화를 이루며 질서 있게 살아가려면 인간과 만물을 지으신 창조주 하나님의 주권을 인정하고 그분 앞에 겸손히 다가갈 때 비로소 이루어질 수 있는 것이다. 이 하나님을 부인하고 그의 피조물인 인간이 스스로 각자 주인행세를 하려 든다면 인간의 삶에서 끊임없이 일어나는 혼돈과 모순, 갈등과 증오, 온갖 궤변과 역설에서 헤어날 수 없을 것이다. 하나님만이 세계 내 사물들과 인간의 영육 간의 삶과 정신세계에 질서를 주실 수 있는 분이시다. 근원적으로 하나님은 바로 질서의 하나님이시기 때문이다.

저자는 성소수자의 권리와 윤리문제를 다루면서 현대인권사상에서 성소수자 내지 소수자라는 프레임이 갖고 있는 억지논리 (혹자는 이것을 거지논리라고도 부른다)가 하나님의 구원계시인 성경 말씀을 정면으로 거역한다는 점을 확인할 수 있었다. 사회적 약자 는 원칙적으로 보호받아야 마땅하다. 그러나 퀴어 행진은 이미 수 치를 모르는 꼴사나운 모습으로 대로를 활보하고 있고, 인권이란 무기를 선점하고 난 뒤, 어느새 건전하게 사유하고 생활하는 다수 의 보통사람들에게 국가권력을 동원하여 겁박할 만큼 레비아탄(리 워야단)으로 진화하고 있다는 사실도 알았다. 어느 의미에서 현실 적으로 이미 사회적 약자의 범주를 벗어나 사회질서를 끊임없이 뒤흔드는 노이즈 마케팅 전문가들로 변신하고 있다 해도 지나침이 없을 것이다.

우리는 권리와 인정투쟁에서 약자 내지 소수자라고 무조건 우 대하는 것이 정의롭고 선하다고 주장하지 않는다. 다만 불법비난 이나 책임귀속의 판단에서 우열을 가리기 어려울 만큼 '의심스러 울 때' 혹은 '같은 값이라면' 약자나 소수자의 목소리에 귀를 기울이 는 것이 옳다. 그러나 문제가 우리 사회질서가 기초하고 있는 헌법 을 포함한 건전한 법질서와 충돌하는 것이라면 의심스러울 때 또 는 같은 값이라도 '기존의 법질서에 유리하도록' 결정하는 것이 옳 다. 이 경우는 기존의 법질서를 손질해야 할 입법개혁의 필요가 있 을 때에도, 개혁을 주장하는 쪽이 존치를 주장하는 쪽보다 더 무거 운 입증책임을 부담해야 한다는 것을 의미한다. 그 우열을 가리기 힘든 상황에서는 관습법을 포함한 기존의 질서상태를 존중하는 쪽 으로 가는 것이 정상적인 법치국가가 가야 할 입법정책의 길이다.

소수자이기 때문에 그 목소리를 들어주라고 말하는 것은 억지 논리다. 그것을 윤리로 포장하는 인정투쟁의 이론가도 물론 있다.

이미 잘 알고 있는 바와 같이 민주정치는 다수의 지배를 원칙으로 한다. 그러나 민주정치의 참된 강점은 다수결에서 밀린 소수의 견해라도 다수의 주장에서 발견할 수 없었던 실현가능한 가치합리성이 있고, 어느 때가 되면 다수도 소수의 그 주장을 수용할 만한 합리적인 근거가 엿보일 때, 그것을 다수의 정책 속에 수용하여 반영할 수 있다는 데 있다. 민주정치는 결코 대립과 배제 일변도의 정치공학이 아니라 화합과 포용의 정치예술에서 그 생명력을 활짝 꽃피울 수 있기 때문이다. 혹자는 성소수자 권리의 인정투쟁을 놓고 소수자에 대한 보호와 배려가 불충분할 때 그것이 사회적 긴장과 불안으로 이어질 것이라는 우려를 거론하기도 한다. 따라서 소수자에 대한 보호와 배려를 내용으로 하는 법제도의 증가는 사회의 갈등과 분쟁을 해결하는 대안이 될 수 있다고도 한다.

그러나 여기에도 함정이 들어 있음을 알아야 한다. 다수자와 소수자는 현실적·구체적으로 결코 이분법적으로 양분할 수 있는 부류가 아니기 때문이다. A라는 다수자와 B라는 소수자 안에도 다시 A-1이라는 다수자, A-2라는 소수자가 있을 수 있고, 소수자 B안에서 B-1이라는 다수자와 B-2라는 소수자가 끊임없이 역동적으로 분화할 수 있다. 위에서 언급한 소수자에 대한 불충분 프레임은 결코 규범으로만 해결할 수 있는 사항이 아니다. 다만 이 분화하는 차이가 어느 단계에서 정착상태에 들어가 기존의 규범들에 대한 타당성 자체가 문제시될 때에는 법도 성찰과 반성의 눈을 통해 개정과 수정 또는 폐지의 요구와 대면하게 될 것이다. 공동체의 지속가능한 발전과 안정은 규범매체를 비롯한 각종 매체들을 통한 이해와 의사소통과 조정을 통해 이루어지는 것이지, 경계가 애매모호한 어떤 부류에게 다른 부류가 보호·배려라는 법적 시혜를 던져 줌으로써 이루어지는 것은 아니다. 자칫 때에 맞지 않는데도 불구하고 이데올로기적인 또는 인기영합적인 법률을 남발하거나 그로 인해 법의 홍수가 범람하는 날이면 정상적인 법공동체 질서의 신호체계만 혼란에 빠뜨릴 수 있다는 점을 조심해야 할 것이다.

성소수자의 권리와 관련하여 범람하는 국가인권위원화의 각종 권고안, 지방자치단체와 교육자치단체들이 쏟아 내놓는 각종 인권조례, 차별금지법의 입법안 등은 시민의 생활세계를 오히려 법으로 옥죄어 식민지화하는 결과에 이르지 않을지 면밀하게 깨어 경계해야 할 일이다. 오늘날 폭발적으로 증가하는 법을 통해 야기될 수 있는 생활세계의 식민지화는 삶의 다양한 측면인 세계와 연결되어 교류하는 법 주체들의 역할을 강화하고 그 삶의 의미를 풍요하게 해 주는 것이 아니다. 오히려 다양한 맥락을 지닌 생활세계의 여러 측면을 위축시키고 단절시키기도 하며 무관심하게 방치하기도 하여 고립된 삶을 유발할 수 있을 뿐이다. 이것은 결과적으로 생활세계 자체를 불안정하게 만드는 역효과를 초래할 수 있다. 아이러니하게도 그 불안정은 오히려 새로운 법제도를 통해 보호하려는 주체들을 흔들거리는 생활세계의 험한 파도 위로 작은 돛단배 하나 띄워서 태워 보내는 우스꽝스러운 꼴이 될 수도 있을 것이다.

현재 우리 사회에서 극성을 부리는 성소수자권리인정과 그 법제화 요구는 2006.11.6. - 9.까지 인도네시아 족자카르타에 모인 국제 NGO와 국제인권법 관련 연구자들이 성적 지향과 성정체성에 관한 국제인권법적용원칙을 정리한 후, 2007.3. 스위스 제네바에서 공식 발표한 이른바 족자카르타 원칙(Yogyakarta Principles: YP)에 기반을 둔 것이다. 그 내용은 성소수자에게 유리한 총 29가지 권리들을 일방적으로 규정한 것으로, 동성애자들에게 일종의 사회적 특권을 인정한 것들도 상당수 눈에 띈다. 이 원칙은 이에 대해 각 나라들이 어떤 의무를 부담해야 하는지를 명확하게 하고 구체화하려는 의도로 만들어진 것이라고 한다. 일반인들에게는 마치 국제인권법인 양 오도되는 경향도 없지 않지만, 그건 사실이 아니다. 이 원칙은 국가적인 대표성을 띤 사람들이 참여해 만들고 채택한 것이 아니라, 동성애 친화적인 NGO와 인권전문가들이 모여 만든 것이기 때문에, 당연히 국제규범으로서의 지위나 효력을 가지지 않는다. 더군다나 이 전문가 그룹은 유엔에서 공식적으로 일을 맡긴 것도 아니고, 유엔에서 법적 절차에 따라 공식적으로 구성한 것도 아니다. 그럼에도 불구하고 지금까지 동성애 우호적인 유엔이나 각종 정부 및 법원, 비영리민간단체들이 성소수자관련 문제를 풀 때 이 원칙을 앞다투어 참조·인용함으로써 마치 기정사실인 양 국제적으로 상당한 공신력을 획득하는 성과를 거둔 것은 사실이다. 이것을 그 활동의 기본전략과 전략지침서로 삼아 많은 나라에서 성소수자권리를 위한 운동가들은 품위 있는 문화시민들이 감내하기 어려운 혁명적인 활동과 입법투쟁 또는 그 밖의 법적 소동(legal noise) 등을 벌이고 있는 실정이다. 이에 대해서는 예수 그리스도의 생명의 복음 안에서 의로움과 믿음과 사랑을 사모하며 살아가는 깨어 있는 교회와 성도들의 때에 맞는 대응전략이 더욱 더 시급하고 필요한 때라고 생각한다.

이 책이 이 모습으로나마 나오기까지 나의 연약한 믿음을 든든히 붙잡아 주신 우리 하나님의 특별한 은총에 감사를 드린다. 그 밖에도 정신적으로 조언을 아끼지 않고 또 물질적으로 후원해 준 한국기독교문화연구소 김승규 소장님과 이 이슈에 대해 함께 열심을 품고 동역하는 여러분들께도 감사를 드린다. 특히 바쁜 사역 가

운데서도 원고를 처음부터 끝까지 읽고 또 의견을 달아 주신 신영
철 선생님의 노고에 대한 고마움을 잊을 수 없을 것이다. 어려운
여건에도 불구하고 선뜻 출판을 맡아 주신 세창출판사 이방원 사
장님과 임길남 상무님께도 감사의 뜻을 전하는 바이다. 크고 작은
토론과 심부름으로 도와준 임철희 박사, 오민용 박사와 박사과정
에 있는 김진 석사, 조준현 석사, 고비환 석사, 최란 석사 등 제자
들에게도 고마운 마음을 여기에 담아 보내고자 한다.

2019년 9월

김 일 수 삼가

차 례

Ⅰ. 인권의 고전적 담론

　1. 변화와 갈등 속의 인권 19

　2. 근대 인권사상 22

　　(1) 근대인권의 특성과 정치적인 의미 22

　　(2) 두 가지 사상적 전략 24

　　(3) 로크의 인권사상 26

　　(4) 루소의 인권사상 27

　　(5) 칸트의 인권사상 28

　3. 근대인권사상의 한계와 추이 30

　　(1) 근대인권사상의 한계 30

　　(2) 근대인권사상의 현대적 추이 34

Ⅱ. 소수자 권리의 등장

　1. 사회적 약자와 소수자 개념 41

　　(1) 같은 듯 결이 다른 두 개념 41

　　(2) 차별의 유형 42

　　(3) 벌거벗은 생명 44

　2. 소수자 권리의 문제 45

　　(1) 전환기의 보이지 않는 전선 45

　　(2) 역설의 투쟁전략 48

3. 새로운 과제들 51

　(1) 새로운 인간상 찾기 51

　(2) 관계 속의 인간관 53

　(3) 사랑의 빛 안에서 55

Ⅲ. 성소수자 권리 이론과 운동의 양상

1. 이론적 측면 59

　(1) 동성애옹호적인 탈근대사상 59

　(2) 동성애옹호적인 탈근대사상의 스펙트럼 65

　(3) 성적 소수자권리를 위한 법적 도구들 85

2. 입법의 측면 96

　(1) 사회적 배경 96

　(2) 구체적인 예시 104

3. 동성결혼에 관한 서구에서의 최근 논의
　 ― 특히 독일사례를 중심으로 110

　(1) 입법의 배경 110

　(2) 연방정부의 법률초안에 관한 논의 114

　(3) 소 결 122

4. 대중화운동의 양상 124

　(1) 개괄적으로 보기 124

　(2) 커밍아웃(Coming Out) 128

　(3) 퀴어 퍼레이드(queer parade) 또는
　　　자긍심 행진(pride parade, pride marches) 136

　(4) 한국에서의 퀴어 퍼레이드 140

5. 좌파 이데올로기와 동성애 이슈 144

IV. 성소수자 권리에 대한 비판

1. 동양적 시각에서 149

(1) 논점 열어 보기 149

(2) 유교문화의 세계관 152

(3) 유교적 삶에서 가(家)의 원리 154

(4) 성소수자 권리에 대한 반론 157

2. 아시아적 가치의 시각에서 165

(1) 보편적 인권론에 대한 대응사상 165

(2) 이데올로기화의 위험 167

3. 권리론 · 의무론 · 직분론(職分論)적 시각에서 170

(1) 권리론적 시각에서 170

(2) 의무론적 시각에서 178

(3) 직분론적 시각에서 181

4. 인권윤리의 시각에서 186

(1) 개념필연적 요소로서 인권의 도덕성 186

(2) 인권의 도덕성 논쟁 190

(3) 인권의 가치합리성과 목적합리성 193

(4) 헌법적 기본권의 품격 195

5. 인간과 인간의 존엄―인간학적 · 법철학적 시각에서 197

(1) 개 관 197

(2) 인간존엄성의 근거 지움 201

(3) 인간질서의 기본구조 209

(4) 법질서의 존재의의 214

(5) 소 결 220

6. 사랑의 문제―기독교적 관점에서 226

(1) 하나님의 형상인 인간 226

(2) 내재적인 본질적 형상의 실현 228

(3) 사랑의 의미 236

(4) 사랑의 요청을 거부하는 세속도시 243

V. 성소수자권리 논의에서 세 가지 쟁점 — 결론에 갈음하여

  1. 동성애의 비신화화 257

    (1) 동성애자의 부류와 특징 257

    (2) 유발원인에 감춰진 신화적 요소 260

    (3) 과학적 증거에 의한 비신화화 262

    (4) 또 다른 신화화의 책략들 264

  2. 동성애의 사랑은 참다운 사랑일 수 있는가? 266

    (1) 사랑의 의미론적 다양성 266

    (2) 루만(Luhmann)이 인용한
       러셀(Russell)의 기독교윤리비판에 대한 반론 272

    (3) 성윤리에 대한 평균인적 사고의 관점에서 281

  3. 동성애는 올바른 인권이 될 수 있는가? 294

    (1) 인권운동의 바른 방향의 모색 294

    (2) 문제의 제기 297

    (3) 권리로서 인권의 근거 지움 299

    (4) 동성애의 인권적격성 검토 306

    (5) 요 약 316

    참고문헌 321
    찾아보기 329

I

인권의 고전적 담론

1. 변화와 갈등 속의 인권

인권은 아주 오래된 묵은 주제이면서 동시에 항상 새로운 주제이기도 하다. 인권은 인간의 의식과 정신현상의 진보에서 때로는 혁명투쟁적인 공격수단이었던 반면, 때로는 자기 방어적이면서도 강제력을 지닌 보장수단이라는 다른 일면도 포함한 이중성을 지녀 왔다. 18세기 미국의 독립투쟁과 프랑스 시민혁명의 시기에는 인권이 구체제에 대항하는 돌격나팔이었다. 그러나 독립의 쟁취와 구체제의 붕괴 이후에는 인권이 일단 쟁취된 입지, 즉 자기존재가치를 보전하고 어떤 반동으로부터도 자기입지를 수호하기 위한 방어체제로 전환했다.[1] 그 일환으로 인권은 단지 역사적인 인권선언문서 형식으로 남는 데 머무르지 않고, 근대국가의 성립과 더불어 국가헌법과 그 하위규범들 속에서 '포기할 수 없는 규범',[2] '처분할 수 없는 신성한 권리'[3]로서의 지위를 확보했다.

하지만 인간의 의식은 항상 변화하기 마련이다. 인간의 의식이 변화하면 그에 따라 생활양식도 변화한다. 또 생활양식이 변화하면 더불어 법과 제도도 변화해 왔다. 우리는 이러한 사실을 역사적·사회문화적 경험을 통해 이미 잘 알고 있다. 이러한 변화 속에서 주목할 점은 오늘날 인권이 한 국가 내의 국지적 영역을 뛰어넘어 국제적인 정치이념 내지 규범으로까지 확대되었다는 점이다.

---

1 G. Dietze, Bedeutungswandel der Menschenrechte, 1972, S.15f.~35f.

2 N. Luhmann, Gibt es in unserer Gesellschaft noch unverzichtbare Normen?, 1993, S.23.

3 W. Hassemer, Unverfügbares im Strafprozess, W. Maihofer-FS, 1988, S. 183ff.

그것은 세계 제2차 대전 이후 탄생한 새로운 세계질서, 특히 UN 인권선언 이후에 전개되어 온 새로운 변화를 의미하는 것이다. 그리고 UN의 인권법질서도 세대별 인권으로 분화하면서 강조점들이 바뀌어 왔다. 제1세대 인권, 즉 자유권을 시민적 및 정치적 권리라고 하고, 제2세대 인권, 즉 평등권을 경제적 및 사회적 권리라 하고, 제3세대 인권, 즉 연대권을 발전, 평화, 건강한 환경, 자기결정 등에 관한 권리로 지칭하며 지속적인 변화를 이어 가고 있는 것이다.[4]

1970년대 중반 미국의 지미 카터 대통령은 인권을 단순한 윤리적 요청이나 도덕적 미사여구의 범주에서 끄집어내어 국제정치의 역동적인 중심테마로 삼았다. 당시는 동서 양 진영 간의 긴장완화가 국제정치의 최대관심사였던 시기여서 인권을 위한 투쟁을 국제정치의 중심테마로 삼는 것은 자칫 긴장완화에 역작용을 불러일으킬 수 있는 문제였다. 그럼에도 불구하고 1975년 유럽안보회의에서 채택된 헬싱키선언은 인권문제를 동서대화의 중심테마로 확립하는 계기를 만들었다. 당시에는 미처 예상치 못했던 바로 이 같은 정책방향의 전환이 그 후 동구권의 몰락과 새로운 유럽질서의 형성에 그때까지 아무도 예상 못했던 물꼬를 트는 계기를 마련한 셈이다.

뿐만 아니라 1999년 코소보전쟁과 유럽연합군의 코소보진압작전은 인권의 역사에 또 하나 새로운 사건으로 기록될 일이다. 1648년 10월 24일 체결되었던 웨스트팔리아(베스트팔렌)조약에 의해 수 세기 동안 국제평화의 지렛대역할을 해 온 영토주권우위의

---

4 마이클 프리먼, 인권(이론과 실천), 김철효 역, 2005, 74면 참조.

사고가 인권우위의 사고에 자리를 내주고 뒤로 물러난 결과가 되었기 때문이다. 이것은 상징적으로 세계질서 가운데 인권보다 우선하는 어떤 원칙이 존재하지 않는다는 점을 분명히 해 준 사건이었다.[5] 그 후 아프리카 르완다 내전에서 벌어진 종족학살에 대해서 헤이그 국제형사재판소는 국제적 갈등과 국내적 갈등 사이의 존재해 왔던 종래의 구별을 무너뜨리고, 전쟁에 관한 국제법을 내전에도 적용하는 계기를 새롭게 마련했다.[6]

이처럼 인권사상과 인권개념은 지금까지 다양한 변화를 겪어 왔고 현재도 그 변화의 소용돌이 속에 놓여 있다. 그 변화의 속도와 폭에 따라 진보와 보수의 인권담론상황, 근대의 고전적 인권사상과 탈근대적 인권사상, 보편적 인권개념과 문화상대주의적 인권개념 내지 소수자의 인권개념 등 복잡한 양상을 띠고 있는 게 사실이긴 하지만 말이다.

문화사적으로 볼 때 사상사적 전환기에는 인권이념을 둘러싼 새로운 담론들이 활발하게 전개되게 마련이고, 시각에 따른 간극이 넓어지기도 하고 갈등 또한 깊어지는 경향이 있다. 무엇보다도 소수자의 인권문제는 그러한 양상의 각축장 같은 인상을 준다. 그중에서도 특히 성소수자(GLBT: gay, lesbian, bisexual and transgender)의 권리, 더 구체적으로 제한하자면 동성애문제와 차별금지법의 문제는 전통문화를 중시하는 아시아, 중동, 아프리카 여러 나라에서

---

5 김일수, "기독교적 관점에서 바라본 인권", 군선교신학 제2권, 2004, 168면 이하.
6 이에 관하여는 L. Schulz, Universalisierung des Strafrechts?, Bericht zur Tagung der deutschsprachigen Strafrechtslehrer(Berlin 1997), in: Strafverteidiger 1998, S.54 참조.

사회적, 문화적 갈등요인일 뿐만 아니라, UN 인권기구들의 인권시각과도 충돌을 일으키는 쟁점으로 부상하고 있다. 이러한 갈등의 현주소를 확인하고, 그 갈등을 가치적으로 평가하여 합리적으로 해결할 방안이 무엇인지를 이론적으로 모색하는 것을 이 연구의 핵심과제로 삼고자 한다.

2. 근대 인권사상

(1) 근대인권의 특성과 정치적인 의미

인권사상은 원래 자유롭고 평등한 인간존재의 올바른 자리매김과 자유롭고 안전한 인격실현을 위한 투쟁 및 방어기제였다. 그러나 서구기독교사회에서 세속화과정을 거쳐 근대 후기에 접어들어, 특히 무신론과 실존주의의 세례를 받으면서, 근대인권사상은 종종 신(神) 없는 세상에서 인간을 신 노릇하는 존재로 우상화하는 제도적 장치로 남용될 소지를 잉태하게 되었다. 인간과 인권을 우상화하는 것은 결과적으로 인권독재 내지 인권만능주의의 상황으로 치우쳐 흐를 수 있다. 인간이성의 자율적 조화와 진보는 이념적으로 상정 가능하지만, 그것만을 절대화할 경우, 그것이 도리어 인간의 생활세계를 식민지화할 수 있는 변태적 이성으로 도구화하듯 말이다.[7]

---

7 '생활세계의 식민지화'는 하버마스가 '의사소통 행위이론'에서 사회체계의 효용성, 도구성에 의해 삶의 세계의 자율성과 합리화가 위축되는 일정현상을 지칭한 데서 유래한다. 이때 생활세계의 식민지화는 체계의 기능적 명령에 의해 삶의 세계가 식민지배하에서처럼 지배되는 현상을 두고 한 말이

더 나아가 그것이 구체적 인간의 현실적인 삶에서는 실제 많은 오류와 실패, 일탈과 지나침으로 경험되고, 극단적인 경우에는 제도적인 폭력으로 나타날 수 있다는 점을 간과해서는 안 될 것이다.

이미 널리 정설화된 바와 같이 고전적인 근대적 인권개념은 자연권사상과 사회계약사상에 그 기초를 두고 있다. 그리고 자연권사상과 사회계약사상은 직접·간접으로 기독교와 자연법이론에 근거를 둔 것이었다. 오늘날 논쟁의 대상이 되기도 하는 천부인권, 생래적 인권사상의 특성인 '보편성', '절대성', '신성불가침성', '양도불가능성', '처분불가능성'의 속성은 기독교적 인권이해에 영향을 받은 것이다.

그것은 대체로 다음과 같은 이해를 바탕으로 한다. 첫째, 인권은 신권(神權)이라는 점이다. 인간의 생명을 구원하고 보존하려는 하나님의 인간에 대한 권리가 인간의 차원에서는 인간의 권리가 된다는 것이다. 둘째, 인간은 차별 없이 하나님과 동일형상(imago dei)으로 지음받았다는 것이다. 셋째, 인간은 모두 하나님의 자녀들(Kinder Gottes)로 부름받은 위치에 있다는 것이다. 근대적 인권의 보편성, 절대성 등의 속성은 바로 이런 맥락에서 도출되고 있는 것이다.[8]

근대주의의 전통 속에 유대·기독교적 유산이 자리하고 있는 것은 사실이지만, 이러한 전통을 벗어 버리고자 하는 진보적 사상의 정신적 도전도 점증하여 온 것이 사실이다. 자연권으로서의 인

___

다. 그러나 여기에서는 이성의 절대화와 도구화가 가져올 위험을 경고하는 뜻에서 사용했다.

8 김일수, 전게논문, 169면 이하; 이상돈, 인권법, 2005, 10면 이하; 정정훈, 인권과 인권들, 2014, 260면 이하 참조.

권사상도 그러한 조류 속에서 영향을 받은 것이라고 할 수 있다. 중세나 근세의 절대왕권은 자신의 권위를 신적 위임과 그 권위 아래 둠으로써 절대 권력을 휘두를 수 있었다. 자연권으로서의 인권은 이 같은 권위를 낡은 구체제(ancient régime)로 설정하고, 그것을 무너뜨리기 위한 공격적인 도구역할을 맡았던 것이다. 무권리 상태에서 체험되는 부자유와 불평등을 반자연적인 것으로 규정하고, 이 반자연적인 상태의 제거를 통해 새로운 법적 권리상태를 확보하려는 점에서 단순한 방어적 성격보다 진보적이고 투쟁적 성격이 강했다는 점을 엿볼 수 있는 것이다.

(2) 두 가지 사상적 전략

이미 널리 알려진 바와 같이, 자연권으로서의 인권사상은 합리적 자연법사상이나 계몽주의적 인간관에 입각하여 구체제의 낡은 권위를 허물기 위해, 다음 두 가지 전략을 구사했다:[9]

첫째, 자연종교관에 입각한 신 형상의 변형이었다. 즉, 창조주 하나님은 창조사역의 완료 후 자연과 역사 속에서 더 이상의 어떤 영향력도 더는 행사하지 않는다는 관념이다. 따라서 세계는 그 속에 놓여진 법칙에 따라 진행한다는 것이다. 근대적 인권개념의 초석을 놓은 사상가로 평가받는 홉스(Hobbes, 1588~1679)는 인간은 태어나면서 자연으로부터 '자기보전의 생존권'을 부여받았다고 보았다. 그런데 이 자기보전의 자연권은 자연상태 내지 야만상태에서 무제약적이어서 그 한계를 알 수 없다는 것이다. 그 결과가 '만

---

9 김일수, 전게논문, 175면.

인의 만인에 대한 투쟁 상태'인 것이다. 이 혼란과 공포에서 벗어나기 위해 인간은 각자 자연권을 스스로 포기하고 안전을 책임져 줄 인위적인 거대한 힘의 상징인 레비아탄(Leviathan)에게 사회계약의 일종인 위임계약을 통해 시민상태 내지 문화상태로 들어서게 된다. 홉스에 의하면 야만상태에서는 서로 이리와 같던 인간이 문화상태에서는 각자 신과 같은 행동을 보여 주게 된다는 것이다. 이렇게 인간이 합리적으로 자신의 안전이익과 관련된 자연권을 실현해 갈 수 있도록 보호해 주는 일련의 법칙이 자연법이며, 이 자연법은 '이성에 의해 발견된 계율이나 보편적 법칙' 외에 다름 아니다. 그리고 그 보호의 실효성을 높이기 위해 자연법은 실정법화되어야 한다는 것이다.[10]

둘째, 신 관념을 전적으로 포기하는 방향이다. 계몽기의 자연법사상에 따르면 신 관념을 포기하는 대신 자연개념에서 인권 독트린의 윤곽을 그리려고 했다. 창조주와 피조물의 관계가 미국 독립선언문에서 보여 주듯 18세기 인권문서에서 완전히 자취를 감춘 것은 아니지만, 프랑스 계몽철학에서는 루소(Rousseau, 1712~1778)의 「에밀」을 제외하고는 거의 자취를 감추어 버렸다. 근대의 시작과 함께 '자연'이 신학적 연관성에서 벗어나 '자연'의 자기법칙성과 독자성이 부각되었다. 자연은 마치 시계바늘처럼 독자적으로 돌아가는 것과 같은 성질의 것이 되었다. 이로써 자연과 법칙이 새롭게 결합되면서 일면 자연과학에서 발견된 자연법칙과 홉스가 자연상태를 시민상태로 이끌어 주는 "이성의 규칙"이라 규정했던 자연법(lex naturalis)

---

10 이봉철, 현대인권사상, 2001, 147면 이하; 이상돈, 전게서, 20면 이하; 조효제, 인권의 문법, 2007, 53면 이하 참조.

의 접근이 이루어졌다. 신학에서 전개된 순수자연(natura pura)의 사고도 원죄이전 그리고 대속의 은총 없는 인간관을 등장시켰다. 루소의 정치철학사고의 근간을 이루는 이런 사고가 원죄론과 결별하여 인간본성을 선하다고 말하기에 이르렀던 것이다.[11]

결국 18세기의 '자연'은 '이성'과 동일한 것이었고 그것이 모든 정당성의 지렛대 역할을 한 것이다. 18세기 인권문서를 작성했던 계몽사상가들은 신 없는 빈터에 이성능력과 선한 성품을 지닌 낙관적 인간상을 세워 놓고 그로부터 인권개념을 도출했던 것이다. 이것을 극명하게 보여 주는 것이 로크(Locke, 1632~1704)의 인권사상이다.

(3) 로크의 인권사상

홉스의 자연권이 자연법보다 우선하는 권리지상(至上)주의적 자연권이었다면, 로크의 자연권은 자연법적 한계 안에 있는 자연권이었다. 로크에게 있어서 자연법은 자연권의 상위에서 자연권을 통제함으로써 권리와 의무, 자신의 권리뿐만 아니라 타인과 만인의 권리까지를 발전시키고 보전하는 의미를 지니는 것이었다.[12] 홉스와 달리 로크는 자연 상태를 평화, 선의, 공생의 관계로 보았다. 여기서 인간은 각자 독립적이며 완전한 자유와 평등의 자연권을 누린다는 것이다. 그러나 인간은 자유로운 이성의 행사 안에서도 인간본성의 원칙을 떠나 스스로 비인간화할 수 있는 가능성을 안고 있다. 자연권으로서 자유권의 향유도 개인의 노력과 자율과

---

11 김일수, 전게논문, 176면.
12 이봉철, 전게서, 148면 이하.

지성과 이성 같은 합리적 덕성에 달려 있는데다, 인간발전은 예정된 것이라기보다 이성의 계발 여하에 달려 있다고 보아야 한다는 것이다. 그리하여 각 개인이 자신의 결함을 통제해 줄 어떤 통치제도를 갖지 않는다면 인간은 갈등상황에 처할 수밖에 없다. 그리고 그 갈등문제를 스스로 그때그때마다 해결해야 한다는 것은 합리적인 인간의 관점에서 볼 때 부담이 아닐 수 없다. 이러한 위험과 불편을 해소하기 위해 인간은 사회계약을 통해 사회를 만들고, 신탁에 의해 국가를 형성하는 것이다. 그러나 **시민정부에 자연권을 양도하는 것은 정부가 이 자연권을 침해하지 않으며, 옳지 못한 방법으로 타인의 자연권을 침해한 자를 통제하여 줌으로써 인간의 자연권을 더 잘 보호해 줄 것이라는 전제하에서라는 것이다.**[13]

홉스에게 있어서 레비아탄이 개인의 안전을 지켜 주지 못하거나 침해할 때에는 위임계약을 해지하고 각자가 다시 자연권을 돌려받은 뒤 다시 새로운 위임계약에 의해 레비아탄을 세운다. 이 과정에서 레비아탄의 권세를 무너뜨리는 교체작업은 베헤못(Behemoth)이라는 괴수의 등장으로 이행된다. 이에 비해 로크에 있어서 최고권력은 언제나 국민에게 있다. 만약 정부가 국민의 자유적 자연권을 침해하거나 신탁의 본지에 반하여 행동한 경우에는 국민이 들고 일어나 정부를 뒤집어엎을 수 있는 저항권이 국민에게 있다는 것이다.

(4) 루소의 인권사상

프랑스혁명의 「인간과 시민의 권리선언」은 루소의 사상에 큰

---

13 이봉철, 전게서, 156면 이하; 이상돈, 전게서, 25면 이하.

영향을 받은 것이 사실이다. 루소도 로크처럼 자연상태에서 인간은 각자 자기의 실존조건인 재산, 자유, 생명에 대한 권리를 가지고 있다고 생각했다. 그러나 자연상태에서 인간이 가지는 이러한 권리는 자기가 원하는 것들에 대한 '단순소지' 내지 '점유'에 자나지 않는다는 것이다. 이런 단순소지는 사회계약을 통해 인간이 자연상태에서 사회공동체로 나아가면서 일정한 정형성을 지닌 소유권으로 확정된다는 것이다. 이처럼 사회공동체 안에서 획득한 자유와 소유권이 참다운 의미의 권리가 된다는 것이다. 로크가 자연권에서 자유와 소유권을 중시했다면, 루소에게서는 평등과 참여(박애)가 중요시되고 있다. 루소는 정치적·경제적 평등이 있어야 자유가 실현될 수 있다고 보고, 그 자유도 로크와는 달리 모든 사람(재산을 가진 남성시민)이 자기가 속한 공동체의 입법과정에 평등하게 직접 참여해서 법을 만들고 그 법을 준수할 자유를 말한다. 이런 자유를 누리려면 모든 사람이 똑같이 직접민주주의 과정에 참여할 의무와 권리를 갖는다는 것이다. 인민의 일반의지는 대의제를 통한 간접적인 방식이 아니라 직접민주주의적인 참여방식을 통해서 실현되기 때문이라는 것이다. 루소는 자연상태에서의 자연적 자유는 개인의 능력 한도 안에서 결정되지만, 사회공동체 속의 자유는 일반의지 한도 안에서 결정된다고 보았다.[14]

(5) 칸트의 인권사상

마지막으로 이성의 시대에 가장 영향력 있는 사상가 중 하나

---

14 조효제, 전게서, 64면 이하.

였던 칸트(I. Kant, 1724~1804)의 관점을 언급하고자 한다. 칸트가 홉스, 로크, 루소 등과 같이 인권에 관한 이론을 직접 전개한 바는 없지만, 인권의 근원이 되는 인간과 인간의 존엄성에 관해 누구보다 더 깊은 통찰을 한 점은 무시할 수 없다. 칸트는 인간의 존엄성의 근거를 인간의 자율성(Autonomie)에서 찾았다. 중세 교부철학의 대가 토마스 아퀴나스가 인간의 존엄성의 근거를 하나님과 동일형상(imago dei)에서 찾았던 것과 대비되는 점이다. 인간의 인격적 자율성은 그의 이성능력에 뿌리를 두고 있으며, 이 같은 자율성 덕택에 인간은 보편적 입법의 원리에 상응하는 자기입법에 따라 각자 도덕적인 자기실현을 할 수 있다는 것이다. 칸트의 저 유명한 말처럼, 저 하늘에 반짝이는 별이 있듯 내 속에 빛나는 도덕률이 있기 때문이다. 물론 여기에서 칸트는 인간이 태어나면서부터 이러한 이성능력을 갖고 있다고 말하지 않는다. 각 사람은 단지 자연(신)으로부터 이성의 씨앗을 부여받은 것이며, 이 씨앗을 잘 개발하여 감성적 존재나 오성주체보다 더 높은, 다시 말해서 옳고 그름과 선악을 분별하고 선택할 수 있는 이성주체로 발전해 갈 수 있다는 것이다. 신은 창조의 빈터에 이성의 싹을 던져 주었지만 그것을 개발하여 도덕적인 자기완성에 이르러 가는 것은 각자의 도덕적 의무이다. 여기에 제2의 천성이 달려 있다는 것이다.[15]

이런 맥락에서 인간에게는 두 가지 의무가 부여되는데, '자기 자신에 대한 존중의무'와 '타인에 대한 존중의무'가 그것이다. 전자는 다시 인간의 자기보존의무(너는 자연의 완전성 가운데서 너 자신을

---

15 이에 관해서는 베르너 마이호퍼, 법치국가와 인간의 존엄, 심재우 역, 1994, 75면 이하; I. S. Kim, Die Bedeutung der Menschenwürde im Strafrecht, 1983, S.90ff. 참조.

보존하라는 정언명령)와 자기발전의무(자연이 단순히 너를 창조한 것보다 너 자신을 더 완전하게 만들라는 정언명령)로 이루어진다. 인간의 윤리적 자기보전과 자기발전을 위해 각자에게 '이성능력의 자유로운 사용'이 보장되어야 하며 이것은 각종 자유권 등 인권과 연계될 수 있는 것이다. 더 나아가 후자는 자신의 존엄과 마찬가지로 타인도 존엄한 주체로 존중받아야 한다. 이성의 싹을 가진 인간의 인격은 목적 그 자체로 실존하기 때문이다. 따라서 칸트는 "너는 너 자신의 인격에서건 타인의 인격에서건 타인을 목적 그 자체로 대해야 하며, 단지 타인을 단순한 수단(bloss als Mittel)으로 사용하지 말라"고 말한다. 이것이 인간의 공존상황을 가능하게 하는 상호존중과 상호협력의 요청인 것이다.[16] 여기에 각종 인권이 지닌 한계의 당위성이 들어 있는 것이다. 프랑스 인권선언 이후 현대에 이르기까지 각종 인권문서에 나타나는 바, "남을 해롭게 하지 않는 한 각자의 자유권 행사에는 제한이 없다"는 이념은 이와 일맥상통하는 것이다.

3. 근대인권사상의 한계와 추이

(1) 근대인권사상의 한계

근대인권사상은 혁명의 세기였던 18세기에 괄목할 만한 사회적 변혁을 가져왔다. 자연권사상이 육체와 정신으로 결합된 인간상

---

16 이상돈, 전게서, 32면 이하; 심재우, "인간의 존엄과 법질서", 고대법률행정 논집, 제12집, 1974, 103~136면 참조.

으로부터 생명, 신체의 완전성과 감정 그리고 각자의 인간다운 생활형성을 위한 최소한도의 실존조건으로서의 자유, 두려움 없는 사회적 안전망 등과 같은 실존조건을 인권으로 고양시킨 점은 과소평가할 수 없다. 그럼에도 불구하고 현대사회에 접어들면서 우리가 겪었던 전체주의의 망령, 양차 세계대전, 이데올로기의 대립과 인간증오, 홀로코스트, 식민지정책과 아파르트헤이트, 인간의 상품화 내지 물질화, 경제적 빈부격차와 사회적 양극화 현상, 환경파괴와 생태계 위기, 문화의 다양성과 다원주의 등은 근대의 보편적·절대적 인권사상의 한계와 취약성을 극명하게 보여 주는 것들이다.

이것은 일견해서 근대에서 현대로 또 후기현대로 넘어가면서 인간의 사고와 삶의 양식의 변화, 생활세계의 변화 등이 가져온 피할 수 없는 결과라고 말할 수 있을 것이다. 우선 근대적 사유의 핵심인 이성과 도덕성 따위는 구체적·현실적 인간을 고려대상으로 삼은 것이 아니라 유 개념(類 槪念)으로서 추상적 인간을 전제한 관념적인 것이었다. 그러므로 이러한 인간상에 입각한 인권개념은 구체적 인간의 현실적인 삶 속에서 그것을 어떻게 실천하고 실현해 나가느냐에 대해서는 도덕 명제나 윤리적인 요청 수준에 머무를 수밖에 없는 것이다. 물론 현대적 사회정의론의 일가를 이룬 존 롤즈(John Rawls)도 근대적 사회계약론에서 출발하지만, 그것을 '원초적 계약', '원초적 합의'라고 보는 가설에서 출발하고 있고, 각 당사자는 그들 자신의 가치관이나 특수한 심리적 성향 따위는 알지도 못한 채, 이른바, '무지의 베일' 속에서 '공정으로서의 정의'의 원칙을 선택한다고 말한다.[17] 뒤집어 보면 이 같은 이론전개는 근

---

17 롤스, 정의론, 황경식 역, 2011, 627면 이하; 홍성우, 롤즈의 정의론 읽기,

대적 사회계약론이 갖고 있는 추상적 관념론의 속살을 보여 주는 것이라고 말할 수도 있겠다.

그 구체적인 한계를 이상돈 교수는 다음과 같은 몇 가지 주제로 요약한 바 있다: 정치적 소외(주권적 정치참여의 결핍), 사회경제적 소외(자유의 실질적 조건 결여), 문화적 소외[타 문화권의 상대주의 (차이) 도외시].[18]

첫째, 정치적 생활세계에서 근대인권사상에 대한 비판이다. 이미 언급한 바와 같이 근대적 인권개념은 양도불가능하고, 처분불가능한 개인의 권리였다. 그러나 이러한 관념은 이익의 성격을 지닌 것이다. 이익이란 원래 교량되고 조절될 수 있는 상대성을 지니지 않을 수 없다. 그 결과 근대 인권개념은 이익설과 마찬가지의 한계에 부딪힐 수밖에 없다는 것이다.

더 나아가 근대의 국민주권은 국민의 정치적 참여를 인권 차원에서 극대화한 것이 아니라 제한된 범위에서 타협하거나 매우 협소한 정치적 자기결정권을 인정하는 수준에 머물렀다는 것이다. 그 결과 근대적 인권개념은 계몽군주제에서 잘 나타나듯 정치체계에 대한 시민의 참여가 매우 낮은 수준에 머무는 것을 방치할 수밖에 없었다는 것이다.

둘째, 사회경제적 생활세계에서 근대인권사상에 대한 비판이다. 근대적 인권개념의 중심축이 자유라는 데 대해선 별 이의가 없어 보인다. 그러나 이 자유개념은 무엇으로 부터의 자유이지, 무엇에로의 자유는 아니었다는 데 그 한계가 드러난다는 것이다. 이를

2015, 18면 이하 참조.
18 이상돈, 전게서, 38면~60면 참조.

테면 재산권적 자유는 재산을 소유한 자에게는 신성불가침의 자유였지만, 아무것도 갖지 못한 자에게는 보장될 자유가 없다는 것이다. 여기에서 무산자들의 소외가 문제되었지만, 그 소외가 자유를 위한 해방의 몸부림으로 타오른 데는 20세기 프롤레타리아 공산주의 혁명까지 가다려야 했다는 것이다.

또한 사회국가이념이 활성화되기까지 국가에 대해 적극적으로 인간다운 생활을 요구하는 사회적 기본권은 이질적인 것이었다. 최저생계비의 보장, 근로기본권의 보장, 빈곤과 실직으로부터의 생존권 보장은 현대와 후기현대사회와 같은 비중으로 수용될 수 없었다. 물론 사회복지를 실현할 수 있는 국고의 내실이 다져지지 않은 상태에서 사회권의 극대화요구는 비현실적일 수 있다, 하지만 사회적 약자의 문제를 포함한 사회적 정의의 실현에 대해 보편적인 근대의 자유적 인권개념은 구체적인 내용면에서 그 한계에 부딪힐 수밖에 없었다.

셋째, 문화적 생활세계에서 근대인권사상의 비판이다. 다원주의와 가치상대주의 관념을 기반으로 인권논의에서 문화적 상대주의를 주장하는 사람들은 근대적 인권개념의 서구적 편향성을 지적한다.[19] 서구문화의 정신적 유산인 인권이 시공을 넘어 보편적으로 타당할 수 없다는 것이다. 또 어떤 문화도 그것이 비록 국제인권을 실현시킨다는 미명 아래 정당성을 가진다고 주장하더라도 그로부터 연유하는 이념과 가치들을 다른 문화권에 여과 없이 그대로 관철시

---

19 특히 1980~1990년대 초까지 문화상대주의라는 주제가 UN의 인권논쟁을 주도했다. 특히 싱가포르의 리콴유 수상의 '아세아적 가치'가 아시아 국가들의 열약한 인권상황을 정당화하는 논증으로 사용되었다. 이에 관한 상세는 마이클 프리먼, 전게서, 75면 이하 참조.

키거나 강요할 수는 없다는 것이다.[20]

(2) 근대인권사상의 현대적 추이

문화권마다 복잡하고도 다양한 문화적 내용, 역사성을 갖고 있다는 점을 고려하면, 어느 한 문화의 지역적 콘텍스트를 제대로 고려하지 않고 형식적인 보편성만을 강조하다 보면 문화적인 갈등 상황에 봉착하기 쉽다. 그런 한계가 있음에도 불구하고 문화 사이의 가치적 우열관계를 인권을 매개로 하여 설정하려는 시도는 정치적인 이데올로기로 작용하거나 악용될 수 있다. 왜냐하면 인권 개념 자체가 그 자명성의 신념과 달리 애매 모호성을 갖고 있는 데다 역사적으로도 유동성을 보이고 있어 국제정치적 차원에서 자의적으로 해석되고 이용될 수 있기 때문이다. 이렇게 보면 서구중심의 인권보편성론은 자국이기주의와 세계지배 프로젝트의 도구로 사용될 수 있다는 것이다. UN에서 인권관련활동이 점점 활발해지자 인권정치가 등장하게 되고, 그로 인해 오히려 인권의 보편성이 위험에 처하게 되었다는 지적도 이런 맥락에서 이해할 수 있는 대목이다.[21]

또 다른 원론적인 측면에서 근대인권사상에 대한 비판 중 주목할 대목은 근대적 인권개념이 인간의 의무에 대한 강조점을 간

---

20 이상돈, 전게서, 48면 참조.
21 마이클 프리먼, 전게서, 67면; 서구의 인권 개념을 들이대며 유엔의 권위를 등에 업고 서구와 유엔 인권이사회 등의 인권법 판례를 한국에 적용하는 것을 목표로 일을 밀어붙이고 있는 우리나라 인권단체들도 중간에 어떤 여과 과정이 필요한지를 성찰할 필요가 있어 보인다.

과하고 권리 면을 지나치게 강조함으로써 이기심과 사회갈등을 조장하는 측면이 있다는 지적이다.[22] 프랑스 「인간과 시민의 권리선언」(1789.8.26.) 제4조는 "자유는 타인에게 해롭지 않은 모든 것을 행할 수 있다. 따라서 모든 개인의 자연권행사는 사회의 다른 구성원에게 똑같은 권리의 향유를 보장하는 이외의 제약을 갖지 아니한다. 그 제약은 오로지 법에 의해서만 규정될 수 있다"고 규정한 바 있다. 여기에서 타인을 해하지 말아야 할 의무란 자연권의 숲 속에 감춰진 토양 같은 것으로 비유할 수 있을 만큼 명시적이지 못한 것이었다. 현대에 이르러 「세계 인권선언」(1948.12.10.) 제29조 제1항에서 모든 사람은 "그 안에서만 자신의 인격이 자유롭고 완전하게 발전할 수 있는 공동체에 대하여 의무를 진다"라고 명시하고 있고, 제2항에서는 다른 사람의 권리를 보장하고 "민주사회의 도덕, 공공질서 및 일반적 복리에 대한 정당한 필요"에 부응하기 위해 인권의 제한을 허용하기도 했다. 하지만 아직 빈약하기 그지없어 보이는 이 같은 의무 장전에 이르기까지 무려 1세기 반의 세월을 요했다는 점을 고려할 때 이러한 비판은 전혀 근거 없는 것이 아님을 알 수 있다.

그럼에도 불구하고 인권이론은 스스로를 성찰하며 발전해 나갈 수 있는 고도의 윤리적, 철학적 내용을 지닌 지성적 차원과 잇닿아 있음을 부인하기 어렵다. 왜냐하면 인권이론이 인간의 지성을 바탕으로 때로는 피의 투쟁을 통해 혁명적인 양상으로, 때로는 점진적인 방향으로 진보해 왔기 때문이다. 1948.12.10.의 UN 세계 인권선언(Universal Declaration of Human Rights) 이후 1965년

---

22 마이클 프리먼, 전게서, 64면.

UN총회에서 채택된 「모든 형태의 인종차별 철폐에 관한 국제협약 (International Convention on the Elimination of All Forms of Racial Discrimination)」, 1966년 「시민적 · 정치적 권리에 관한 국제규약 (ICCPR)」과 「경제적 · 사회적 · 문화적 권리에 관한 국제규약 (ICESCR)」 1979년 UN의 「여성차별철폐협약」, 1984년 UN의 「고문 방지협약」, 1986년 UN총회의 「발전권에 관한 선언」, 1989년 UN 의 「아동의 권리에 관한 협약」, 1993년 비엔나 UN세계인권회의에 서의 아시아적 가치와 인권 사이의 충돌에 관한 토론과 문화상대 주의적 입장에서 인권에 관한 국제적 기준설정은 인권이 "역동적 으로 진보하고 있다는 맥락에서 고려되어야 하며, 이때 국가 및 지 역별 혹은 역사적, 종교적 및 문화적 배경을 염두에 두어야 한다" 는 원칙이 확인되었다.

인권의 이 같은 역동성에 착안하여 한때 제3세계의 관점에서 인권에 접근하면서 제3세대 인권이라는 개념도 등장했다. 이 관점 에 따르면 시민적 · 정치적 권리는 제1세대 '자유권'을 말하며, 경 제적 · 사회적 권리는 제2세대 '평등권'을 말하며, 이에 더하여 발 전, 평화, 건강한 환경, 자기결정 등에 관한 권리가 제3세대 '연대 권'이라는 것이다. 하지만 이 제3세대 인권은 대부분 이미 확립된 기존의 인권에 포함되거나 포함시킬 수 있다는 점 그리고 그 권리 보유자가 불분명하다는 점 및 그 권리에 상응하는 의무를 누가 지 는지 등이 분명하지 않다는 점에서 널리 지지를 받지 못했다.[23]

---

23 마이클 프리먼, 전게서, 74면 이하 참조; 우리나라 인권단체도 3세대 인권 을 적극적으로 주장하는 경향이 있는데, 그 이유는 그것이 외연을 넓히는 데 유용할 뿐 아니라, 권리주장은 쉽고, 의무부담은 모호하다는 데서 찾을 수 있다.

현대 그리고 후기현대사회에 들어오면서 개인 위주의 근대적 보편인권은 좌파 성향의 사회주의, 페미니즘, 문화상대주의, 탈근대주의 사상에 의한 비판에 직면하여 새로운 변모를 시도하고 있다.[24] 사회정의와 공동선과 같은 이념의 틀 속에서 사회적 약자와 소수자의 인권이 강조되고 있다. 모든 사람을 위한 보편적 정의(justice for all)가 아니라 일부, 즉 피해자 또는 사회적 약자로서 유색인종, 유태인, 여성, 빈민, 동성애자 등 특정부류에 속한 이들을 위한 정의(justice for some)에 초점을 맞추는 시각도 눈길을 끈다.[25]

---

24 이봉철, 전게서, 199면 이하; 조효제, 인권의 문법, 90면 이하 참조.
25 G. P. Fletcher, With Justice for Some, 1995, p.9.

II

소수자 권리의 등장

1. 사회적 약자와 소수자 개념

(1) 같은 듯 결이 다른 두 개념

사회적 약자는 사회적 소수자에 비해 덜 이데올로기적 성격을 띤다. 사회적 강자들에 비해 자기발전과 자기보전의 능력이나 여건이 열악한 계층으로서 사회적 배려가 필요한 사람들을 사회적 약자라 일컫는다. 근로아동 내지 청소년, 노인, 결손가정(한 부모 가정), 빈곤계층, 차상위계층, 생활보호대상자 등이 이에 속한다. 사회적 약자는 아주 오래된 개념이다. 구약성경은 고아, 과부, 나그네 등을 사회적 약자로 보고 이들에 대한 공동체의 생활보호에 관한 규범을 두었었다.[1]

이에 비해 사회적 소수자는 인종, 민족, 언어, 피부색, 성별, 문화, 국적 등에 의해 사회적 다수나 주류사회의 일반적 구성원으로 편입되지 못하고, 진입장벽에 막혀 차별적인 대우를 받거나 받을 수 있는 집단이나 개인을 말한다. 소수자는 사회적 편견과 홀대의 대상이 되어 일생동안 또는 대를 이어서까지 특정부류의 사람으로 낙인찍히고 소외당하고 주류사회로부터는 배제되거나 배제될 수 있는 자들이다. 소수민족, 이주노동자, 혼혈인, 탈북자, 전과자 등이 여기에 속한다.

두 개념 사이에는 차이와 유사성이 있다. 사회적 약자는 널리 국가적, 사회적 보호와 배려의 의미가 강한 반면, 소수자는 방해받지 않고 스스로의 삶의 방식을 영위하려는 욕구가 강한 편이다. 소

---

[1] 신명기 14:29.

수자는 더 나아가 현존하는 사회적 차별과 박해를 철폐, 종식시키라는 요구와 운동의 성격이 강하다. 하지만 양자 사이의 경계는 불명확하고 때론 유동적으로 되기도 한다. 예를 들면 여성은 인구분포로는 남성에 비해 다수인 반면 성차별철폐의 관점에서 보면 사회적 약자의 범주에 든다. 또한 변호사윤리장전 제16조 2항도 변호사는 노약자, 장애인, 빈곤한 자, 무의탁자, 외국인, 소수자 기타 사회적 약자라는 이유만으로 수임을 거절하지 아니한다고 규정하여 소수자를 사회적 약자의 하위개념으로 인식하고 있음을 보여 준다.

(2) 차별의 유형

현대 내지 후기현대사회에 들어서면서 소수자의식이 활력을 얻기 시작했고, 소수자 문제가 사회적 갈등의 핵심주제로 등장하기도 한다. 여기에 인권론적인 역설이 숨겨져 있다. 즉, 이들을 피해자로 보고, 권리의 주체로 삼을 때, 이들은 도덕적 우월자가 되고, 이들에게는 특단의 권리가 부여되므로 어느새 갑이 된다는 사실이다. 그래서 약자가 되는 것이 강자가 되는 지름길이라는 모순이 발생한다. 차별금지법이 그렇게 작동하는 메커니즘의 단적인 보기라고 할 수 있다. 이런 틈새를 간파한 미시마 유키오는 1969년 펴낸 그의 「문화방위론」에서 소수자, 약자들이 혁명의 주체가 된다고까지 언급했다.[2]

한 국가, 사회 안에는 법적, 사회적 차별대우나 정치적인 억압 혹은 사회적 불평등과 적대적 관계의 대상이 되는 집단이나 개인

---

2 http://book.naver.com/bookdb/book_detail.nhn?bid=7188173

이 상존한다. 하지만 전통, 문화, 풍속, 관행 등의 이름으로 현존하는 차별을 차별로 인식하지 못한 채 그것을 운명으로 받아들이는 경우도 허다하다. 소수자의식은 그와 같은 허위의식을 깨트리고 뛰어넘어서 소수자의 인간존엄성과 자유로운 삶을 구현하기 위한 정치적·사회적 운동으로 발전하는 추세에 있다. 특히 주류사회의 문화에 흡수되기를 거부하고, 자신의 방식대로 살아가려는 자발적 소수자집단의 등장도 현저하게 눈에 띈다. 도덕적, 사회적으로 부정적인 평가를 받고 있지만, 특히 성전환자, 게이, 레즈비언들의 퀴어축제와 커밍아웃, 종교적 병역거부운동, 낙태자유화운동 등이 그것이라 할 수 있다.

글로벌 인권운동가들이 주로 드는 바에 따르면, 소수자들에 대한 현존하는 차별의 유형으론 대체로 다음과 같은 것을 들 수 있다는 것이다. 첫째, 인종적, 사회문화적 소수집단에 가해지는 차별이다. 그 원인은 주로 문화에 대한 편견이라고 할 수 있다. 둘째, 이주노동자에 대한 임금 등 고용 복지적 차별이다. 그 원인으로는 불안과 경계심의 작용을 들 수 있을 것이다. 셋째, 여성에 대한 차별을 들 수 있다. 여기에서는 차이에 대한 차등화의 관념이 그 원인으로 꼽힐 수 있을 것이다. 넷째, 성적 소수자에 대한 차별을 들 수 있을 것이다. 그 원인은 종교적·문화적 전승에서 오는 기존의 성도덕과 가정 관념의 틀 안에서 유발되는 혐오감이라 말할 수 있을 것이다.[3] 어쨌거나 차별의 극단적 형태는 다수자가 소수자를 대할 때

---

3 첫째 유형은 특히 이슬람을 보호하기 위한 논리이고, 둘째 유형은 이민자 확대정책과 관련되고, 셋째 유형은 성차별이 많이 극복된, 세계에서 10번째, 아시아에서 1위 국가인(http://news.mk.co.kr/newsRead.php?&year=2017&no=193762) 우리나라의 문제라고 하기 어려우며, 네 번째 유형도 객

인권과 기본권뿐만 아니라 인간성, 공존, 관용이라는 도덕적 요청들도 침해받는 상황으로 나간다는 사실이다. 그리하여 대중조직들과 선전선동, 세뇌작용을 통해 기승을 부리는 폭력과 테러, 말살의 형태로까지 나아갈 수 있다는 점이다. 우리나라에서는 그 예를 찾기 어렵지만, 서구의 현대사에서 등장했던 강제수용소제도, 홀로코스트, 아파르트헤이트, 억압과 수탈의 식민정책 등이 그것이다.

(3) 벌거벗은 생명

물론 이러한 극단적인 차별정책은 UN창설 이후 서서히 역사의 뒤안길로 사라졌지만, 크메르 루주, 루안다, 보스니아, 코소보 전쟁에서 일어난 대량학살과 인종청소, 시리아내전에서 일어난 대량난민 문제는 아직도 소수자들이 지구촌 곳곳에서 박해받고 있다는 증거들이다. 국내적으로도 한 사회 내에서 차별의 고착화는 테러나 시민전쟁, 적대적인 말살정책으로까지 번질 수 있는 위험을 안고 있다.

차별은 눈에 띄게 진행할 수도 있지만 은밀히 진행될 수도 있다. 헌법이나 법률이 소수집단의 인권에 차별을 두지 않고 형식적 평등을 유지할 수 있으나 실질적으로 보호의 경계 밖으로 쫓겨나거나 배제된 부류의 소수자들이 있을 수 있다. 그와 더불어 정치적

관적 차별국가로 평가받지 않는 우리나라에서 심각한 문제는 아니다. 위키피디아는 한국에서 LGBT 권리를 보면 동성애자의 가족 구성권과 트랜스젠더 이슈, 동성애자 군복무 분야(허용하는데 군인 간 항문 성관계하는 것은 금지)를 제외하고는 제도적 차별이 없는 것으로 평가하고 있다(https://en.wikipedia.org/wiki/LGBT_rights_in_South_Korea).

행위, 의사형성 과정이 다수에 의해 독점되거나 다수에 의해 주도 됨으로써 실질적으로는 사회구성원인 주체가 아니라 타자화(他者 化)된 객체들로 전락한 소수자도 있다.

우리나라의 예를 살피자면, 예컨대 다문화가족, 불법체류노동 자, 조두순류의 전과자, 이념적 잣대에 의해 "빨갱이", "친일파" 또 는 전 정권의 이른바 적폐세력으로 낙인찍힌 자, 지역감정에 편승 하여 사실상 차별대우를 받는 자, 제6공화국헌법에서 폐지규정을 두기까지 연좌제에 걸려 주류공직사회에로 진입이 가로막힌 자 등 을 들 수 있을 것이다. 경우에 따라서는 조르조 아감벤(G. Agamben) 의 이른바 '벌거벗은 생명'이 이에 해당할 수 있을 것이다.[4]

2. 소수자 권리의 문제

(1) 전환기의 보이지 않는 전선

현대 인권의 역사적 진행에서 가장 어려운 난제 중 하나가 '소 수자 권리'의 문제이다. 모든 사람을 위한 인권의 보편성의 구도가 특정 소수자의 인권을 보호하기 위해 수정 내지 해체 위기를 맞을 수 도 있게 되었기 때문이다. 그 배경에는 탈근대주의(postmodernism)

---

4 '벌거벗은 생명'이란 homo sacer에서 유래한다. 즉 살해는 가능하나 희생 제물로도 바쳐질 수 없는 무가치한 생명을 의미한다. 고대 그리스 도시국 가에서 가치 있는 생명들의 삶을 위해서는 벌거벗은 생명(노예)을 폴리스 내로 포함시켜야 하지만, 배제적 도구에 불과했다. 아감벤은 이를 '포괄적 배제관계'라고 하였다. 상세는 조르조 아감벤, 호모 사케르(박진우 역), 새 물결, 2008 참조.

의 등장으로 특징지어지는 전환기적인 정신상황이 자리 잡고 있기 때문이라고 말할 수 있을 것이다.

전환기의 정신적 상황이란 후기현대주의, 탈구조주의, 탈경험주의, 탈합리주의 탈실용주의, 이른바 '새로운 위험'에 관한 인식의 확대로 인한 위험사회론, 불안사회론, 탈산업사회론, 정보화 사회론 등이 그것이다. 21세기에 진입한 지도 20년이 가까워 오는 지금, 서구의 정신적 상황을 한마디로 표현하자면, 이성의 발전과 인간해방의 전망을 담은 유럽계몽주의의 근대성 프로젝트로부터 일종의 **비합리적 색채를 띤 탈근대성 프로젝트에로의 패러다임 전환이라고 말할 수 있을 것이다.**[5]

잘 알려진 바와 같이 탈근대주의는 근대의 이성의 진보와 끊임없는 발전을 기획하고 추진해 나가고자 하는 이른바 '근대성 프로젝트'(하버마스)가 세계 제2차 대전의 폐허를 극복하고 일어선 후기 자본주의사회에 들어와 곤경에 처한 인간의 현실적인 삶의 중요한 문제들에 대한 해답을 줄 수 없는 기획이라고 비판한다. 근대적 이성이 도구적 이성으로 변질되어 단지 지식에 의한 생활세계의 지배와 이용을 가능하게 하는 데 기여했을 뿐이라고 한다. 그 결과 관료지배주의, 형식적 법률의 팽창, 근대사회와 경제의 각종 공식적인 제도를 양산했다는 것이다.[6] 그에 대응하여 탈근대주의는 근대를 거치면서 위력을 행사했던 실증주의적·합리주의적 사유체계와 근대에 이르기까지 모든 사상체계의 골격을 이루었던 '본질이 실존에 우선한다'는 뿌리 깊은 형이상학적·본질존재론적

---

5 Arth. Kaufmann, Rechtsphilosophie in der Nach-Neuzeit, 1990. S. 4ff.
6 이성에 입각한 근대성프로젝트를 기획한 하버마스도 이런 현상에 대해 '생활세계의 식민지화'라고 비판한다.

인(substanzontologisch) 사유체계에 반기를 들었던 것이다.

1990년 이후 미국에서는 탈근대주의가 풍미하면서 기성 제도들에 대한 새로운 변증론적인 담론들이 활발히 전개되기 시작했다. 그것은 특히 경제적 분석, 페미니즘, 문예비평, 인종 및 소수자에 대한 관심 등에 팔을 뻗으면서 한층 더 고무되고 있는 실정이다. 기존 제도의 여러 가지 기본적 이슈들은 문화적·사회적 차원과 연계되어 있다는 인식 아래 사회 속에서 살아 꿈틀거리는 다양한 문화에 대한 사고와 담론의 유형들을 다시 생각해 보기 시작했던 것이다.[7]

두말할 것도 없이 탈근대주의 등 이러한 조류가 다양한 인권문제를 제쳐 놓고 그냥 지나칠 리 만무하다. 전통적인 보편적 인권이론과 국지적인 인권쟁점 가운데 은폐되어 있는 모순과 역설을 들추어내는 데 열중했고, 그러한 경향은 점점 더 거세어지는 추세에 접어들었던 것이다. 즉 법제도나 제도로서의 인권은 공식적으로 사회생활 규범의 주류를 형성하고 있지만 실제적으로 법이나 인권에서 정작 무엇이 중요한 문제인지를 잘 알지 못한다는 것이다. "법은 아무것도 모른다"는 해체주의적 분석틀이[8] "인권은 아무것도 알지 못한다"는 비평으로 쉽게 전이되는 것도 피할 수 없는 현실이 되었다.[9]

이 부분에 대한 설명의 단서를 "법 그 자체에 작동하는 무지가

---

7 G. Minda, Postmodern Legal Movements, 1995, p.189.
8 알리짜 리 존스 외 엮음, 법은 아무것도 모른다, 강수영 역, 2008, 13면 이하 참조.
9 http://terms.naver.com/entry.nhn?docId=1395195&cid=42123&categoryId=42123&expCategoryId=42123

존재할지도 모른다"라는 추정하에 "법 그 자체가 무지한데도 법은 어떻게 계속해서—그것도 효과적으로—기능하는가?"라는 문제의 답을 '법의 역설적인 지위'에서 찾는 최근 정신분석의 시도는 우리들에게 탈근대주의가 시도하는 법 이해 내지 인권이해의 정원 안을 들여다볼 수 있게 해 주는 흥미로운 안내자 역할을 제공한다. 다음에 이어질 법 내지 인권의 역설적 지위에 관한 다소 긴 인용이 그에 대한 설명이다:

> 원시집단의 원초적 아버지 살해에 관한 프로이트의 신화는 이 역설을 가장 설득력있게 설명해 준다. 아버지—아들들의 욕망충족을 방해하는 장애물로 인식된 아버지—를 살해했지만 아들들이 원했던 쾌락을 위해 길은 열리지 않았다. 오히려 쾌락에 대한 금지가 강화되었다. 프로이트 계보학에서는 형제들의 법과 아버지의 독재적 지배가 확실히 구별되지 않는다. 따라서 라깡이 '무지를 향한 열정'이라 표현한 것—알려고 하지 않는 욕망—은 법이 적절히 기능하기 위한 조건에 다름 아니다. 법의 주체는 욕망에 대해 아무것도 알고 싶어 하지 않는다. 그리고 바로 이 욕망, 즉 무지를 향한 열정이 법의 무지에도 불구하고 법을 유지시켜준다. 따라서 정신분석은 무지와 법에 관해 법적 원칙에 대한 실질적인 수정을 주장한다: 법에 대한 무지가 (법을 위반하기 위한) 핑계가 될 수 없는 것이 아니라, 법의 무지는(법을 따르기 위한) 유일한 핑계이다.[10]

(2) 역설의 투쟁전략

이러한 역설(paradox)의 경향은 법의 지배, 인권보장으로 대변되는 독자적이고 자기발전적인 것으로 믿어져 왔던 전승된 제도에 대한 신뢰에서 이탈하여 오히려 **전통적인 근대적 법이론과 보편적**

---

10 알리싸 리 존스 외 엮음, 법은 아무것도 모른다, 앞의 책, 23면.

인권이론으로부터 벗어나고자 한다. 왜 전승된 인권의 개념을 뒤집으며 자꾸만 바꾸어 나가려 하는가 하는 이유를 우리는 이러한 후기 현대주의의 다양한 역설의 갈피에서 찾을 수 있는 것이다. 이들은 현실의 의미를 객관적으로 확정지을 수 없다는 핑계로 전승된 정신, 이론과 언어에 대한 일체의 신뢰를 거부하기까지 한다.

사랑의 아버지(신을 포함하여 모든 권위의 원천들)를 살해하고 기억에서 지워 버린 정신과 의식의 황량한 빈 들에서 이제는 형식적인 구호나 공식적인 제도가 아니라 그 제도가 구현해 내는 문화 수준, 구체적이고 실존론적인 현실태(Dasein)가 중요하다는 것이다. 그 중요성을 포착하여 이슈화하기 위해서는 근대적인 거대담론보다 먼저 실천적인 부분영역에서 다양한 모습으로 나타나는 개별자의 특성에 맞는 개체적이고 단편적인 욕구문제에 주목하고 또한 그 문제의 해결에 집중해야 한다는 것이다.[11] 왜 우리 주변의 인권업계가 사소해 보이는 미시권력으로 규정된 분야에 진지하게 접근하여 집중하고, 몰입하는지에 대해 우리가 평소에 품어 오던 의문에 대한 답의 단서를 여기에서도 찾을 수 있는 것이다.

특히 인권과 같은 제도는 원래 문화적 다원주의에서 상이한 문화 사이를 잇는 매개체 역할을 해야 한다는 것이다. 인권의 제도적 표현 역시 사회 속에서 상이한 문화적 담론과 사상의 모형을 숙고하도록 고무시키는 어떤 **문화적 차원**을 갖기 때문이라고 한다. 그리하여 경제와 인권, 노동과 인권, 여성과 인권, 아동과 인권, 노인과 인권, 인종과 인권, 난민과 인권, 성과 인권 등의 양태에 따라

---

11 J. Butler, Dekonstruktion und die Möglichkeit der Gerechtigkeit: Weber vs. Cornell, in: A. Haverkamp(Hrsg.), Gewalt und Gerechtigkeit Derrida-Benjamin, 1994, S.134ff.

보편적 인권개념은 구체화되고 개별화되어야 한다는 것이다. 결국 보편적 정의(Justice for all) 대신 특정부류 사람들의 정의(Justice for some)로, 보편적 인권(human rights for all)에서 소수자의 인권 (human rights for some)으로 패러다임의 전환을 필요로 한다는 것이다.[12] 판단의 최종근거는 근본원리에 있지 않고 역설(paradox)에 있다는 가설 아래 탈근대주의 이론은 그러한 모순과 역설의 파편들을 주워 모아 때로는 실용주의, 때로는 냉소주의에 입각하여 언어와 담론의 새 지평을 열어 가고 있는 것이다. 소수자의 권리문제는 바로 이러한 배경과 맥락에서 줄기와 가지를 뻗고 담장을 뛰어넘은 것이다.

어쨌거나 소수자 인권이라는 관점이 문화적 차이에 의해 형성된 것이라는 점에 주목할 필요가 있다. 이런 시각에서 파편적 성격을 지닌 소수자권리를 여타의 일반 인권과 마찬가지로 보편적 권리 내지 인권으로 격상시켜 법제화의 수준까지 요구하는 현상은 비체계적이고 비논리적인 포스트모던 사고유형의 전형적인 양태의 일종이라 하겠다. 더 나아가 서로 다른 문화의 영역을 무시하고 한 문화영역에서 통용되는 소수자권리를 타 문화영역에도 수용하도록 강요하는 것은 전형적인 문화제국주의의 사고 잔재 외에 다름 아니다. 예컨대 1970년대까지만 해도 미국에서 많은 사람들은 동성애자를 경원시하는 것이 심지어 옳은 일이며, 그것은 사회적 건강성을 유지하기 위한 어떤 의로운 봉사에 해당한다는 생각에 공감대를 형성하고 있었다. 그러나 2012년에 반동성애 운동단체 FRC의 직원이 동성애 옹호자에게 총격을 받고 부상당한 적이 있

---

12 G. P. Fletcher, With Justice for Some, 1995, pp.9, 37, 69, 107.

듯이[13] 오히려 지금 그곳에서는 반동성애운동가들에 대한 혐오와 증오가 강한 실태이다. 물론 최근 브루나이왕국이 문화적·종교적 전통을 고수하기 위해 동성애자들을 투석 형에 의한 사형에까지 처하게 한 경우는 또 다른 극단적인 예가 될 것이다. 성과 가족과 가정이라는 전통적 가치를 지켜 내기 위한 일이라는 이유 때문이긴 하지만 말이다.

어느새 다양한 인습과 언어·문화를 지닌 민족과 인종 간의 갈등이나 성별 내지 성적 취향의 차이에서 오는 사회적 갈등을 전통적인 제도나 보편적인 제도라는 관념만으로 해결할 것을 기대하기가 점점 더 어려운 세상이 되었다.

3. 새로운 과제들

(1) 새로운 인간상 찾기

지난 수 세기 동안 세속화과정을 거치면서 제도와 종교의 지나친 분리가 시행되어 오늘날 사회제도의 거룩성·경건성과 종교의 사회성이 모두 훼손되는 결과를 낳았다는 지적도 있다. 제도의 규범적 효력을 높여 제도가 사람들의 자발적인 준수의 대상이 되자면 제도의 잃어버린 거룩성·경건성을 회복하는 작업이 새로운 시각에서 수행되어야 한다는 것이다.[14] 문제는 파편화되고 다원화된 현

---

13 https://edition.cnn.com/2012/08/15/us/dc-shooting/index.html
14 해롤드 버만, 종교와 제도(김철 역), 1992, 51면 이하 참조.

대사회에서 제도를 어떻게 제자리에 돌려놓고 그로부터 그 규범적 임무들을 어떻게 새롭게 세워 나갈 수 있는가 하는 점이다.

오늘날에 이르러 제도가 인간을 위해 존재하지, 인간이 제도를 위해 존재하지 않는다는 점은 더욱 자명한 원리가 되었다. 인간이 제도의 척도이기 때문이다. 문제는 제도의 척도가 되는 인간 내지 인간상(人間像)에 대한 통찰이다. 19세기에 이르도록 관념철학에 깊이 뿌리박은 인간상은 '추상적 주체', '고립된 개체'였다. 이 같은 비현실적 인간상에 반기를 들고 나온 철학사조는 헤겔(Hegel)과의 논쟁에서 포이어바흐(Ludwig Feuerbach)가 발전시켰고 마르크스(Marx)의 변증론적, 역사적 유물론에서 결실을 거둔 유물론(Materialismus)과 칸트와의 논쟁에서 니체(Friedrich Nietzsche)가 발전시켰고 하이데거(Heidegger)와 야스퍼스(Jaspers) 및 사르트르(Sartre)에서 결실을 보게 된 실존주의(Existenzialismus)였다.

유물론과 실존철학의 인간상은 근대의 추상적 인간상의 해체와 재구성이라는 점에서 동일한 기본개념을 구성한다. 이들 두 가지 기본구상에 따르면, 인간은 이제 더 이상 '정치적 동물'(Aristoteles)이나 '이성적 인간'(homo noumenon)과 '경험적 인간'(homo phaenomenon)(칸트)으로 정의되지 않고, '사회관계의 앙상블'(Marx), '인간의 생활관계의 총화'(Sartre) 등의 방식으로 구체적으로 서술된다. 포이어바흐(Feuerbach)와 후기 니체(Nietzsche)도 현실적인 인간과 관련하여 객체와 구분된 주체라고만 말하던 것들이 현실적으로 존재하지 않는다고 보았다. 모든 현실적인 것은 주체와 객체 사이의 생기(生起)의 복합으로 이루어지는 것이므로 Jaspers의 인간실존개념에 따라 말한다면 인간의 삶은 '주체가 객체로 해소되고, 객체가 주체로 해소되는 운동'이라 할 수 있다는 것이다.

실존철학과 마찬가지로 유물론도 전통 깊은 의식철학에서 말하는 것과 달리 주체와 객체는 분리된 그 어떤 것으로 존재하지 않는다는 것이다. 포이어바흐는 객체는 객체—주체이며, 주체도 주체—객체로서 서로 분리되어 있는 게 아니라고 한다. 다시 말해 나는 너와 나 사이 관계 속의 나이듯, 인간은 세계와 인간, 자연과 인간관계 속의 인간이라는 것이다. 이를테면 고양이는 쥐와 고양이 관계 속의 고양이이듯, 어부는 어부와 물고기 관계 속의 어부일 뿐이라는 것이다.

(2) 관계 속의 인간관

인간은 고립된 세계에서 인간 그 자체로 존재하지 않고, 그의 일상적인 세계에서 현실의 인간으로서 그의 구체적인 존재양식에 따라 언제나 주체-객체의 관계 속에 있는 인간존재일 뿐이다. 세계 내 존재(In-der-Welt-Sein)로서 세계와 연관된 인간은 세계 내에서 만나는 인간 이외의 존재자인 자연과 현존재자인 다른 인간과 이중적인 관계에서 만난다. 그러므로 인간은 세계 내에서 구체적으로 관계를 맺고 있는 이 이중의 관계성, 즉 자연-인간과 인간-인간의 관계 속에서 비로소 인격으로 주목받게 되는 것이다.

유물론자 포이어바흐(Feuerbach)가 우리는 인간을 일상 속에서 아주 구체적으로 그가 경영하는 일의 대상으로부터 규정한다는 말의 의미도 이런 관계성을 두고 한 말임을 짐작할 수 있다. 즉, 땅을 일구는 자가 농부요, 수렵을 경영하는 자가 사냥꾼이요, 물고기를 잡는 자가 어부라는 것이다. 인간의 다른 인간에 대한 공존관계에서의 다양한 존재양태도 이와 본질적으로 다를 바 없다. 즉, 남편과 아내로서, 아버지와 아들로서, 의사와 환자로서, 검사와 피의자로서, 법관과 피고인으로서, 임대인과 임차인으로서, 고용인과 피고용인으로서, 교사와 학생으로서, 운전자와 승객으로서 등과 같이 일상생활 속에 질서로 엮어져 가는 다양한 사회성 속에서 각자 인격이 되는 것이다.[15]

그러나 근대성의 발전과 완성을 기획하는 이른바 '근대성 프로젝트'에서 바라본 자아중심의 이성적 인간관이나 유물론과 실존철학에서 바라본 사회적 관계의 총화로서의 인간관은 총체적인 인간이해의 관점에서 볼 때 진리의 일면만을 포착하였거나 강조한 것으로 보인다. 현실적 인간은 각자 관계 속의 인간이며 그 관계는 자기 자신과의 관계는 물론 인간의 주위환경이나 자연과의 관계, 궁극적으로는 신과의 관계를 포괄하는 다중적 관계이다. 인간과 자기 자신, 인간과 다른 인간, 인간과 자연, 인간과 신의 이 다중적 대화구조는 다 같이 생명적 연합관계의 표현이기도 하다.[16]

이러한 생명적 연합관계를 깨뜨리는 인간의 억압과 착취와 파괴는 반인간적일 뿐만 아니라 반자연적이고 반창조질서적이다. 그러므로 오늘날 범람하고 해체되는 제도의 흐름을 조절하여 제도와 규범의 효력을 높이려면, 단순히 제도를 사회체계나 의사소통의 합리적 도구로만 이해해서는 곤란하다. 정의로운 제도와 사회, 정

---

15 루드비히 포이어바흐, 기독교의 본질, 강대석 역, 한길사, 2008, 97면, 265
   면; 베르너 마이호퍼, 법과 존재(1954), 심재우 역, 1996, 특히 142면 이하;
   베르너 마이호퍼, 인간질서의 의미에 관하여(1956), 윤재왕 역, 2003, 특히
   51면 이하 참조.
16 김일수, 법·인간·인권, 1999, 317면 이하.

의로운 제도와 경제, 정의로운 제도와 문화, 그리고 희망컨대 정의로운 제도와 사랑의 종교 등 제도의 근본문제에 대한 실질적인 내용들을 고찰대상으로 삼아야 한다.[17]

우리의 제도학적 관심사는 어떤 제도나 정책이 강성이냐 연성이냐에 있는 것이 아니라 이것이 과연 현명한 일인가 아니면 어리석은 짓인가에 쏠려 있다. **만약 어떤 제도와 정책이 시민의 이익**(utilitas civitas)**에 보다 잘 합치한다면 그 정책을 추구해야 하며, 그것이 공동선**(bonum commune)**과도 합치한다면 더욱 그러해야 할 것이다. 현대 사회에서 제도의 다양한 기능 중 가치중립성이나 도구적 성격에 대한 지나친 강조는 반성을 필요로 하는 부분이다. 개인의 권리만을 강조하다 보니 공공의 이익이 침해되고, 다수의 권리나 이익이 침해되는 것이 너무 당연하게 간주되어 역차별 논란을 낳기 때문이다.**

(3) 사랑의 빛 안에서

헬레니즘과 함께 서구문명의 한 중심축을 이르는 유대-기독교 전통은 제도에 사랑의 힘을 공급해 줌으로써 제도를 온전케 하려는 노력을 지속해 왔다. 예수 그리스도는 사랑을 제도에서 갈라놓지 않았고, 제도를 정의와 자비에서 갈라놓지도 않으셨다. 오히려 인간에게 세워 준 모든 제도를 인간과 인간, 인간과 자연, 인간과 신의 관계회복을 위한 제도의 정신과 목적의 빛, 즉 사랑의 빛 안에서 할 것을 주장했다. 많은 법률과 제도들은 외관상 복잡하게 얽혀 돌아가는 것처럼 보이지만, 인간의 마음과 영혼에 호소하는 사

---

17 김일수, 전게서, 528면 이하 참조.

랑의 계명을 표현하는 일반계시와 일반은총으로서의 의미를 갖고 있다. 법률과 제도들이 이 같은 근본목적을 잊어버리고, 그와 관계 없이 순전히 기계적·기술적인 체계로 돌아갈 때 제도 자체가 깊은 상처를 입는다는 사실을 놓쳐선 안 된다.

인문주의 입장에서도 인간관계의 총체성 속에 사랑이 번영할 수 있는 길을 확장해 나가도록 돕는 것을 제도의 주된 목적으로 삼는 데 이론의 여지가 있을 수 없을 것이다. 그럴 때 세계 내 존재(In-der-Welt-Sein)로서 인간은 현실세계에서 가장 인간답고 행복하게 살 수 있을 것이기 때문이다. 이런 의미에서 성소수자 권리의 문제는 제도와 법의 관점에서 오늘날 가장 첨예하게 소요를 불러 일으키는 난제라고 생각한다. 동성애자의 권리를 인정하고 제도적으로 강화하면, 거꾸로 동성애를 반대하는 다수의 시민들이 처벌받고 역차별을 당할 수 있다는 점 때문이다. 자연법과 고차의 법이념으로부터 동성애를 지지하지 않을 뿐만 아니라 그것을 인정하는 법률제도의 개혁을 선량한 풍속에 반하는 무효한 법률로 인식하는 다수의 선량한 시민들이 실정법과 제도에서 역차별을 받게 된다면 양심적·종교적 거부와 시민적 불복종수준의 항거가 일어날 수 있을 터이기 때문이다.

III

성소수자 권리 이론과 운동의 양상

1. 이론적 측면

(1) 동성애옹호적인 탈근대사상

1) 시대구분과 탈근대

유신론적 실존철학자로 잘 알려진 칼 야스퍼스(K. Jaspers)는 그의 철학입문이란 책에서 선사시대에서 고대로의 전환기의 중심에 헤라클리트(Heraklit)라는 사상가가 있었고, 고대에서 중세로의 전환기의 중심에 아우구스티누스(Augustinus)가 있었으며, 중세로부터 근대로의 전환기의 중심에 파스칼(Pascal)이라는 사상가가 있었으며, 근대로부터 아직 이름이 붙여지지 않은 제4시대로의 전환기의 중심에는 키르케고르(Kierkegaard)가 있었다고 말했다.[1] 이 제4의 시대를 혹자는 뉴에이지(New Age)라고 부르고 혹자는 탈근대 또는 후기근대라는 의미로 포스트모던이라고도 부른다.

2) 근대사상에서 탈근대사상으로의 패러다임 전환

이성과 합리성의 완결을 지향한 대표적 근대사상은 인본주의와 계몽주의이다. 그 말뜻이 암시하는 바와 같이 중세의 신적 세계관에서 근대는 인간중심주의를 추구했지만 그 인간은 이성과 자유가 미성숙한 인간이었다, 인간을 통째로 미성년자 취급하는 지식지배와 도구적 지식 같은 이런 지적 분위기는 한때 열광의 대상이었지만 점차 불쾌의 대상이 되어 버렸다. 현대의 뉴에이지 운동이나 포스트모던 풍조는 근대사상에 대한 이런 불편한 심기를 노골

---

1 K. Jaspers, Einführung in die Philosophie, 25. Aufl. 1986, S.16ff.

적으로 드러낸 결과이다.

근대사상에 대한 탈근대사상의 반기는 첫째, 근대사상이 인간에게 진짜로 중요한 문제들에 대한 답을 줄 능력이 없다는 데 근거하고 있다. 그 모든 논박들을 여기에서 일일이 거론할 수 없지만 자유의 문제를 예로 들어 보기로 하자. 많은 탈근대사상가들은 근대사상가들이 자유의 문제를 곡해하고 있다고 주장한다. 즉, 현실의 구체적 인간은 정신과 의지의 안팎으로 각종 부자유한 사슬에 얽매여 있는데, 자유를 임의적으로 선택할 많은 옵션에 대한 가능성으로 이해해 왔다는 것이다. 개인에게 달리 행위할 수 있는 관념상의 가능성이 크면 클수록 인간의 자유도 그만큼 커진다고 보았다는 것이다. 하지만 현실적인 결과로 나타난 사실은 인간이 그와 같이 실속 없는 속 빈 자유를 포기하고 그와 더불어 자신의 행위에 대한 책임까지도 포기하게 만들었다는 것이다.

둘째, 탈근대사상은 이에 항거하여 역사철학의 휘황찬란한 구조물과 그의 고대, 중세, 근대라는 3원체계의 해체와 이 3원체계로부터의 해방을 추구한다. 헤겔의 역사철학에서 전개된 아버지의 왕국과 아들의 왕국 그리고 정신의 왕국은, 근대정신으로 이해되어 온 궁극적인 정신의 왕국이 20세기 이후 계몽이 발전을 멈추고 이성(Vernunft) 자체가 의문시되는 상황에서, 출구가 꽉 막힌 형국에 봉착했다는 것이다.

셋째, 탈근대사상은 근대사상이 내포하고 있는 바, 이성의 진보가 가져올 유토피아니즘에 대한 실망과 불신에서 출발하여 유토피아 저편에 있는 다른 세속적인 영성을 추구하며 나아간다. 예컨대 미셸 푸코(Michel Foucault)의 자신을 둘러싼 염려의 철학 및 성의 역사에 대한 구조분석을 통한 금욕과 성욕의 관계에 관한 철학이 그

것이다. 더 나아가 계몽시대의 합리주의 철학에서 낭만주의, 의지와 생의 철학 같은 불합리주의 철학으로(Schopenhauer, Kierkegaard, Nietzsche, Bergson), 본질철학에서 실존철학으로(Sartre), 정신과 이성의 철학에서 몸과 욕망의 철학으로(Lacan, Derrida), 인본의 철학에서 인간-동물(humanimal)의 철학으로(Derrida, Badiou), 유일신사상에서 뉴에이지(new age) 경향의 범신론² 등으로의 패러다임 전환을 시도한다. 이들은 공통적으로 근대사상이 저초하고 있는 주체와 객체의 분리 및 욕망억제냐 아니면 모든 욕망의 해방이냐 사이의 택일 그리고 합리주의와 불합리주의의 대칭 같은 2원주의를 해체하고 타도하려고 한다.

3) 탈근대사상의 핵심

가. 사상적 전복기도

이러한 탈근대사상에서 동성애옹호에 속하는 철학의 아류는 특히 후기구조주의, 포스트모더니즘, 자발적 소수자론에 입각한 신사회운동, 포스트모던 페미니즘이론 따위를 들 수 있다.

근대적인 인간관, 인간질서에 대해서는 ① 이성 중심주의에 대한 데리다의 해체주의, ② 보편성에 잠재된 폭력성에 대한 리오타르의 비판, ③ 합리적 주체의 보편성에 대한 푸코의 구조주의적 분석, ④ 다수의 척도를 곧 보편적인 것으로 설정하는 미시권력의 작동에 대한 들뢰즈의 비판 등 탈근대주의 진영에서의 비판이 거

---

2 https://terms,naver,com/entrynhn?docid=1171494&cid=40942&category Id=31614

세다. 뿐만 아니라 무신론과 유물론, 가치허무주의, 무신론적 실존주의 철학, 좌파 이데올로기로 부터의 공격도 여전히 유효하다.

특히 성 담론에서 인권의 보편성은 ① 양성보편성에 대한 LGBTQ의 저항, ② 남성적 보편성에 대한 페미니스트 그룹의 저항, ③ 이성애와 혼인, 가정의 문화적 보편성에 대한 성소수자들의 저항은 국내적, 국제적 그리고 사회적, 사법적 이슈로 가열되고 있다.

탈근대 사상가 가운데 오늘날과 같은 포스트모던적 인간해방 운동에 가장 큰 영향을 끼친 사람은, 계보적으로 말하자면, 안티크리스트라는 책에서 "신은 죽었다"고 선언한 니체(1844~1900) 그리고 30여 년간 서양철학의 흐름을 연구한 뒤 본질 위주의 뿌리 깊은 본질철학을 뒤엎어 버리고 "실존이 본질에 우선한다"고 선언한 무신론적 실존철학자 사르트르(1905~1980)를 주목할 필요가 있다. 왜냐하면 그들은 보편성 속에서 꽃을 피우려는 자유의 사상적 체계를 거꾸로 뒤집는 사상적 변란을 기도하였기 때문이다.

모든 인간에게 주어져 있는 인간의 본성이 그에게 인권의 토대가 되는 존엄성을 부여한다는 명제를, 인간의 자율성 이론을 기초로 하여 도덕형이상학적으로 잘 풀어낸 사상가로 칸트(1724~1804)를 손꼽지 않을 수 없을 것이다. 또 그에게 우리는 오늘날까지도 사상적인 큰 빚을 지고 있는 셈이다. 칸트는 개인의 이성과 자율성을 그 출발점으로 삼지만, 결코 니체처럼 "너 자신이 되라"(Werde Selbst!)거나 심미적 이성의 관점에서처럼 자기애(Selbstliebe)나 자기입법(Selbstgesetzgebung)에 중점을 두는 것이 아니다. 오히려 칸트는 보편성과 보편입법의 원리에 따라 "보편적이 되라"(Werde allgemein!)고 강조한다: "네 의지의 격률이 보편적 입법의 원리로서 타당할 수 있도록 너는 항시 그렇게 행동하라"는 정언명령이 그것을 단적으로 보여 준다. 칸트는 "모든 사람을 위한 자유"의 문제를 천착했다. 그리고 오직 타인들이 지닌 동등한 자유가 침해받지 않도록 배려하는 행위에서만 개인의 행복이 실현될 수 있다고 보았다.

나. 신이 되길 꿈꾸는 무모함

그러나 다양성을 추구하는 포스트모던의 입장은 다양한 생활의 기획들이 현실적으로 서로 침해받지 않고 실현될 수는 없다고 보는 점에서 칸트의 생각과 다르다. 또한 이질적인 것들을 있는 그대로 놓고 사유할 것이지 어떻게든 그것을 본질과 원리에 의해 통합시키려는 형식을 찾는 기획에도 반대한다. 니체(Nietzsche)가 "신은 죽었다"고 선언하고, 天上의 신이 떠난 빈자리를 大地의 초인(超人)으로 대신하려 했을 때, 그리고 무신론적 실존철학자 사르트르가 "실존이 본질에 우선한다"는 기치를 들고 나와 종래의 뿌리 깊은 본질철학의 근간을 뒤흔드는 혁명적인 모험을 감행했을 때 이런 사태로의 진전은 이미 예견된 것이었다. **인간존재는 각자 자기 앞에 이미 선재(先在)하는 어떤 규범과 도덕원칙에도 구속당하지 않고 오직 미래를 위한 자기기획과 자기입법에 따라 실존한다는 것이다.**

이런 맥락에서 니체의 하나님 없는 사상의 종착지는 비관주의와 허무주의와 세속주의와 이교문화의 다신적인 혼합주의이다. 그것은 신이 없는 세계에 의식이 분명치 않은 사람들을 불러들여 방향감각을 잃었으되 자기지배적인 개체를 만들어 돌려보낸다. 그들은 가치나 도덕 감정 같은 것을 거추장스러운 장애물로 간주한다. 인간의 존엄성과 사랑 안에서 하나님의 영원하심에 참여하는 모든 일들이 개인이나 사회를 위한 아무 희망도 되지 못한다고 설파한다. 그들이 찾고자 하는 새로운 유토피아는 오직 大地에 속한 것이며, 그 자체 신기루에 불과하다. 우리가 알아야 할 것은 비관주의와 허무주의의 중심에는 언제나 파괴적인 교만이 자리 잡고 있다는 점이다. 희망의 노래가 사라진 대지는 실제 지옥과도 같은 것이다.

다른 한편 사르트르는 자기선택의 무제한 자유 앞에 서 있는 인간은 "자유에로 부름받은" 존재가 아니라 "자유에로 저주받은" 존재라고 천명한다. 이것은 전통 깊은 도덕형이상학이나 본질철학에서 말하는 "너는 하여야 하기 때문에 너는 할 수 있다"는 명제를 거꾸로 뒤집어 "너는 할 수 있기 때문에 너는 하여야 한다."는 명제를 전면에 내세우는 것을 뜻한다. 그러나 과거의 문화적 유산이나 전통, 모든 역사성으로부터 자유로운 존재자, 단지 미래의 기획을 위해 무제한의 자유 가운데서 자기입법을 행할 수 있는 존재자란 구체적인 실존으로 수긍하기 어렵다. 사회에서 기댈 언덕을 잃어버린 실존이나 고립된 개인이란 실제 또 다른 관념의 산물이지, 구체적·현실적인 인간실존일 수 없기 때문이다. 위에 있는 신이나 과거로부터 전승되어 온 도덕원리를 일체 부인하고 인간을 절대적인 자유에 방임하는 것은 실제 자유의 저주 속에 인간을 빠트리는 딜레마일 수밖에 없고, 그것은 결국 도덕적 무정부주의로 귀착하게 될 것이다.

동성애를 인권이라고 옹호하고 나서는 탈근대사상의 조류는 정도의 차이는 있을지라도 다 이러한 흐름에서 출발하여 더욱 대담하게 인간과 사회의 윤리적인 토대를 허물고 있는 것이다. 도덕이 단순히 자신의 기득권을 정당화하기 위한 지배계층의 도구일 뿐이라는 니체나 마르크스주의적 견해는 인간과 비인간, 인간과 동물 사이에서 인간의 인간다움을 가장 강렬하게 지칭하는 도덕성의 근본적인 의미를 뒤집어엎은 극단적인 생각에 사로잡힌 것이다. 이러한 정신현상을 단적으로 표현한 용어로 캔디스 보글러가 사용한 "존재의 결여와 선의 부인"이라는 말 외에 또 다른 말이 있을까?[3] 인간존재로부터 도덕적 정체성을 생략한다면 결국 인간의 정신과 삶은 가치허무주의, 도덕적 무정부주의에 빠질 수밖에 없다.

도덕성은 인간성의 발전과 함께 유지·발전해 가야 할 인류의 과제이며, 법질서와 국가가 수수방관하거나 포기할 수 없는 중요 관심사이다. 인간의 존엄과 가치를 존중하고 보호하는 것을 법과 국가권력의 의무로 삼는 헌법질서하에서 정치와 법제도 및 문화와 교육의 모든 영역에서 인간을 가장 인간답게 하는 도덕성의 근본적인 의미를 발전시키는 것은 규범적으로 결코 경시할 사항이 아니다. 이런 의미에서 한 사회와 국가가 그 공동체 내에서 더불어 살아가는 개개인을 인권의 주체로 승인한다는 것은 바로 그를 도덕적 권리의 주체로 인정한다는 의미 외에 다름 아니다.

(2) 동성애옹호적인 탈근대사상의 스펙트럼

1) 후기구조주의

가. 구조주의

이성의 시대가 후기근대사회의 난제에 부딪쳐 잠시 맥을 놓고 있을 때 그 틈을 타고 '욕구'에 대한 통찰이 주목받기 시작했다. 인간의 삶은 어느 의미에서 끝없이 이어지는 욕구충족을 위한 노력이라고 말할 수 있다. 그렇다면 실제 욕구는 다양한 삶의 영역에서

---

3 캔디스 보글러, "존재의 결여, 선의 부인", 알리싸 리 존스 외. 앞의 책, 119-152면 참조.

영향력을 행사할 것이고, 따라서 인간의 삶의 난제들은 욕구에 대한 연구를 통해 해결을 모색할 수도 있을 것이다.

후기구조주의는 바로 이 점에 착안한 것이다. 즉 욕구에 대한 통찰을 통해 인간의 삶 속에 투사된 다양한 욕구의 형태를 재조명해 보고, 이것을 토대로 정책 속에 반영할 담론의 실마리를 끌어내고자 한다. 이러한 이론적 출발점은 이미 기존 이론들에 대한 거부와 해체를 전제한 것이다. 물론 후기구조주의는 인간의 욕구조차도 자신들의 본질과 다르게 사회적인 틀 속에서 무의식적으로 검열되고 사회화되었고, 또한 언어 내지 상징적인 제도들 속에서 왜곡될 수 있다고 본다. 그 시대적 상황은 1960년대 후반 프랑스에서 시작된 학생, 노동자, 반문화집단이 유럽전역에서 연대하여 펼친 기존 사회질서에 대한 거부와 반항을 배경으로 삼고 있다. 1968년 5월 프랑스에서 일어난 학생과 노동자들의 연합 시위와 항거운동이 기폭제가 되었다(68혁명).

후기구조주의는 구조주의에 대한 반론과 그것을 극복하기 위한 철학사조이다. 이미 잘 알려진 바와 같이 구조주의는 주체중심주의에 대한 비판에서 출발한다. 주체중심주의는 백인, 유럽인, 남성, 문명인, 어른이 더 뛰어난 존재라는 가설을 현실화한다. 이에 대해 구조주의는 사물의 의미를 그것을 둘러싼 문화적 구조들에 의해 정의한다.

구조주의의 출범은 소쉬르(de Saussure, 1857~1913)의 '구조언어학'에 기반을 둔 것이다. 그에 의하면 언어는 사회관습이며 한 언어의 모든 부분들은 큰 사회구조 체계로부터 의미를 획득한다는 것이다. 그는 랑그와 파롤, 기표와 기의, 통합체와 계열체, 공시성과 통시성 같은 쌍을 이루는 구조요소들을 분석했다. 랑그는 해당

문화가 암묵적으로 동의해 온 문법구조를 말하며, 파롤은 개인적인 말버릇 같은 발화방식을 말한다. 기표는 단어의 소리와 표현, 기의는 단어의 개념적 요소이다. 이 둘의 관계는 자의적이다. 왜냐하면 언어가 실재를 반영하는 것이 아니라 실재를 구성하는 것이라고 보기 때문이다.

이 이론은 인류학, 심리학, 정신분석학, 사회학, 역사학, 문학, 철학, 생물학, 신학, 정치학에 적용되기 시작하면서 구조주의라는 한 물결을 이루었다. 예컨대, 레비스트로스(Lévi-Strauss, 1908~2009)는 사회인류학 분야에서 문명의 구조를 구조주의적으로 분석한다. 바르트는 문학텍스트 및 다양한 일상의 코드에, 알튀세르는 마르크시즘에, 라캉은 정신분석학에 구조주의를 적용한다. 구조주의의 특징은 방법론적으로는 합리주의를 따르면서도 구조주의의 필연, 유물론적 결정론을 추구한다는 점이다.[4]

후기구조주의는 구조주의처럼 언어를 인간행위 중 핵심적인 것으로 중시하고 역사의 발전을 불신하는 것도 비슷하다. 그러나 후기구조주의는 추상적 구조나 체계에 대한 불신 내지 회의를 출발점으로 삼는다는 점에서 구별된다. 특히 언어의 형이상학적 구조를 부인하고 언어가 이성의 도구가 아니라 유희의 대상이라고 한다. 플라톤 이래 하이데거에 이르기까지 언어가 진리 또는 존재의 집이라고 믿어 왔던 사고를 로고스중심주의라고 비판한다. 또한 사회체계가 임의적 이항대립에서 시작된다는 구조주의적 설명을 거부한다. 왜냐하면 그런 추상적 체계성이 불가피하게 상호배

---

4 이에 관한 비교적 상세한 연구는 신국원, 포스트모더니즘, 1999, 170면 이하; 케빈 밴후저, 이 텍스트에 의미가 있는가?, 김재영 역, 2003, 95면 이하; 김영화, 현대사회복지이론, 2010, 202면 이하 참조.

타적인 두 구성요소 중 어느 하나에 특권을 부여하고 나머지 하나는 부정하게 마련이기 때문이라는 것이다.[5] 그리하여 힘, 우연, 불연속, 시간, 주체성의 개념을 구조주의적인 결정론이 아니라 역동적인 열린 개념으로 파악한다. 후기구조주의에서 의미의 복수성이 널리 탐구대상이 되고 또 그것이 널리 가능한 것은 텍스트 내부의 균열, 미끄러짐, 유동성, 근대적 주체에 대한 비판 내지 해체, 저자 죽이기, 반해석, 상호텍스트 등과 같은 사유형식 때문이다.

나. 미셸 푸코의 후기구조주의

이런 맥락에서 후기구조주의의 대표적 학자인 미셸 푸코 (Michel Foucault, 1926~1984)의 경우 역사의 발전과 진보개념을 해체하는 데까지 나아간다. 국내에서 포스트모더니스트로도 가장 잘 알려진 푸코는 동성애자로서 에이즈에 걸릴 정도로 무모해 보일 만큼 체험을 중시하는 이론가이기도 하다. 억압된 침묵을 깨뜨리고 눌린 목소리를 대신 발하는 지식적 탐구를 푸코는 마치 운동가의 실천적 운동처럼 받아들였다. 그는 「광기의 역사」에서 광기를 대변했고, 「감시와 처벌」에서 범죄자의 억압을 대언했다. 그리고 마지막 「성의 역사」에서 동성애를 비롯한 억압된 성의 욕구를 자유롭게 분출시키려 했다. 특히 동성애를 위시한 새로운 성 담론을 정당화하고 전통적 규범을 파괴하는 사회운동을 촉진시켰다. 푸코는 니체처럼 신의 죽음에 만족하지 않고 인간도 죽어야 한다는 논지에서 출발한다. 근대에서 억압의 주체는 신이 아니라 인간 자신이라고 보았기 때문이다. 근대인은 이성에 따라 행동하는 이성적

---

5 신국원, 전게서, 175면 이하.

주체요 모든 사물을 객체로 만드는 주체다. 계몽사상에서처럼 근대인은 해방의 주체이자 억압의 주체이기도 하다는 것이다. 이 근대인을 제거하기 위해 먼저 근대인의 탄생과정을 밝히는 작업이 계보학이라는 것이다. 그는 자신이 동성애자임을 숨기지 않았고 성의 역사를 탐구하기 위해 미국 샌프란시스코의 동성애자 집단 거주지에서 동성애자들과 함께 생활하기도 했다. 억압을 해체하려는 집념에 이끌린 그의 자유분방체험은 게이들에게서 흔히 확인되는 질병, 즉 에이즈감염으로 자신의 생을 마감하게 만들었다.[6]

후기구조주의가 특히 성 담론 내지 성소수자의 목소리를 대변하고 미화하는 관점을 제공한 점은 인간관계를 합리적인 선택모형이나 구조기능이론과 같은 단선적인 기계체계로 보지 않고, 이와 전혀 다른 성질의 복합체계 내지 혼돈체계로 보는 점이다. 인간사회가 하나의 통일된 주동세력의 주도하에 유지·발전하는 것이 아니라 각양 소수자를 포함한 잡다한 군소세력들이 난립하는 과정에서 사회가 구성, 발전한다는 것이다. 라캉의 욕구이론, 데리다의 해체이론, 크리스티바의 경계선의 철학의 영향 아래 이데올로기의 왜곡으로부터 욕구와 욕망의 해방, 기존질서의 절대적 권위의 해체, 시각기호들의 세계탐구를 통한 신체의 규율과 그 규율 프로그램에 대한 분석, 정체성과 차이의 분석틀을 가지고 자연스럽고 생물학적인 또는 개별적 차이가 아니라 특수한 권력체계 안에서 발생하여 차별의식으로 굳어지는 차별화된 정체성을 비판의 대상으로 삼는다.

차별화된 정체성, 즉 민족, 인종, 성별, 성성(Sexuality), 장애와 같은 표시와 지칭은 사회적 불평등을 산출하는 도구로 오용된다는

---

6 신국원, 전게서, 178면 이하.

것이다. 왜냐하면 인간존재에게 어떤 정체성이 부여된 신체적 조건은 그를 지속적인 통념하에 '그러그러한 자'로 자리매김할 이유가 되지 않기 때문이라는 것이다. 그러므로 여성주의, 반인종주의, 실존주의, 유물론, 좌파와 같은 의식혁명을 통해 주변집단의 편견과 표상을 깨뜨리기 위한 정신적, 사회적 투쟁을 부추긴다. 그리하여 후기구조주의는 인종, 성, 장애, 연령과 같은 관점이 욕구, 정체성, 역할 등의 보편적 담론으로 사용되어서는 안 된다고 역설한다. 거꾸로 그와 같은 보편적 담론 속에 은폐된 불안정성, 격차, 불평등성을 지적하고, 거기에서 전승된 권력의 미시적 통제기술 내지 사회통제기술이 정치적 관계나 사회제도 또는 문화적 표상으로 고착되는 데 대한 저항을 요구한다. 왜냐하면 성, 성성(性性)과 같은 차이가 법과 사회제도, 정책에서 차별을 정당화하는 데 쓰여질 수 있기 때문이라는 것이다.[7] 이런 맥락에서 후기 마르크시스트나 사회주의자들은 성차별철폐를 정치운동의 동력으로까지 끌어들여 활용한다.[8] 한국사회에서 좌파 정당과 정치인 또는 단체들이 동성애운동에 적극 나서는 것도 이런 사상적 배경과 무관하지 않다.

2) 포스트모더니즘과 문화적 다원주의

가. 포스트모더니즘

흔히 포스트모던의 선구자로 니체(Nietzsche, 1844~1900)를 꼽는다.[9] 이성과 합리성에 근거한 근대를 균열시키기 시작한 허무주

---

7 김영화, 전게서, 220면 이하 참조.
8 http://bit.ly/2uPa5se
9 신국원, 전게서, 91면.

의(니힐리즘)와 퇴폐주의(데카당스)를 가장 명료하게 표현했고 또한 실제 그렇게 산 사람이 니체이기 때문이다. 형이상학에 뿌리를 둔 서양철학의 역사가 니체에게서 끝났다고도 말한다. 곧 "신은 죽었다"고 선언한 니체의 반기독교적 언명 속에 절대 신과 이성의 죽음을 전제한 데카당스와 니힐리즘의 극단이 표현된 것이며, 동시에 근대성을 포함한 모든 근대적 정치, 사회, 문화 이데올로기에 대한 회의와 비판이 깔려 있기 때문이다. **근대를 해체시킨 이른바 '의심의 대가'로 니체를 최우선순위에 두고, 신학을 인간학으로, 유심론을 유물론으로 치환한 포이어바흐(Ludwig Feuerbach), 자본주의 이데올로기를 비판하고 공산주의를 발안한 마르크스(Marx), 의식보다 무의식의 중요성을 강조한 프로이트(Freud), 본질이 실존에 우선한다고 오래 믿어 왔던 서양 본질철학의 명제를, 혁명적 발상에 의해 거꾸로 뒤집어엎어, 실존(existence)이 본질(essence)에 우선한다고 선언한 무신론적 실존철학자 사르트르(Sartre)를 들 수 있는 것은 그리 놀랄 만한 일이 결코 아니다.**

니체가 「적 그리스도」, 「우상의 황혼」에서 언급한 신의 사망 선고는 서구문명이 모든 의미와 가치의 근원으로 여겨 온 절대적 존재에 대한 거부를 선언한 것이다. 그는 인간의 자유롭고 본능적인 삶을 극대화하기 위해 신을 죽여야 했다. 더 나아가 인간의 내면의 자유와 본능을 억압하는 이성이나 도덕률 같은 것도 신의 자리에 들어와서는 안 된다는 것이다. **근대의 이성주의철학은 신을 흔들어 놓은 뒤 자율적 인간의 이성을 그 자리에 대신 세움으로써 인간의 이성 역시 신에 못지않게 전제적이라고 본 것이다.** 근대의 정신은 하나님 대신 이성을 세워 섬기는 종교적 문화와 다를 바 없다는 것이다. 이러한 논지는 도스토옙스키의 소설 「카라마조프가의 형제들」에 나오는 이반이란 자가 "신이 없으면 모든 것이 가능하다"
는 주장을 철저히 따르고 있는 것이다.[10]

포스트모더니즘은 오늘날 종교, 철학, 문학, 예술, 연극, 영화, 건축, 과학, 법학, 사회학 등 여러 문화현상에서 나타나는 전반적 변화분위기를 대변하는 말이기도 하다. 唯一無二한 절대적 하나님을 거부하고 추방한 인간의 사상과 철학의 각축장에서 百家爭鳴 하는 담론의 시장이 형성되었다. 이제 그 사상의 시장 안에서 담론들의 어설픈 공존의 틀 중 단연 독보적인 것이 다원주의였다. 그리하여 다원주의와 상대주의, 탈중심주의는 포스트모던의 가장 손꼽을 만한 특징으로 간주되는 것들이다. 반기독교 사조의 배경으로 주목되는 다원주의, 상대주의, 탈중심주의는 이렇게 만들어진 것이다.

나. 문화다원주의

포스트모던 문화의 특징으로서 다원주의는 과거처럼 다원성을 용인하는 이른바 세계개방성(Weltoffenheit) 정도가 아니라 다원성 자체를 절대적으로 신봉하고 열광하는 것이다. 절대 신을 몰아낸 그 자리에 포스트모던 사상가들은 다원주의라는 사고의 틀을 부지 중 절대화하고, 더 나아가 그와 더불어 근대사상의 뿌리가 되어 온 본질존재(Wesenssein)의 의미까지도 부정한다. 그리하여 가치 사이의 수직적이고 위계적인 질서를 거부하고 평면상에서의 다양성과 차이의 관계를 이에 대신하려고 한다.

심지어 종교다원주의의 이름 아래 야훼 하나님을 유일신으로

---

10 신국원, 전게서, 93면 이하 참조.

믿는 기독교를 교만과 독선으로 치부하고 금기시한다. 그와 함께 인권이라는 미명 아래 신앙생활과 종교적 활동에 상대주의적 영향을 확산시키고, 무종교의 자유도 종교의 자유와 동등한 취급을 받아야 한다고 주장한다.[11] 사회를 통일하는 거대담론을 불신하고 해체한 뒤 세계를 다원주의, 가치 상대주의의 울타리 속으로 휘몰아 가고자 하는 것이다. 이러한 배경에서 차별금지법과 같은 문화역차별적 통제법령을 제정하여 뿌리 깊은 종교적 전통을 파괴시키고, 개인의 신앙과 양심의 자유까지 사람의 손으로 만들어진 법률의 폭력으로써 억지하고 제한하는 데로 나아가고자 한다.[12]

이처럼 다원주의가 질서와 규범의 절대성을 해체하는 곳에서는 중심축의 존재의의가 부정되고, 지금까지 주변부에 놓였거나 지하에 잠복해 있던 현상들이 중심부나 지상으로 이동하거나 부상한다는 점을 유의해야 한다. 그 단적인 실례의 하나가 동성애문제이다. 동성애의 역사는 이미 구약시대 소돔과 고모라의 멸망의 기사 속에 드러날 뿐만 아니라 고대 그리스의 철학과 생활상 속에도 그려져 있을 만큼 그 역사가 길기 때문에 그 자체만 가지고 포스트모던 현상이라 말할 수 없다. 하지만 지금처럼 성소수자 권리란 이름으로 적극적인 공세를 펴는 운동 전략의 방식과 논리는 포스트모던의 다원주의 및 신 없는 허무주의와 밀접한 관련성을 지니고 있다고 말할 수 있다.[13]

---

11 김일수, "군인권과 선교활동", 군선교신학 제13권, 2015, 66면.
12 차별금지법을 만들 게 되는 철학적 배경이 여기에 고스란히 묻어 있다.
13 신국원, 전게서, 113면 이하 참조.

다. 동성애운동가들의 성정치적 무기

동성애이론가들은 포스트모더니즘 분위기를 백분 활용하면서 다원주의와 도덕적 허무주의 그리고 무신론과 좌파 이데올로기에 적극 편승하여, 동성애가 정상으로부터 일탈이나 비행 또는 비난받을 만한 불법이 아니라 자연스러운, 즉 선천적으로 타고난 성적 기호의 차이일 뿐이라고 말한다. 다시 말해서 자유로운 의사에 따라 선택되고 결정된 부도덕한 변태행위가 아니라 선천적으로 타고난 다른 성적 지향일 뿐이라고 강변한다.[14] 더욱이 그것이 남에게 피해를 주는 것이 아닌 바에는 이성애와 비교하여 차별대우를 받아야 할 이유가 없다고 주장한다.

앞서 언급한 바 있는 후기구조주의와 포스트모던 사상가로 널리 추앙받는 미셸 푸코는 그 자신이 동성애자였던 만큼, 동성애가 옳고 그름의 문제가 아니라 특정사회 제도와 생명 권력과 생명정치의 문제라고 규정했다. 다시 말해서 동성애자가 비정상인과 같이 취급되는 것은 그들이 변태성욕자 또는 정신병자이기 때문이 아니라 단지 자본주의가 필요로 하는 노동력을 재생산하며 출산을 전제로 한 가족제도에 부합하지 않기 때문이라는 것이다.[15] 이러한 주장을 그대로 추종한다면, 전통적 가치관이나 기본적인 윤리,

---

14 동성애자들은 자신들의 문란한 성문화를 합리화하기 위해서 선천적인 것을 강조했고, 거기에 사용하기 위해 만들어낸 말이 바로 성적 지향이란 용어이다. 동성애의 유전적 요인을 강조한 것도 그런 전략이다. 그러나 버틀러에 이르러 젠더는 가변적이라고 주장하게 됨으로써 동성애 역시 가변적인 것임을 전제한 셈이므로 선천성(성적 지향) 논리는 흐트러지게 되었다. 반면 동성애는 선천적이 아니라 성적취향일 뿐이라는 것이 그에 반대하는 진영의 주장이다.

15 이정훈 외, 성정치 · 성혁명에 기초한 좌파정치투쟁의 역사와 사상(연구보고서), 2016, 26면 이하 참조; 신국원, 전게서, 114면.

결혼과 가족제도에 관한 기존의 관념들은 뒤죽박죽이 될 것이고, 인간의 성관계는 동물과 다른 4계절 전천후 성생활에서뿐만 아니라 동물에서도 그 유례를 찾기 힘든 성적 지향성을 가진 종으로 특징지어질 것이다.

더 나아가 동성애와 포스트모더니즘이 연관된 증거로 이른바 성 정치학을 들 수 있다. 이 분야의 이론가 제프리 윅스(Jeffrey Weeks)는 성 정치를 "성차(性差)와 성적 분화의 현재와 미래를 둘러싼 투쟁"이라고 정의한다.[16] 이 용어는 1970년 초기페미니즘 이론가인 Kate Millett의 성정치(Sexual Politics)에서 유래한 것으로 사회구조를 성차의 관점에서 분석하는 도구였으나, 그 후 성 정치 운동의 투쟁도구로 확산되었다. 한국에서 이 운동을 전개한 서동진은 "누가 성 정치학을 두려워하랴!"라는 글에서 '이성애 중심, 성인 중심, 생식 중심의 성'을 지배적인 성의 3대 이데올로기로 규정하고, 이것을 정상적, 보편적인 것으로 단정하고 다른 형태의 성을 변태적, 퇴폐적인 것으로 단정하는 기존관념을 분쇄하는 데 성 정치학이 나서야 된다고 주장한다. 그는 성을 사회적 억압도구를 읽는 열쇠로 본다.[17]

따라서 성에 관한 인식론적 변화를 통해 성해방을 주장하던 종전의 목소리와 달리 지적 변화와 아울러 사회정책의 변화까지를 목표로 두고 나가야 한다고 주장한다. 종전의 성해방론은 합의하에 성관계를 누리고자하는 성인의 욕구는 사적인 문제이므로 공적 윤리나 법률이 간섭해서는 안 된다는 관점수준에 머물렀다면 성

---

16 신국원, 전게서, 115면 주) 29에서 재인용.
17 신국원, 전게서, 115면에서 재인용.

정치학의 관심사는 성차로 빚어지는 모든 불평등에 대한 비판과 교정노력, 동성애문제를 포함한 비정상적인 성을 정당화하려는 데 있다. 결국 성적 다원주의를 확산시키고 제도를 변혁함으로써 성적 취향 때문에 비정상이라는 차별과 억압을 받는 모든 자들을 자기 취향대로 동등한 대우를 받을 수 있도록 해방의 지평을 열어가려는 급진적인 성혁명 사상이 성 정치학이다.

라. 유행어가 되어 버린 해체

데리다의 해체이론에서 키워드인 해체(deconstruction)라는 말만큼 포스트모던이 유행하는 시대를 특징짓기에 적당한 언어를 달리 찾기 어려울 것이다. 시대사조 내지 시대정신에 비추어 볼 때 포스트모더니즘은 모더니즘의 해체인 셈이다. 아직 근대정신의 결실과 추수의 대차대조표를 받아들지도 않은 상황에서 우리는 문화, 예술, 문학, 연극, 영화, 광고, 건축 등 여러 분야에서 시도되고, 급속히 진행되고 있는 해체를 목도하고 경험하고 있다. 과거와 기존의 가치 관념을 뒤집어엎기 위해 지금까지 금기시해 왔던 난교 같은 성해방이나 동성애, 근친상간, 수간 등을 서슴없이 충격요법 수단으로 동원하고 활용한다.[18] 아이러니와 패러독스, 탈규범적 일탈행동, 탈중심화의 구도 속에서 우연성, 유희성, 비역사성, 탈윤리성, 몰가치성이 기존의 가치질서와 권위에 도전하여 그것을 무너뜨리려고 한다.[19]

---

18 2017.12.8.에 열린 포항 한동대의 들꽃 페미니즘 세미나의 한 주제로 부상한 다자관계(폴리아모리) 문제도 이와 동류이다(https://blog.naver.com/dreamteller/221186749560).

19 신국원, 전게서, 121면.

포스트모더니즘이란 말을 역사상 시대구분에 처음 사용한 역사학자 아놀드 토인비는 그의 불후의 저작 「역사의 연구」에서 "문명은 그 쇠퇴기에 접어들면 일종의 자포자기 현상을 보이며 창조력을 잃고 도피주의와 방황에 빠진다. 또 무엇이고 무분별하게 용인하는 혼합주의와 무비판적 관용에 젖어 든다. 그리하여 해당 문명의 창조적 소수는 전 분야에서 힘을 잃고 대중성이 위세를 떨치게 된다. 문명쇠퇴기 사회의 특징은 구심점의 상실, 불안, 비이성적 자세와 파편화이다."[20]

3) 자발적 소수자론과 신사회운동

가. 신사회운동의 등장

포스트모더니즘 조류에 편승한 시민사회의 사회운동의 하나로 평가되는 이른바 신사회운동에도 성소수자 인권과 관련하여 주목할 부분이 있다. 사회운동의 전형적 형태는 널리 알려진 바와 같이 근대사회의 출현과 함께 등장한 것으로 보인다. 정체성의 공유, 통일적 신념, 공통의 프로그램, 목적 실현을 위한 집합적 투쟁과 자발적 참여에 의한 집합행동의 출현은 근대국민국가의 성립과 자본주의사회의 확립과 궤를 같이하는 것이다. 그 전형적인 실례가 노동운동이었다.

경제성장과 복지국가의 형성은 물질적 삶의 수준을 높였지만 권력의 집중, 관료제의 심화, 환경파괴와 같은 새로운 문제를 야기했다. 신사회운동은 이러한 새로운 문제들에 대항하는 정치적, 사

---

20 신국원, 전게서, 132면.

회적, 경제 정의적, 문화적 운동을 말한다. 과거 노동운동과 달리 신사회운동은 여성운동, 환경운동, 반핵운동, 평화운동, 반문화운동을 지향한다. 과거의 운동이 물질중심, 국가중심, 계급중심이었다면 신사회운동은 탈물질주의, 탈중심주의, 다양한 집단 간의 연대를 중심으로 하는 운동이다.[21] 이러한 신사회운동은 1960년대 말부터 시작하여 70년대를 거쳐 사회적 영향을 확대해 가고 있다.

포스트모더니즘 시대정신과 궤를 같이하는 신사회운동은 주로 여성, 환경과 생태계, 전쟁과 평화, 동성애 등과 같이 근대사회에서 별로 주목받지 못했던 이슈들을 클로즈업 시키고 그 해결을 모색하는 데 집중한다. 전통적 사회운동이 근대사회에서 문제된 거시적 담론에 몰두하였다면, 신사회운동은 시민 개인들이 관심을 기울이는 온갖 미시적인 문제들과 씨름하는 것이다. 더 나아가 탈중심주의, 분권화, 개인의 행복과 삶의 양태에 대한 관심을 추구하기도 한다. 「위험사회」의 저자 울리히 벡(Ulich Beck)이 말한 바 개인화의 과정, 즉 계층, 인종, 연령 등의 이슈보다 개인적인 특별한 욕구나 개인적인 관심사에 쏠린 개인적 선택과 자율적인 자기결정을 더 중시하게 된다는 것이다. 이것은 반권위주의적이고 반보편주의적인 파편성과 현존재의 실존적 자기입법의 원칙, 독단과 맹목성에 의미를 두기도 한다.[22]

한국사회에서 구소련과 사회주의체제의 몰락에 뒤이어 세계화의 조류 속에서 이주 노동자, 결혼이민자와 이슬람난민 등의 다문화가정 그리고 국내거주 조선족과 탈북민의 급증, IMF 파동 이후

---

21 한국산업사회학회 엮음, 사회학, 1998, 298면 참조.
22 김영화, 전게서, 362면 이하 참조.

정리해고와 불안정취업자군의 확대, 홈리스, 학업중단청소년, 장애인, 매춘여성, 동성애자. 양심적 병역 거부자 같은 소수의 인구집단이 등장하고 있음을 알 수 있다. 이들이 아직도 사회적 · 문화적 편견 속에서 배제와 차별을 경험하기도 하지만 이들에 대한 인권과 문화적 · 정치적 · 경제적 기본권이 기대이하의 수준이라는 것이다.[23]

나. 자발적 소수자

이 중에서 주목할 점은 동성애자와 성적 소수자 그리고 종교적 병역 거부자 같은 이른바 '자발적 소수자' 그룹의 과감한 출현이다. 그들은 자신들이 사회에서 냉대와 차별을 받는 소수자임을 담대하게 밝히며, 또 그런 소수자에게 속한 부류의 사람임을 천명하면서, 개인적인 불이익을 감수하면서까지 사회에서 다수의 보편윤리와 지배적인 법의식에 도전하는 것이다. 이들의 특징은 다 같이 탈물질적이고 탈중심적이고 탈근대적인 사회의 조류와 일맥상통한다.

이들 자발적 소수자는 주류사회의 일원이 되거나 지배집단이 되는 데 관심을 기울이지 않는다. 또한 어떤 종류의 신분상승으로 특권화되는 것에도 관심이 별로 없다. 오직 자신들이 누리고 있는 현존재적 삶의 가치와 정체성에 최우선의 관심을 쏟아붓는다. 이를 위해 커밍아웃을 통해 스스로 위험을 무릅쓰고 자신의 정체성을 공개하기도 하고, 국제적 · 국내적인 집합행동이나 인권위원회 또는 헌법소원, 소송과 같은 법적 소란행위(legal noise)를 통해 주류사회의 배제적 · 배타적 담을 헐고자 안간힘을 쓴다. 어느새 우

---

23 김영화, 전게서, 368면; 제임스 니켈, 인권의 좌표, 조국 역, 2010, 217면 참조.

리사회에서 커밍아웃은 일부 언론에 칭송을 받는 행위가 되었고, 동성애자에 대한 혐오발언을 규제하는 인권보도준칙이나 혐오표현규제법안도 우후죽순처럼 돋아나고 있다.[24]

지금까지 정신장애인이나 지체아, 한센병 환자, 전과자, 이주민들과 같은 사회적 약자 부류에 속한 소수자는 권력과 물질의 향유에서 뒤쳐진 그래서 사회적 보살핌과 동정이 필요한 대상이었다. 그들은 '최대다수의 최대행복'이라는 도식에서 처음부터 배제된 자들이거나 애당초 보편성의 우산 밑에 들 수 없는 부류의 사람에 불과했다. 그들은 지배집단에 의해 억압받아 왔으며 그 분위기 속에서 형성된 차별과 편견의 대상으로 전락되기 일쑤였다.

이에 비해 한국에서 성적 소수자 문제는 서구에 비해 조금 복잡한 양상을 띤다. 1990년대까지 미국에서는 동성애를 처벌했지만, 한국의 법은 어느 곳에서도 동성애를 처벌하지 않았기 때문에 이들이 폐쇄된 곳에서 은밀히 자기들의 문화를 누리는 것에 만족해 하는 경향이 있었다. 1995년에 이르러 한국에서도 사정의 급격한 변화가 생겨나기 시적했다. 국제 볼셰비키 그룹에서 동성애와 자본주의의 억압이란 글이 나오고, 신좌파가 한국에도 수입되면서 서구처럼 동성애자 권리운동을 주장하는 그룹들이 만들어지고 거리로 뛰쳐나온 동성애자들이 적극적인 활동을 펴면서 점점 변화가 감지되기 시작된 것이다.[25]

---

24 미국연방대법원에서 2015년 동성결혼을 공인한 후 미국에서 커밍아웃하는 연예인들에 대해 불이익을 자처한 용기가 아니라 자신의 이익을 위해 커밍아웃을 한다는 비판의 목소리가 있었던 점도 흥미롭다(http://www.hani.co.kr/arti/international/america/816821.html).

25 http://news.naver.com/main/read.nhn?mode=LSD&mid=sec&sid1=114&oid=007&aid=0000000350

그러나 자발적 소수자들은 보편적인 윤리와 전래되어 온 문화전통이나 제도를 거부하고 이울러 집단 속의 표준화된 개인으로 존재하기를 거부한다. 현존재의 삶의 방식은 자신이 선택한 실존적 결단의 결과일 뿐이라는 것이다. 그리하여 자신의 욕구를 억제하면서까지 동질화와 규범적 정형화를 요구하는 사회 속에 편입되기를 거부한다. 같은 맥락에서 스스로의 정체성을 거부하면서까지 정상성의 일원으로 복귀하도록 강요되어서도 안 된다는 것이다.[26]

공동체나 집단 속의 개인이 아닌 자신만의 고유한 삶의 방식을 요구하는 것이 성적 소수자들의 외침이다. 내 현재적 삶의 주인은 자기 자신일 뿐이며, "보편적이 되라(Werde Allgemein!)"는 칸트의 정언명령 대신 "자기 자신이 되라(Werde Selbst!)"는 니체의 경구가 그들의 삶의 모토가 되어 있는 셈이다.[27] 문제는 더불어 공유할 수 있는 가치와 윤리의 지평이 이러한 그들과 공동체의 삶 사이에 존재할 수 있을 것인가 하는 점이다. 만약 그것이 가능하다면 어느 범위에까지 미칠 것인가 하는 점이다.

4) 포스트모던 페미니즘이론

가. 주디스 버틀러

젠더 이데올로기와 퀴어 이론가로도 잘 알려진 주디스 버틀러(Judith Buttler)는 현시대 미국을 대표하는 여성주의 철학자 중 한 사람으로 그녀 자신이 레즈비언이다. 그녀는 알튀세르, 푸코, 데리

---

26 김영화, 전게서, 372면.
27 베르너 마이호퍼, 인간질서의 의미에 관하여, 윤재왕 역, 2003, 17면, 28면 이하 참조.

다, 들뢰즈 같은 프랑스 후기구조주의 철학자들의 영향을 받아들여 포스트모던 페미니즘의 길을 걷는 학자로 알려져 있다.[28]

그녀는 제2기 페미니즘 이후 성의 정체성 자체를 부인하는 단계로까지 페미니즘 논의를 끌고 감으로써 '여성 없는 페미니즘'이라는 평가를 받고 있다. 동성애자들이 주로 문화의 상대성을 근거로 성의 정상성, 비정상성에 의문을 제기하면서도, 동성커플 사이에서는 '남편 역(부치)'과 '아내 역(팸)'이 나누어져 유사가족이 형성되는 것은 흔히 관찰되는 현상이다.[29] 이것을 페미니즘의 오류라고 지적하는 문제제기에 대해 버틀러는 이미 여성이 여성적 여성, 남성적 여성으로 분리가능하다고 사고하는 것 자체가 남녀의 2분법적 구도를 여성 자체의 정체성 속에서 허무는 것이라고 한다. 그리하여 이러한 동일젠더 내에서 역할과 자리매김은 오히려 동일젠더의 교차적인 결합의 가능성을 보여 주는 것이라고 한다.

그녀는 레즈비언 커플 사이에서 남자역할과 여자역할을 하는 여성의 문제를 원전과 패러디의 관점에서 설명한다. 흔히들 패러디는 원전이 이미 존재한 상태에서 이를 모방하는 의미로만 이해하는데 실제는 그렇지 않다는 것이다. 즉, 모방이라는 행위 자체가 원전의 진본성이나 권위를 손상시키기 때문에 더 이상 원전/모방본이란 이분법적 구조를 사용할 수 없다는 것이다. 그것을 남성과 여성의 이분법으로 읽을 것이 아니라 생물학적으로 주어진 여성과 문화적으로 형성되어진 여성이 이미 내적으로 함축되어 있는 의미로 읽어야 한다는 것이다. 그러므로 '젠더 패러디'는 젠더 자체의

---

28 이에 관한 설명은 이정훈 외, 전게 연구보고서, 33면 이하를 주로 참고하였음.
29 신국원, 전게서, 114면 각주24.

존재 양식이고, 원래의 여성상과 남성상 같은 정체성은 그 자체가 기원이 없는 모방의 일종이라는 것이다.[30]

그녀는 알튀세르의 이데올로기 이론과 데리다의 해체이론의 영향을 받아들여 후천적 젠더담론을 이데올로기 투쟁에서 해체시켜야 한다고 주장한다. 성별을 '섹스' 또는 '젠더'로 구분하는 이데올로기는 권력적 담론의 산물이기 때문에 성별의 구분을 인정하지 않는 이데올로기 투쟁이 필요하다는 것이다.

나. 해를 잠식하는 달

그녀의 이론이 동성애자의 권리주장에 어떤 길라잡이 역할을 했는지 다음에 요약해 보기로 한다: [31]

① 기존의 제1세대, 제2세대 페미니즘은 남·여 성별의 구분을 기정사실로 받아들인 후 여성차별을 철폐하고 여성의 사회적 지위 향상을 도모하는 전략이었다. 이와 달리 포스트모던 페미니즘은 태어나면서부터 결정된 성 정체성은 없다는 주장을 편다.

버틀러는 생물학적으로 타고난 성별(Sex)조차도 사실은 후천적으로 형성된 젠더(Gender)처럼 모방의 반복적인 실행을 통해 문화적으로 구성된 것이라고 한다. 그녀는 성별과 젠더의 구별이 모두 제도적 지배담론의 산물일 뿐이라고 보아 거부한다.

② 성 정체성의 해체는 이성애-동성애의 구분조차 권력담론의 일부라고 비판하면서 동성애를 이성애의 권력적 입장에서 천시할 근거가 없다는 주장을 편다. 여성주의 이론이 이 지점에서 여성의

---

30 이정훈 외, 전게 연구보고서, 34면.
31 이정훈 외, 전게 연구보고서, 35면에서 인용.

지위와 권리향상 차원을 넘어 남성까지 포함한 소수자의 성애문제로 관심영역을 확대하기 시작한다. 동성애에 대한 버틀러의 새로운 인식론을 '퀴어 이론'이라고 부른다. 그녀의 철학에 대해 "여성 없는 페미니즘"이란 비판이 붙는 것은 바로 이 때문인 것이다.[32]

주지하다시피 퀴어 이론은 1980년대에 이미 등장한 이데올로기로서 과거에 단순히 동성애자들을 게이라고 부르던 것에서 여성 동성애자는 레즈비언으로 부르고, 양성애자는 바이섹슈얼로 세분화하면서, 그 밖의 범주를 주장하는 사람들은 무엇이라고 할 것이냐며 그들을 포괄하는 단어를 '퀴어'라고 하자는 주장이 생겨났다. 당시 퀴어 네이션 등은 이성애를 반대하는 운동을 전개하면서 혐오의 대상이 되어 퀴어란 용어가 동성애자들도 거부하는 용어가 되었는데, 버틀러의 젠더 이론으로 퀴어 이론이 활력을 얻게 된 것이라 한다.[33]

③ 전통적인 가족보다 넓은 개념으로 친밀성에 기한 확장된 친척관계와 공동체 네트워크 이론도 등장시킨다. 즉, 출산, 성장, 결혼, 죽음처럼 인간의 삶을 끊임없이 재생산해 내는 소중한 것들이 좁게 정의된 전통적 가족형태 안에서만 가능하다고 보지 않는다. 확장된 친척공동체, 사회보장제도, 의료제도, 조세제도 등을 유기적으로 연결한 친밀한 동거관계도 가족형태의 하나라고 주장한다. 동반자관계와 동성혼, 동성애자의 입양문제 등을 법제도가

---

32 여성이 없는 페미니즘은 동성애 문제와는 별개로, 성을 선택할 수 있는 것이라고 주장함으로써, 페미니즘의 중심이었던 여성이란 성 자체를 해체시켜 버렸기 때문에 나온 용어라고 한다.

33 Beginning in the late-1980s, the label queer began to be reclaimed from its pejorative use as a neutral or positive self-identifier by LGBT people https://en.wikipedia.org/wiki/Queer

긍정적으로 수용해야 할 근거가 여기에 있다는 것이다.

여성종속의 굴레를 깨트리고 여성해방을 목표로 삼는 페미니즘 계보에서 포스트모던 페미니즘은 생물학주의, 문화주의, 사회주의 페미니즘과 더불어 급진적 페미니즘의 진영에 속한다. 인간 존재의 발전과 유지를 전제하지 않는 여성해방운동은 결국 그 자체가 이데올로기의 포로가 되어 돌아오지 않을 수 없다는 것을 보여 준다.

(3) 성적 소수자권리를 위한 법적 도구들

국제인권규범과 각국의 헌법에 보장된 권리장전(Bill of Rights)에는 자유권, 평등권 외에도 명시적으로 쓰여졌거나 쓰여지지 않은 권리로서 프라이버시권, 성차별로부터 자유로울 수 있는 권리 등이 들어 있다. 특히 성소수자의 인권신장과 관련된 법적 논증의 도구가 된 기본권으로는 프라이버시권, 평등권 내지 차별금지, 자유권이 거론되고 있다.

1) 프라이버시 권리

성소수자의 권리를 승인한 세계 각국의 판례 중에는 privacy 권리에 터 잡은 것이 많이 눈에 띤다. 일찍이 「세계인권선언」(1948. 12.10.)과 「시민적·정치적 권리에 관한 국제협약」(1976.3.23.)은 프라이버시를 국제법 규범으로 확립한 바 있다. 그에 발맞추어 각국의 헌법질서 속에도 프라이버시가 권리로 규정되었거나 혹 미국 연방헌법 에처럼 규정되지 않은 경우에도 열거되지 않은 권리로 판례에 의해 승인되고 있다.

미국 법에서 오랜 전통적인 privacy 관념 속에는 사생활보호의 일환으로 사생활은폐권이 주요한 의미를 지니고 있었다. 이것은 어떤 개인의 사적 내밀을 공공의 시선으로부터 은폐할 권리를 뜻한다. 그러나 현대의 프라이버시권은 정부의 간섭과 규제없이 어떤 행동을 할 수 있는 권리라는 데 더 비중이 있다. 이 새로운 프라이버시권은 프라이버시(privacy)를 자율(autonomy)과 동일시하는 경향이다. 물론 이 관점이 의사자유론자(voluntarist)의 논리에 입각하고 있음은 두말할 것도 없다.[34]

프라이버시권이 동성애행위를 비범죄화하는 데 사용된 예를 유럽인권재판소 판례에서 찾아볼 수 있다. 1981년의 Dudgeon v. UK 사건에서 유럽인권재판소는 동성애 행위를 범죄로 처벌하는 북아일랜드의 법률은 개인의 사생활을 침해하는 것이라고 판단하였다.[35] 이러한 결론에 이른 데는 "모든 사람은 자기의 사생활, 가족생활, 가정 그리고 통신의 비밀을 존중받을 권리를 가진다"라는 「유럽인권조약」(European Convention on Human Rights, 1950) 제8조에 위배된다는 것이다. 미국 연방대법원도 1986년 Bowers v. Hardwick, 478 U.S. 186 사건에서는 동성애행위를 형사 처벌할 수 있다고 한 조지아 주의 법률이 헌법에 위반되지 않는다고 판시했으나, 2003년 Lawrence v. Texas 사건 판결에서 동의에 의한 성인 간의 동성애행위를 처벌하는 법률은 연방헌법에 위반된다고 판단한 이래 상황

---

34 M. Sandel, "Moral Argument and Liberal Toleration", in: G. Dworkin (ed.), Morality, Harm and Law, 1994, p.112; 김일수, "간통죄 존폐논의에 비추어 본 헌재의 형법질서관", 헌법논총 제19집, 2008, 304면 주) 55 참조.
35 Dudgeon v. UK, App. No. 7525/76, 45 Eur. Ct. HR(1981) at 60~63: 이종근, 전게논문, 138면, 주) 31, 32에서 재인용.

이 역전되었다.[36]

Lawrence 사건 판결에서 법정다수의견은 동성애에 대한 도덕적 비난은 종교적 믿음과 전통적인 가족개념에 대한 존중에서 비롯된 것이지만 이성애규범을 전체 사회에 대하여 강요하기 위하여 국가권력을 사용할 수 있는가 하는 문제에 대해서는 국가권력의 사용목적에 한계가 있다고 하였다. 이것은 바로 미국 법에서 새로운 프라이버시 개념, 즉 개인의 자율권이 동성애자의 자유와 권리에 얼마나 우호적인 영향을 끼치게 되었는가를 보여 주기에 충분한 것이다.[37] 이것은 1960년대 이후 여성운동의 일환으로 추진되어 온 낙태자유화운동이 1973.1.22. 미국연방대법원의 Roe v. Wade 사건에서 여자의 프라이버시권을 낙태여부를 결정하는 자유에까지 확대하여 출산예정일 3개월 전까지는 임산부가 의사와 상의하여 낙태를 결정하는 것을 주법이 금지할 수 없다고 한 입장과 정신적으로 궤를 같이하는 것이다.[38]

미국 사회에서 낙태자유화와 동성애자유화 사이에는 이처럼 30년의 간극이 있었다는 점은 흥미로운 사실이다. 물론 요즘 미국은 낙태를 축소하고, 낙태 합법화를 뒤집으려는 반성적 운동도 활

---

36 민간의 동성애를 금지하는 텍사스 주의 법률은 국가안보에서와 주의 법익이 없다는 것이 근거였다. 군대 내에서 소도미를 금지할 법익이 있다고 본 것이다. 이전에는 동성애자를 군에서 전역시킬 수 있었는데, 이후 군형법을 바꾸어 군내 동성애자 군복무가 2011년부터 합법화된 것이다. https://supreme.justia.com/cases/federal/us/539/558/case.html

37 동성애자의 권리에 대한 구 사생활자유권과 신 사생활자유권으로의 변천에 관한 미국연방대법원의 입장변화에 관해서는 M. Sandel, "Moral Argument and Liberal Toleration: Abortion and Homosexuality", in: B. West, Rights, 2001, p.251 참조.

38 이에 관한 상세는 김일수, 한국형법 Ⅲ, 개정판, 1997, 111면 이하 참조.

발하여 시대의 새로운 흐름을 느낄 수 있긴 하지만 말이다.

2) 평등권 내지 차별금지

LGBT(레즈비언, 게이, 바이섹슈얼, 트랜스젠더) 또는 특별히 '동
성애자와 성전환자'에 대한 평등권 보호이론 내지 차별금지는 주
로 판례법을 통해 확립된 것이다. 이 방면의 연구에 일가견이 있는
윌렛(James Wilet) 교수는 성소수자의 평등권이 침해되는 경우로 세
가지 유형을 들고 있다:

①이성 간에 행해지면 허용되는 행위가 동성 간에 행해지면
불법으로 간주되는 경우, ②그 자체로서 중립적인 법률의 내용이
적용과정에서 성적 소수자를 차별하는 경우, ③일반적으로 인정되
는 어떤 권리가 특정 개인에게는 성적 지향을 이유로 부인되는 경
우가 그것이다.[39]

첫 번째 유형에 해당하는 사례가 동성애와 수간을 포함하는
소도미(sodomy)다. 미연방대법원은 Lawrence v. Texas 사건[40]에
서 소도미를 처벌하는 Texas주법의 위헌성 판단에서 다수의견은
실체적인 적법절차위반, 즉 법률의 내용이 개인의 자유권을 부당
하게 제한한다는 이유로 위헌이라 했지만, 오코너 대법관은 평등
권침해를 이유로 위헌이라는 동조의견을 제시했다. 그녀는 텍사스
주 소도미금지법이 모든 동성애자를 범죄자로 규정함으로써 동성
애자가 고용관계, 가족법관계, 주거문제 등의 영역에서 다른 사람

---

39 James D. Wilet, The Human Rights of Sexual Minorities: A Comperative
and International Law Perspective, 22 Fall Hum. Rts. 22, 24, 1995: 이종
근, 전계논문, 주) 41에서 재인용.
40 Lawrence v. Texas, 539 U.S. 558(2003).

과 동등한 대우를 받는 데 장애가 된다고 주장했다. 텍사스 주 당국은 동성애행위가 도덕적으로 승인될 수 없다는 이유로 처벌의 정당화를 시도했지만, 오코너 대법관은 도덕적 평가로써 특정 그룹에 불이익을 가하는 법률적 차별을 정당화할 수 없다는 입장을 취했다. 또한 '행위자 차별'이 아니라 '행위 차별'이라는 텍사스 주 당국의 주장에 대해서도 그녀는 특정그룹의 어떤 행위를 가지고 그 그룹 전체를 범죄 집단으로 규정하는 것은 명백한 차별이라는 입장도 취했다.

물론 텍사스 주 소도미금지법이 모든 동성애자를 범죄자로 규정한 것은 행위자형법의 전형으로서 현대 형법의 행위책임 원칙에 반한다는 점은 의문의 여지가 없으나, 개별 소도미 행위를 처벌하는 입법례는 보수적인 전통 형법법전에 지난 세기 전반까지 잔존해 있었던 게 사실이다. 법과 도덕의 관계가 여기에서 문제되는 점은 두말할 것도 없다.

두 번째 유형은 외관상 중립적 내용의 법률이 성적 소수자에 대하여 차별적으로 적용되는 경우를 들 수 있다. 미국 조지아 주에 성적 중립성을 보장하는 법률이 존재함에도 불구하고 조지아 주가 동성애행위의 처벌을 강력히 주장하는 것은 심각한 차별문제라는 것이다. 물론 소수자에 대한 우대가 다시 일반다수인에 대한 역차별을 낳는 결과와 관련하여 이 문제는 다소 복잡한 난제 중의 하나라 할 수 있다. 예컨대 국가인권위원회법 제2조 3의 차별금지 정의 중에 있는 "우대는 차별로 보지 않는다"가 가져올 현실적인 결과의 갈등상황을 생각해 볼 수 있겠다. 우대하므로 많은 일반인들이 역차별을 당하는 일이 발생하기 때문에 이것을 일방적으로 수용하는 것은 간단한 문제가 아니다. 소수자 우대가 보편적 윤리와 보편적

인권과 상충할 때 불가피하게 생기는 비극이라 할 수 있다. 가령 서구에서 남자가 자신의 정신적 성이 여자라며 여자 역도 대회나 사이클 대회에 나가서 금메달을 따고, 여자가 자기의 정신적 성은 남자라며 남성 호르몬제를 먹고 여자 레슬링대회에서 금메달을 따는 상황을 상정하면 그 혼란은 생각보다 심각할 수 있겠기 때문이다.

세 번째 유형은 성적 지향을 근거로 어떤 권리가 허용되기도 하고 부인되기도 하는 상황이다. Toonen v. Australia 사건에서 UN인권위가 이런 유형의 논증을 폈다.[41] 호주국적의 Toonen은 성인 남성의 동의하에 동성행위를 포함한 여러 양태의 성적 접촉을 가졌다가, 여성 간 동성행위는 처벌하지 않으면서 유독 남성 간 동성행위만을 처벌하는 태즈메이니아 형법에 따라 처벌받게 되자, 이 법률이 시민적·정치적 권리에 관한 국제협약(ICCPR) 제2조, 제7조, 제26조 위반이라는 이유로 UN인권위에 제소했다. 문제의 법률이 프라이버시권 침해 외에 성행위, 성적 지향, 성적 정체성을 근거로 차별을 하고 있다는 것이었다. 이에 UN인권위는 Toonen의 주장을 받아들여 사생활에 대한 간섭 외에 ICCPR 제26조 '기타의 신분'에 의한 차별로 판단하여, 성적 지향(sexual orientation)에 의한 차별이 성적 차별대우에 해당하며, 특히 남성동성행위만을 처벌대상으로 삼는 것은 평등권을 침해한다는 점을 분명히 했다.

성적 지향이나 성별정체성이 국제적 동의를 받기 어렵자 유럽인권위원회는 기존의 성별에 성적 지향과 성별정체성을 끼어 넣는 방법을 사용했고, 오바마 정부도 시민권법에 그러한 시도를 했다.

---

41 Human Rights Committee, Toonen v. Australia(Communication No. 488/1992, 31.03.1994), at 3.1(c); 이종근, 전게논문, 141면 이하.

그러나 2017년 트럼프행정부의 세션스 법무장관은 오바마 행정부의 정책을 뒤집고 시민권법의 성별 차별금지에는 성별정체성이 포함되지 않는다고 밝힌 바 있다.[42] 유럽인권법원에 제기된 동성혼 관련 소송에서도 법원은 50년대에 제정된 유럽인권협약의 '혼인'의 정의는 당시에 동성혼을 염두에 두고 제정한 것이 아님이 명확하므로 동성혼을 EU가입국에 강제할 수 없다고 판시한 바 있다. 일시적으로 시류에 따라 내놓는 일방적인 해결안이 완결된 해결책이 아님을 엿볼 수 있는 좋은 실례이다. 이런 점에서 월렛 교수의 주장 중 두 번째와 세 번째는 액면 그대로 받아들일 수 있는 내용이 아닌 그의 사견일 뿐이라고 보아야 할 것 같다.

3) 자유권

역사적으로 권리장전에 관한 인권문서는 주로 자유권을 중심으로 발전해 온 것이 사실이다. 자유 외에 안전의 의미가 부각된 것은 세계 인권선언이나 시민적·정치적 권리에 관한 국제협약이다. 헌법질서하에서 법치국가도 '자유국가'로서의 법치국가가 우선시되어 왔지 '안전국가'로서의 법치국가가 우선적으로 인식되어 온 것은 아니었다.[43] 울리히 벡(Ulich Beck)의 「위험사회」 이후 법질서에서도 안전의 의미가 강조되는 추세에 있고, 안전국가, 안전법, 안

---

42 Sessions states that "Title Ⅶ's prohibition on sex discrimination encompasses discrimination between men and women but does not encompass discrimination based on gender identity per se, including transgender status." https://edition.cnn.com/2017/10/05/politics/jeff-sessions-transgender-title-vii/index.html
43 이에 관한 상세한 논증은 베르너 마이호퍼, 법치국가와 인간의 존엄, 심재우 역, 1994, 70면, 98면.

전형법과 같은 주제가 유행을 타고 있기도 하다.[44] 그럼에도 불구하고 인권목록에서 자유의 의미의 중요성은 도태된 것이 아니다.

특히 성소수자 권리에서 자유의 의미는 다른 사람과 성적 관계를 언제, 어떻게 유지하고 해지할지의 여부를 임의로 선택할 수 있는 권리를 말한다. 이를 성적 자기결정권(sexuelles Selbstbestimmungs-recht)이라고도 부른다. 물론 이런 자유는 아무 제약도 모르는 절대 무제약적 자유를 의미하지는 않는다. 우선 법률 이전에 문화적 전승에서 비롯된 금기가 있다. 수간(獸姦), 근친상간(近親相姦) 및 계간(鷄姦)을 포함한 동성애가 여기에 속한다. 또한 법률적 금지가 있다. 수간, 근친상간, 계간 등을 형법으로써 금지하고 처벌하는 것을 들 수 있다.[45]

오늘날 자유주의적 법익론에 입각하여 형법의 임무를 '보충적인 법익보호'에서 찾는 주류 형사 법률가들은 이들 행태가 단순히 반도덕적일 뿐 '피해자가 없는 범죄'라는 이유로 형법개정 시기마다 비범죄화를 주장해 왔고, 대부분 서양의 문명국가들의 법제는 이런 방향을 따라가고 있는 실정이다.[46] 그러나 근본적인 문제에 대한 논쟁은 아직도 종결된 것은 아니다. 따라서 금지-처벌은 현저히 줄어들었지만, 승인-합법화에서 보호-장려 단계에 이르기까지 각국의 문화적인 배경에 따라 입법정책과 규율형태의 스펙트럼이 넓은 실정이다. 특히 한국은 동성애를 처벌하는 법률이 없었을 정도로 서양과는 문화적 · 사회적 양상이 다르기 때문에 한국적 상황은 서양

---

44 김일수, 「사회안전과 형사법」, 형법질서에서 사랑의 의미, 2013, 1면, 12면.
45 이에 대한 처벌은 메소포타미아, 중기 아시리아, 바빌로비아 제국의 법전에서도 볼 수 있다.
46 김일수, 한국형법 I, 개정판, 1996, 139면.

여러 나라들이 보여 주는 동성애합법화문제와는 구별하여 별도로 생각해야 할 필요가 있다는 점을 유의하는 것이 좋을 것이다.

성적 자기결정권과 관련하여 이를 보호법익으로 삼는 성범죄의 규율이 더욱 강화된다거나 역으로 이를 근거로 성풍속범죄의 자유화가 확장되는 이율배반적 현상도 나타나고 있다. 우리나라에서도 형법은 최근 부부간 강간이나 동성 간 강간을 처벌하는 개정작업을 하였고, 성폭력범죄 특별법은 점점 규율대상을 넓히고 처벌을 강화하고 있는 추세인 반면, 성풍속범죄에서 혼인빙자간음죄, 간통죄 등을 헌재의 위헌결정에 따라 삭제해 버리는 조치를 취했다.

개인의 자유영역, 즉 법 내지 형법의 규율로부터 자유로운 영역을 어디까지로 할 것인가, 국가의 온정적 후견주의(paternalism)를 어디까지 용인할 것인가의 문제는 법적 난제 중 하나이며,[47] 특히 성소수자의 자유와 관련해서는 법과 도덕의 문제가 맞물려 있어 일도양단적인 결론을 내리기가 쉽지 않은 게 사실이다. 더구나 동성애자와 양성애자 군에서 빈발하는 에이즈와 성병 등 보건문제도 심각하게 고려할 사항이어서 단순히 개인들의 사생활영역이나 개인의 성적 자유의 문제로 비켜 지나갈 수 없는 현실적인 문제이기 때문이다. 이와 관련하여 1986년 미국 연방대법원의 Bowers v. Hardwick 사건에서 다수견해는 동성애금지 법률의 합헌성을 인정했으나 스티븐스(John Paul Stevens) 대법관은 반대의견에서 "한 국가의 지배적인 다수가 전통적인 시각에서 어떤 행위를 비도덕적이라고 규정한다는 사실만으로써 그 행위를 금지하는 법률을 지지하

---

47 강영선, 자유와 배려—후견주의에 대한 법철학적 고찰, 고려대 석사학위논문, 2012, 54면 이하 참조.

는 충분한 이유가 되지 못 한다. 생식을 전제로 하지 않는 부부간의 은밀한 육체관계에 관한 결정도 수정헌법 제14조의 적법절차에 의하여 보호되는 자유의 한 형식이고, 이러한 자유는 기혼자 사이에서뿐 아니라 미혼자 사이에서의 은밀한 선택에도 확장되어야 한다"는 견해를 피력했다.[48] 물론 한국에서는 군형법을 제외하고 동성 간 성교에 대한 법적 규제가 없었고, 군 병영시설 내에서는 이성애자나 동성애자나 모두 평등하게 성관계를 금지당하기 때문에, 위에서 본 외국사례와 달리 우리에게는 동성애 허용이 초점이 아니라 동성애자의 권리 확대가 적절한가에 대한 논쟁이 중심을 이루고 있음을 간과해서는 안 될 것이다.

성적 자기결정의 자유로부터 현재 금지-처벌하는 법률의 위헌성을 규명하여 소극적으로 개인의 자유영역이 확대되도록 하는 것은 비교적 문제가 덜 어려운 편이다. 하지만 이로부터 적극적으로 무엇인가 구체적인 권리를 설정하고, 그것을 다시 법률로 제도화해야 한다고 요구하는 것, 더 나아가 그러한 요구에 반하는 다수 시민들의 반대의견이나 행위를 차별금지 법률과 같은 제도적 장치를 통해 거꾸로 범죄화하려는 시도는 다양한 차원에서 야기될 이익충돌 때문에 그리 쉬운 편이 아니다. 더구나 그것이 단순히 사회적으로 묵인되는 수준을 넘어 제도 속으로 진입하여 정착을 꾀하려 한다면 사회적 갈등과 파장은 가볍지 않을 것이다. 일방의 우대가 타방에게 참을 수 없을 정도의 역차별을 가져오는 법률이란 결코 평등을 내용으로 한 정의로운 법률이라고 말하기 어렵다. 그 갈

---

48 Bowers v. Hardwick, 478 U.S. 186, 216(1986)(Stevens, J., dissenting opinion): 이종근, 전게논문, 주 65)에서 재인용.

LGB LEGISLATION GLOBAL OVERVIEW **25**

SAME-SEX SEXUAL ACTS LEGAL 26

SAME-SEX SEXUAL ACTS ILLEGAL 37

SAME-SEX SEXUAL ACTS - DEATH PENALTY 40

PROMOTION ('PROPAGANDA') AND 'MORALITY' LAWS ...41

BARRIERS TO SOGI NGOS 46

CONSTITUTIONAL PROHIBITION OF DISCRIMINATION
SPECIFYING SEXUAL ORIENTATION 46

PROHIBITION OF DISCRIMINATION IN EMPLOYMENT
BASED ON SEXUAL ORIENTATION 48

HATE CRIMES BASED ON SEXUAL ORIENTATION
CONSIDERED AN AGGRAVATING CIRCUMSTANCE 60

INCITEMENT TO HATRED BASED ON SEXUAL
ORIENTATION PROHIBITED 63

BAN ON 'CONVERSION THERAPIES' 67

MARRIAGE OPEN FOR SAME-SEX COUPLES 68

PARTNERSHIP RECOGNITION FOR SAME-SEX COUPLES ...70

JOINT ADOPTION BY SAME-SEX COUPLES 73

SECOND PARENT ADOPTION 75

국제적인 성소수자 로비단체인 ILGA에서 각 나라마다 동성애 처벌여부와 동성애자 가족구성권에 관한 내용을 통계를 내고 있다. 위 목차는 2017년 것이다.[49]

등은 동성애 내지 동성혼이 이미 합법화된 사회에서조차 쉽게 삭아들지 않고, 대선과 총선 같은 정치적 빅 이벤트 때마다 되풀이하여 재점화되는 현상만 보더라도 그 갈등의 깊이와 뿌리가 어떠한가를 가히 짐작하고도 남음이 있다 할 것이다.

구체적인 사례로 독일의 경우를 아래에서 비교적 상세히 살펴보기로 한다. 미국은 결혼에 관한 사무는 연방이 아닌 주의 사무이기 때문에 2013년에 미연방대법원은 연방의 결혼보호법이 위헌이라고 판결했다. 그런데 2015년에는 결혼에 관한 사무가 주의 사무이기 때문에 주별로 결정하게 해야 한다고 로버트 대법원장 등이 주장했음에도 케네디 대법관이 여론에 편승해서 5 대 4로 동성결혼이 합법화되어 버렸다. 프랑스의 경우는 헌법소원이 제기되었는데 의회에서 자기들이 표결하겠다고 했음에도 헌법재판소에서 합법화 결정을 하고 의회로 넘긴 케이스이다. 국민의 뜻을 대변하는

---

49 국가별로 정리된 것을 표로 정리해 보면 참고자료용 정보가 될 것이지만 변화 또한 무쌍하다(http://ilga.org/downloads/2017/ILGA_State_Sponsored_Homophobia_2017_WEB.pdf).

의회의 역할이 침해된 케이스다. 아일랜드처럼 국민투표로 제정한 곳도 있고(언론의 편향적인 노력에 의해), 버뮤다처럼 2017년 5월에 제정했지만 그해 12월에 폐지한 경우도 있다. 2017년 1월에 중남미는 중남미 인권법원이 개별 나라에 동성결혼을 합법화하라고 명령한 케이스도 있다. 아시아지역에서는 2018년에 대만 헌법재판소가 동성혼을 수용하는 입법 권고를 한 뒤, 국민투표에서 절대다수의 반대가 있었음에도 불구하고, 2019년 5월부터 법제화 후 동성혼이 시행되기 시작했다.

2. 입법의 측면

(1) 사회적 배경

1) 포스트모던 법 운동

법과 제도는 당대의 사회에서 삶을 영위하는 공존자의 삶의 양식이요 반영이기도 하다. 삶의 의식과 양태는 비교적 변화에 둔감한 것도 있지만, 그때그때의 변화에 민감하게 반응하는 것도 있다. 법과 제도는 이러한 생활상의 반영이지만, 한번 제정되면 쉽게 바뀌지 않는 경향이 있다. 그러므로 현실에서 통용되는 법질서는 사회의 변동과 마주하여 이를 거부하느냐 아니면 이를 수용하여 반영하느냐의 긴장관계 속에 항상 놓여 있다고 말해도 지나침은 없을 것이다. 만약 사회의 변화와 법질서 사이의 간극과 괴리가 깊어지면 법 내부의 긴장과 불안이 깊어질 수밖에 없다.

성소수자의 권리에 관한 법제는 당대 사회의 이와 같은 정신적 긴장과 갈등을 가장 대표적으로 보여 주는 것이라고 말할 수 있다. 흔히 성소수자(LGBT)는 여성동성애자(L), 남성동성애자(G), 양성애자(B), 성전환자(T)와 같이 성적 정체성이 불확실하거나 비정형적인 사람뿐만 아니라, 이성애자가 아닌 사람, 성적 이끌림이나 성적 행위가 불확실한 사람들 모두 포괄하는 용어로 사용된다. 이처럼 LGBT는 4가지 부류만 언급하는 용어인 데 비해, 기타 수십 가지 성적 지향을 갖고 있다는 의미로는 퀴어(Queer)가 사용된다. 퀴어는 한때 변태 성욕자의 의미로 동성애자에게 사용되다가, 1980년대에 들어와 동성애자 외에 종류가 늘어나자 이를 포괄하는 용어로 이용하기 시작한 것이다. 퀴어 운동가들은 더 급진적이어서, 미국에서는 동성애자들도 기피하는 경향이 있다고 한다. 공식적인 인권문서나 제도화된 틀 속에서는 동성애 또는 양성애 대신 성적 지향(sexual orientation)이란 용어가 주로 사용되는 반면, 일부 중립적인 이론가들과 운동가들 사이에서는 성별정체성(gender identity)이란 용어가 자주 사용되는 경향이 눈에 띈다.[50] 그러나 성적 지향(LGBT)과 성별정체성(GI)은 그 이념적인 지평을 달리하고 있다는 점을 유의해야 할 것이다.

문제는 우리나라처럼 아직 전체 법질서의 체계가 성소수자의 권리와 지위를 수용하지 않은 상태에서 국가인권위원회법 같은 일부 인권 법률이나 자치단체들의 인권 조례 등이 성적 지향을 수용함으로써 법체계 내에 이념적인 모순과 갈등을 야기하고 있다는 점이다. 이것은 법체계 내의 통일성을 무시하는 전형적인 탈현대

---

50 이종근, "성적 소수자의 권리보호에 관한 비교법적 연구", 동아대 법학논총, 제18집 제2호, 2011, 132면.

주의의 입법운동의 일례라 할 수 있다. 즉 1970년대 이후 고개를 들기 시작한 미국의 후기현대 법 운동, 즉 법과 여성, 법과 인종, 법과 소수민족, 법과 문화, 법과 언어 등에서 표출된 "law and" movement 처럼, 전통적인 보편적인 법 이론과 국지적인 법적 쟁점 가운데 은폐되어 있는 모순과 역설을 들추어내서 새로운 소수자 그룹의 권리를 가급적 신속하게 확장하고 확립하려는 일부 진보진영의 정신적 대결의 의미가 그 밑에 깔려 있는 것이다.[51]

2) 성소수자권리의 법제화

지난 30여 년간 성적 소수자권리는 적어도 서구 여러 나라의 법적 제도와 각종 판결에서 빠르거나 늦은 차이는 있지만 놀랄 만한 변화를 이룬 것을 부인할 수 없는 노릇이다. 1989년 덴마크가 동성커플 간 시민결합을 세계최초로 법적으로 인정한 후 프랑스, 독일, 오스트리아, 스위스, 영국, 호주 등 세계 여러 나라가 동성커플 간 시민결합을 일종의 가족형태로 인정하였다. 이러한 동성 간 시민결합 형태에 대해 이성 간의 전통적인 부부와 가정이 누리는 유사한 법적 지위, 즉 사회보장급여와 세금감면, 연방공무원 배우자의 건강보험 등 정부로부터 혜택과 권리를 누릴 수 있는 동등한 길이 열린 것이다. 이런 조치는 물론 동성결혼합법화로 가는 과도기 형태였지만, 다분히 시대의 흐름을 바꾸려는 이 부류에 속한 이론가들과 운동가들의 전술적인 책략 중 중간에 거쳐 가야 할 디딤돌과 같은 한 과정이었다.

---

51 이에 관하여는 김일수, "전환기의 법학 및 형법학의 과제", 법·인간·인권, 1999, 523면 이하; Minda, Postmodern Legal Movements—law and jurisprudence at century's end, 1995 참조.

1998년 발표된 "MERELY CULTURAL"이란 논문에서 버틀러는 마르크스주의가 정치경제에 관한 것을 1순위로 두기에, 문화적 영역에 속한 동성애 문제는 후순위로 밀리는데, 동성애자의 건강보험 등은 경제적 문제이므로 마르크스주의자라면 여기에 집중해야 한다는 주장을 폈다. 공식 혼인으로 인정받으면 건강보험 등의 문제는 자동으로 해결되므로, 이 이슈를 공론화함으로써 동성결합에서 동성결혼까지 법제화하기의 전술적 논리가 그 속에 깔려 있었던 것이다.

　　불편한 진실에 속하는 일이기는 하나, 한국사회에도 혼전에 이미 남녀 간에 동거생활을 하는 커플이 늘어나는 추세지만, 건강보험 배우자 혜택을 받지 못한다고 난리 치는 소리를 들어 본 적은 없다. 프랑스에서 불붙은 68혁명 이후 젊은 층의 이성 간 동거가 유행처럼 번졌지만, 그런 배우자 혜택을 요구하지 않은 것은 자녀 출산으로 책임지는 삶을 살아야 하는 혼인관계의 여러 가지 혜택을 받는 것이 애당초 동거의 우선적 목적이 아니었기 때문이었다.

　　이러한 과도기형태를 지나 최초로 동성결혼합법화를 실행한 나라로 2001년에 법 시행에 들어간 네덜란드를 꼽을 수 있다. 그 뒤를 이어 벨기에, 스페인, 캐나다, 남아프리카공화국 등이 뒤를 이었다. 처음으로 동성커플 간 시민결합을 인정했던 덴마크도 2012년 동성결혼이 가능한 입법을 단행했다. 2001.7.11. 유럽인권법원은 성전환자들도 자유로운 의사에 따라 결혼할 권리를 존중받아야 한다는 판결을 내렸다. 2002.10.6. 동성애자와 독신자들도 자녀입양을 허용하는 법(The Adoption and Children Bill)이 영국 상원을 통과함으로써 효력을 나타내게 되었다. 스웨덴 의회는 2002. 6.5. 동성애자커플의 입양을 허용하는 법안을 통과시켰다. 2003년

초부터 발효된 이 법률에 따라 이미 1995년부터 시행되어 온 파트
너관계 등록을 마친 동성애자 커플은 이제 국내외에서 입양할 수
있게 되었다. 프랑스는 1999년 과도기적인 동거법(시민연대협약)을
통과시킨 뒤, 2013년 5월 만인을 위한 결혼(Mariage Pour Tous)에
관한 법을 통과시켜 동성결혼과 동성결혼부부에게 입양을 위한 합
법적인 통로를 열어 주었다.[52] 물론 개별 국가 차원에서는 입양권
을 주기는 하지만 2012년 EU인권법원에서는 입양권이 동성애자
들의 기본권이 아니라고 판결한 바 있다. EU인권법원은 동성 간의
결혼관계는 그 헌신의 정도에 있어서 남녀 간의 결혼관계에 비해
약하다는 점을 그 논거로 삼았다.[53]

3) 다시 "표류하는 미국"[54]

미국의 신실한 크리스천 법률가인 화이트헤드가 1973년 미연
방대법원의 낙태합법화 판결의 충격에서 벗어나기 위해 미국 기독
교인들의 행동을 위한 계획의 일환으로 펴낸 「제2의 아메리카 혁
명」(The Second American Revolution)을 한국어로 옮긴 진웅희 목사

---

52 물론 최근 수년간 프랑스에서는 동성결혼허용 법 폐지를 주장하는 시민들
　이 벌이는 이른바 '만인을 위한 시위'(Manif Pour Tous)가 점점 더 거세지
　고 있다. 이에 관해서는 시사IN(http://www.sisain.co.kr) 2016.11.16. 제
　478호 참조.

53 The ruling was made by judges of the European Court of Human Rights
　in Strasbourg following a case involving a lesbian couple in a civil
　partnership who complained **the French courts would not allow them to
　adopt a child as a couple**. (http://www.dailymail.co.uk/news/article-211
　7920/Gay-marriage-human-right-European-ruling-torpedoes-Coalition-sta
　nce.html)

54 존 W. 화이트헤드, 표류하는 미국, 진웅희 역, 1994, 특히 39, 53, 157, 171,
　185면 참조.

님은 브레이크 없이 굴러가는 비극적인 미국의 법 현상에 초점을 맞추어 「표류하는 미국」이라는 제목을 달아 펴냈다. 40여 년이 지난 후 미국 연방대법원은 다시 동성결혼 합헌결정을 내림으로써 미국뿐만 아니라 미국의 정신을 기대하는 세계인들에게 또다시 큰 충격을 안겼다.

놀랍게도 2015년 6월 26일 미국 연방대법원은 대법관 9명 중 찬성 5명, 반대 4명이란 아슬아슬한 차이로 동성결혼 합헌결정을 내렸다. 2013년 미국 연방대법원은 '결혼'의 의미를 한 남성과 여성 사이의 혼인으로 규정했던 1996년 결혼보호법(DOMA)에 대해 위헌결정을 내린 바 있었다. 결국 20여 년 만에 미국 연방대법원의 동성결혼 합헌결정으로 미국은 세계에서 21번째로 동성결혼을 인정한 나라가 된 셈이다. 이 판결문 마지막은 다음과 같다: "결혼보다 심오한 결합은 없다. 결혼은 사랑, 신의, 헌신, 희생, 그리고 가족의 가장 높은 이상을 담고 있기 때문이다. … 이 남성들과 여성들이 결혼이란 제도를 존중하지 않는다고 말하는 것은 그들을 오해하는 것이다. 그들은 결혼을 존중하기 때문에 스스로 결혼의 성취감을 이루고 싶을 정도로 결혼을 깊이 존중하기 때문에 청원하는 것이다. 그들의 소망은 문명의 가장 오래된 제도 중 하나로부터 배제되어 고독함 속에 남겨지지 않는 것이다. 그들은 법 앞에서 동등한 존엄을 요청하였다. 연방헌법은 그들에게 그럴 권리를 부여한다."

이 문장은 동성애자들의 주장을 고스란히 판결문에 옮겨 놓은 것 같은 인상을 주기에 충분해 보인다. 소수의견에 서 있었던 로버트 대법원장은 판결 자체가 잘못되었다고 말하고 있다. 즉, 결혼에 관한 사무는 미 연방 각 주의 사무이기 때문에 연방대법원이 개입할 수 없는 것이라고 주장한다. 그래서 2013년에 미연방대법원은 미연방정부가 제정한 결혼보호법에 위헌결정을 했다는 것이다. 그런데 2015년에 모든 주에 동성결혼을 허용하라는 판결을 하는 것은 그것 자체가 법체계논리에 맞지 않는 위헌이라는 것이다.

그 판결 이후 미국에서 동성결혼을 지지하지 않는 시민들에 대한 여러 가지 처벌과 고발이 이뤄지고 있고, 미 국민들이 들끓고 있는데다 미연방대법원이 심사 중인 다른 유사사건들도 있어, 2015년에 캐스팅 보트를 쥐었던 케네디 대법관은 여론을 의식해서 조기 사퇴할 것이라는 설까지 떠돌고 있는 실정이다. 그런 와중에 2017년 2월 7일에는 미국 하급심에서 동성결혼 축하 케익 제작 거부는 합법이라는 판결이 나올 정도로 분위기가 바뀌고 있다.[55] 2017년 12월 4일 미연방대법원은 동성 커플은 일반 부부와 달리 대우해도 된다는 텍사스대법원의 결정을 인정하고 시장의 항소를 각하했다.[56] 미국 텍사스주의 휴스턴 시장은 동성애자였는데, 시의 동성애자 직원에게 배우자 혜택으로 생명보험과 건강보험을 제공했다. 이에 Jack Pidgeon(목사)와 Larry Hicks(회계사)라는 2명의 납세자가 시장을 고발했다. 당시 텍사스 주 헌법에 동성결혼은 금지되어 있었다. 이에 텍사스 주 대법원은 2017년 7월 1일 동성 커플에게는 일반 부부에게 제공하는 복지 혜택을 제공할 필요가 없다고 판결했고, 시장은 이에 불복하여 미연방대법원에 항소했던 것이다.[57] 미국은 동성 간의 혼인이란 관계성은 인정하되 남녀 커플과 동일하게 대우하지는 않겠다는 입장임을 추론해 볼 수 있는 대목이다. 동성애문제에 대해 미국법원이 취하고 있는 최근의 이런 입장

---

55 http://www.christiantoday.co.kr/news/309307
56 http://bit.ly/2Crf15r
57 http://reut.rs/2BwPwmL 판결문 http://bit.ly/2AHS7q9

들은 유럽 여러 나라의 입법추세와는 다른 접근이고, 오히려 앞서 본 2012년 EU인권법원의 입장과 흡사한 점이 엿보인다 할 것이다.

4) 서유럽에 부는 바람

안타깝게도 2017년 6월 말 서유럽국가들 중 동성혼 문제에 대해 지금까지 비교적 보수적 입장을 견지해 온 독일 연방의회도 오랜 논의 끝에 끝내 동성혼을 합법화하는 입법 조치를 취했다는 사실이다. 다음에서 여기까지 이른 독일에서의 입법과정과 그를 둘러싼 다양한 논의는 서구사회에서 지금까지 일어나고 있는 법과 도덕의 분리, 자유와 권리의 극단적 개인주의화, 제도와 규범 속에서 폭발적으로 나타나고 있는 전통과 도덕의 붕괴가 어떤 결과에 끝내 이르게 되는지를 극명하게 보여 주는 사례라는 점에서 특별히 상세하게 다루려고 한다. 또한 이런 정신적 사조가 우리사회에 어떤 파장을 몰고 올지, 더욱 정신을 차리고 깨어 방어하지 않으면 안 될 심각한 지경에 이르렀다는 생각에서 그럴 필요를 절감하기 때문이다.

반면 동성애, 특히 남성 간 항문성교를 아직까지 처벌하는 나라도 있다. 홍콩법률에 따르면 21세 이하의 남성과 항문성교를 가진 남성은 최고 무기징역까지 받을 수 있다. 우리나라의 군형법 제92조의6도 군인 간 항문성교를 2년 이하의 징역에 처하도록 하고 있다. ILGA의 리포트에 의하면 브루나이를 비롯하여 이슬람권의 모든 중동국가들을 포함하여 아직까지도 국제적 상황에서는 동성애를 법적으로 인정하지 않는 나라가 더 많다는 사실을 주목할 필요가 있다. 그러므로 동성애의 자유화는 그리스문화의 줄기에 맺혀 있는 서구문화의 한 특이현상이라는 지적에도 경청할 점이 있어 보인다.

아래에서 이미 우리나라의 입법의 현실 속에 파고 들어와 자리를 튼 성소수자권리에 관한 법의 실태를 보면, 인권위법과 인권의 권고를 무비판적으로 따르는 자치단체를 포함하여 전체적으로 90여 개의 인권조례가 우후죽순처럼 돋아난 것을 알 수 있다. 여기에서는 몇 가지만 대표적 사례로 열거하고자 한다. 물론 충남인권조례처럼 이미 폐지된 것도 있어 주목할 점이라 사료된다.

(2) 구체적인 예시

1) 국가인권위원회법

제2조(정의) 이 법에서 사용하는 용어의 뜻은 다음과 같다. 〈개정 2016.2.3.〉
1. "인권"이란 「대한민국헌법」 및 법률에서 보장하거나 대한민국이 가입·비준한 국제인권조약 및 국제관습법에서 인정하는 인간으로서의 존엄과 가치 및 자유와 권리를 말한다.
3. "평등권 침해의 차별행위"란 합리적인 이유 없이 성별, 종교, 장애, 나이, 사회적 신분, 출신 지역(출생지, 등록기준지, 성년이 되기 전의 주된 거주지 등을 말한다), 출신 국가, 출신 민족, 용모 등 신체 조건, 기혼·미혼·별거·이혼·사별·재혼·사실혼 등 혼인 여부, 임신 또는 출산, **가족 형태** 또는 가족 상황, 인종, 피부색, 사상 또는 정치적 의견, 형의 효력이 실효된 전과(前科), **성적(性的) 지향**, 학력, 병력(病歷) 등을 이유로 한 다음 각 목의 어느 하나에 해당하는 행위를 말한다. 다만, 현존하는 차별을 없애기 위하여 특정한 사람(특정한 사람들의 집단을 포함한다. 이하 이 조에서 같다)을 잠정적으로 우대하는 행위와 이를 내용으로 하는 법령의 제정·개정 및 정책의 수립·집행은 평등권 침해의 차별행위(이하 "차별행위"라 한다)로 보지 아니한다.

여기에서 성적 지향과 다양한 가족 형태(동성 결혼 포함)가 동성애와 관련되어 있음은 두말할 필요도 없다.

2) 서울특별시 어린이 · 청소년인권조례

제2조(용어) 이 조례에서 사용하는 용어의 정의는 다음과 같다. 〈개정 2015.10.8.〉

1. "어린이"란 아래의 경우에 해당하는 사람 중에서 만 12세 미만의 사람을 말하고, "청소년"이란 만 12세 이상 만 19세 미만(다만, 19세에 도달하는 해의 1월 1일을 맞이한 사람은 제외)의 사람을 말한다.

5. "인권"이란 「헌법」 및 법률에서 보장하거나 「유엔 아동의 권리에 관한 협약」 등 대한민국이 가입하거나 비준한 국제인권조약 및 국제관습법에서 인정하는 권리 중 어린이 · 청소년에게 적용될 수 있는 모든 권리를 말한다.

6. "소수자"란 한 부모가정, 다문화가정, 탈가정, 이주, 외국인, 종교, 탈북, 성소수자, 노동, 임신 또는 출산, 학습곤란, 학교에 다니지 않는 등의 이유로 차별이나 소외를 받을 수 있는 입장에 있는 사람을 말한다.

제7조(차별금지의 원칙) ① 어린이 · 청소년은 나이, 성별, 종교, 사회적 신분, 지역, 국가, 민족, 언어, 장애, 용모 등 신체조건, 임신 또는 출산, 가족형태 또는 가족상황, 인종, 경제적 지위, 피부색, 사상 또는 정치적 의견, 성적 지향, 성별 정체성, 병력, 징계, 성적, 고용형태 등을 이유로 차별받지 않을 권리를 가진다.

② 시장, 시설의 장 또는 종사자는 제1항에 예시한 사유로 어려움을 겪는 어린이 · 청소년의 인권을 보장하기 위하여 적극적으로 노력하여야 한다.

제44조(빈곤 · 장애 · 소수자 어린이 · 청소년의 권리 보장) ① 시장, 시설의 장 및 직원 등은 빈곤 · 장애 · 소수자 어린이 · 청소년이 그 특성에 따라 요청되는 권리를 적정하게 보장받을 수 있도록 노력하여야 한다.

② 시장은 소수자에 대한 편견과 차별의식을 해소하는 데 필요한 인권교육프로그램과 상담프로그램을 마련하여야 한다.

여기에서 제2조 6호의 '성소수자'와 제7조 제1항의 '성적 지향'
과 성별정체성 등을 이유로 하는 차별금지는 동성애자들의 자유와
권리를 인정하고, 이들을 우대함으로써 대다수의 건전한 생활을
영위하는 자들을 불편하게 만드는 결과를 낳을 것이다.

3) 서울특별시 학생인권조례

제5조(차별받지 않을 권리) ① 학생은 성별, 종교, 나이, 사회적 신분, 출
신지역, 출신국가, 출신민족, 언어, 장애, 용모 등 신체조건, 임신 또는
출산, **가족형태** 또는 가족상황, 인종, 경제적 지위, 피부색, 사상 또는
정치적 의견, **성적 지향, 성별 정체성,** 병력, 징계, 성적 등을 이유로 차
별받지 않을 권리를 가진다.
② 학교의 설립자 · 경영자, 학교의 장 및 교직원은 제1항에 예시한 사
유로 어려움을 겪는 학생의 인권을 보장하기 위하여 적극적으로 노력
하여야 한다.

여기에서 성별정체성(성전환)도 포함되어 있는데, 이것은 국
가인권위원회법에도 없는 항목이다. 미국에서 학생의 성별정체성
을 보장한다고 여자 화장실과 탈의실을 여자라고 주장하는 남학생
이 쓰도록 조치하고 있는 사건들을 상정한다면 이것이 우리의 삶
터에서 얼마나 이질적인 외래문화의 수입인지를 가히 짐작하고 남
음이 있을 것이다.

4) 경기도 학생인권조례

제5조(차별받지 않을 권리) ① 학생은 성별, 종교, 나이, 사회적 신분, 출
신지역, 출신국가, 출신민족, 언어, 장애, 용모 등 신체조건, 임신 또는

출산, **가족형태** 또는 가족상황, 인종, 피부색, 사상 또는 정치적 의견, **성적 지향**, 병력, 징계, 성적 등을 이유로 정당한 사유 없이 차별받지 않을 권리를 가진다.

② 학교는 제1항에 예시한 사유로 어려움을 겪는 학생의 인권을 보장하기 위하여 적극적으로 노력하여야 한다.

제27조(소수 학생의 권리 보장) ① 학교와 교육감은 빈곤, 장애, 한 부모 가정, 다문화가정, 운동선수 등 소수 학생이 그 특성에 따라 요청되는 권리를 적정하게 보장받을 수 있도록 최대한 노력하여야 한다.

② 학교와 교육감은 소수 학생에 대한 편견과 차별의식을 해소하는 데 필요한 인권교육프로그램과 소수 학생을 위한 진로 및 취업 프로그램을 별도로 마련하여야 한다.

5) 광주광역시 학생인권보장 및 증진에 관한 조례

제20조(차별 받지 않을 권리) ① 학생은 성별, 종교, 민족, 언어, 나이, **성적지향**, 신체조건, 경제적 여건, 성적 등을 이유로 차별받지 않고 평등한 대우와 배움을 누릴 권리를 가진다.

② 학교는 제1항에 예시한 사유로 어려움을 겪는 학생의 인권을 보장하기 위하여 노력하여야 한다.

제21조(소수자 학생의 권리) ① 교육감과 학교는 빈곤, 장애, 다문화 가정 학생 등 소수자 학생이 그 특성에 따라 요청되는 권리를 보장받을 수 있도록 최대한 노력하여야 한다.

② 교육감과 학교는 소수자 학생에 대한 편견과 차별 의식을 해소하기 위한 인권교육 등 시책을 마련하여야 한다.

③ 교육감과 학교는 소수자 학생이 교육활동에서 소외되지 않도록 정당한 편의를 제공하고 적절한 교육 및 평가방법을 제공하기 위하여 노력하여야 한다.

6) 전라북도 학생인권조례

제8조(차별을 받지 않을 권리) ① 학생은 **국가인권위원회법 제2조 제3호의 차별행위의 정의에 해당하는 이유로 차별을 받지 아니한다.**
② 학교의 설립자와 경영자, 학교의 장과 교직원은 제1항에 예시한 사유로 어려움을 겪는 학생의 인권을 보장하기 위하여 적극적으로 노력하여야 한다.
제38조(소수 학생의 권리 보장) ① 교육감과 학교의 장은 빈곤, 장애, 한부모 가정, 조손가정, 다문화가정, 운동선수, **성 소수자**, 학교부적응 학생 등 소수 학생이 그 특성에 따라 요청되는 권리를 적정하게 보장받을 수 있도록 최대한 노력하여야 한다.
② 교육감과 학교의 장은 소수 학생에 대한 편견과 차별의식을 해소하는 데 필요한 인권교육프로그램과 소수 학생을 위한 진로 · 취업 프로그램을 별도로 마련하여야 한다.
③ 교육감과 학교의 장은 장애 학생에 대하여 교내 · 외 교육활동에서 정당한 편의를 제공하고 참여를 보장하며, 적절한 교육과 평가방법을 제공하는 등의 노력을 하여야 한다.

7) 서울대학교 인권가이드라인

제4조(폭력과 혐오폭력 및 범죄, 강요금지) ②서울대학교 구성원은 **개인의 고유한 특성에 대한 편견**에 기반한 언어적 폭력, 재산의 도난 및 손괴, 신체적 위해 및 그 위협 등(혐오폭력 및 증오범죄)의 대상이 되지 않는다.
제7조(개인정보보호 관련 권리와 의무) 서울대학교 구성원은 성적지향과 성별정체성을 포함한 자신의 개인정보를 보호받을 권리를 가진다.

성적 지향과 성별정체성은 동성애와 관련된 것이다. 특히 동생애자임을 밝힌 김○○ 학생회장 때 제정한 의도는 동성애를 커

밍아웃하는 빅 이벤트용일 거라는 추단을 불러일으키기에 충분해
보인다.

8) 서울특별시 은평구 인권보장 및 증진에 관한 조례

제2조(정의) 이 조례에서 사용하는 용어의 뜻은 다음과 같다.
1. "인권"이란 「헌법」 및 법률에서 보장하거나 대한민국이 가입 · 비
준한 국제인권조약 및 국제관습법에서 인정하는 인간으로서의 존엄과
가치 및 자유와 권리를 말한다.
2. "평등권 침해의 차별행위"란 「국가인권위원회법」 제2조 제3호에
의거 합리적인 이유 없이 성별, 종교, 장애, 나이, 사회적 신분, 출신
지역(출생지, 등록기준지, 성년이 되기 전의 주된 거주지 등을 말한
다), 출신 국가, 출신 민족, 용모 등 신체조건, 기혼 · 미혼 · 별거 · 이
혼 · 사별 · 재혼 · 사실혼 등 혼인 여부, 임신 또는 출산, 가족 형태 또
는 가족 상황, 인종, 피부색, 사상 또는 정치적 의견, 형의 효력이 실효
된 전과(前科), 성적(性的) 지향, 학력, 병력(病歷) 등을 이유로 특정한
사람을 우대 · 배제 · 구별하거나 불리하게 대우하는 행위를 말한다.
다만, 현존하는 차별을 없애기 위하여 특정한 사람을 잠정적으로 우대
하는 행위와 이를 내용으로 하는 조례의 제정 · 개정 및 정책의 수립 ·
집행은 평등권 침해의 차별행위로 보지 아니한다.

9) 성북 주민인권선언문

제1조 평등
1. 성북 주민은 성별, 나이, 외모, 장애, 인종, 종교, 병력(病歷), 사상,
신념, 출신 및 거주지역, 결혼여부, 가족구성, 학력, 재산, 성적지향,
국적, 전과(前科), 임신 · 출산 등 어떤 이유로도 차별받지 않을 권리
가 있다.
2. 성북구는 모든 차별행위에 대해 적극적으로 반대하고 주민의 자유

와 권리를 존중하며 보장한다.

제16조 성소수자

성북구는 성소수자가 차별과 배제의 대상이 되지 않도록 최선을 다한다.

10) 충남도민인권선언문 – 충남인권조례 제8조(인권선언의 이행)에 의해 제정된 것

제1조 차별금지의 원칙

① 충남도민은 성별, 나이, 외모, 장애, 인종, 종교, 병력(病歷), 사상, 신념, 출신 및 거주지역, 결혼여부, 가족구성, 학력, 재산, 성적지향, 성별정체성, 국적, 전과(前科), 임신, 출산 등 어떤 이유로도 차별받지 않을 권리가 있다.

② 충청남도는 모든 차별행위를 없애기 위해 노력하고 도민의 인권을 보장한다.

제19조 그 외 소수자

충청남도는 앞에 나온 사회적 소수자뿐만 아니라 드러나지 않거나 자신의 목소리를 낼 수 없는 소수자들의 권리를 보장하기 위해 최선을 다할 책무를 갖는다.

3. 동성결혼에 관한 서구에서의 최근 논의 – 특히 독일사례를 중심으로

(1) 입법의 배경

1) 연방헌법재판소 결정

연방헌법재판소는 1993년 결정[58]에서 "기본법 제6조 제1항의 결혼은 남자와 여자가 생활공동체로 결합되는 것"(die Vereinigung von Mann und Frau zu einer Lebensgemeinschaft)이라는 관점을 재확인하면서, "이성(異性)은 결혼의 고유함을 특징짓는 요소에 속한다"(die Geschlechtverschiedenheit gehört zu den prägenden Merkmalen der Ehe)라는 관점을 유지하였다. 그럼에도 연방헌법재판소는 이런 관점이 근본적으로 변화될 수 있는 가능성을 배제하지는 않았다.

연방헌법재판소의 이 결정 이후 2002년 독일의 입법자는 이성 간의 결혼에 상응하는 동성 간의 생활공동체를 법적으로 승인하는 생활공동체법[59]을 제정하였다. 헌법재판소[60]는 이 법이 동성 간의 생활공동체의 등록을 허용하여 이성 간의 생활공동체를 전제로 한 결혼과 동일하거나 유사한 권리와 의무를 규정하는 것이 기본법 제6조 제1항을 위반하는 것은 아니라는 것, 이런 법적 제도를 이성 간의 생활공동체에게 허용하지 않는 것이 기본법 제3조 제1항의 평등원칙에 위반되는 것은 아니라고 결정하였다.

이후에도 연방헌법재판소는 이성 간의 결혼과 동성 간의 생활공동체 사이의 동등한 취급을 가능하게 하는 결정을 선고하였는데, 이를 통해 동성 간의 생활공동체의 당사자들에게도 가족수당,[61] 유족연금,[62] 상속세 및 증여세,[63] 순차적 입양,[64] 배우자세금공제[65]에서 이성 간 결혼의 당사자들과 동일한 법적 권리와 의무가

---

58 BVerfG, Kammerbeschluss vom 04. Oktober 1993 - 1 BvR 640/93, NJW 1993, 3058, Rn. 4f.
59 Gesetz über die eingetragene Lebenspartnerschaft (Lebenspartnerscha-ftsgesetz) vom 16.02.2001, BGBl. 2001 I, 266.
60 BVerfGE 105, 313 (Rn. 29 ff.).
61 BVerfGE 131, 239.
62 BVerfGE 124, 199.
63 BVerfGE 126, 400.
64 BVerfGE 133, 59.

부여되었다.

이런 일련의 연방헌법재판소 결정 및 정당들의 법률안 제출 등을 통해 무엇보다 자녀의 입양과 관련하여 동성 간 생활공동체의 당사자가 공동입양을 할 수 있도록 하는 제도, 정자은행을 통한 수정란 이식과 인공수정에서 보험료 지원 등등, 결국에는 이성 간 결혼과 동성 간 생활공동체라는 이분적인 제도를 폐지하고 통합된 '결혼'제도를 도입하기 위한 논의가 진행되었고, 현재에도 지속되고 있다.[66]

2) 유럽법원과 유럽인권법원의 관점

이런 독일의 논의는 유럽 전체의 맥락[67]에서 살펴볼 때 그 의미를 분명히 인식할 수 있다. 유럽연합기본권선언 제9조는 '결혼'을 규율하면서 성별을 암시하는 어떤 문구도 담고 있지 않으며, 단지 그 규율을 협약당사국이 정할 수 있도록 하고 있고, 또한 차별금지를 규정한 제21조 제1항은 '성적 지향'을 근거로 한 차별을 명시적으로 금지하고 있다. 이에 근거하여 유럽법원[68]은 동성생활공동체의 구성원에게 유족연금을 지급하지 않는 이성 간 결혼의 당사자들에 비교하여 불합리한 차별이라는 판결을 선고한 바가 있다. 이와 유사하게 유럽인권법원[69]도 동성 간 생활공동체도 유럽

---

65 BVerfGE 133, 377.
66 이와 관련된 자세한 내용 및 관련문헌은 Wapler, Die Frage der Verfassungsmäßigkeit der Öffnung der Ehe für gleichgeschlechtliche Paare, 2015, S. 10 참조.
67 유럽과 국제법적 논의에 관해 자세히는 Bruns, Stellungnahme, S.6ff., 14ff.
68 EuGH, Urteil vom 1. April 2008, Rs C-267/06, Slg. 2008, I- 01757 (Maruko).

인권협약 제8조의 사생활과 가족생활에 관한 권리의 보호영역에 속한다고 보고, 제14조의 차별금지와 관련하여 기능적 고찰방식을 기초로 구성원 간의 상호적 책임인수와 연대성이라는 관점에서 동일한 기능을 수행하는 경우에 동성 간 결합과 이성 간 결합을 차등하여 취급하는 것은 허용되지 않는다는 관점을 취한다.

물론 유럽인권법원의 동성 간 결합에 대한 시각은 한 가지 선례에 따라 일관성을 유지하는 것이 아니기 때문에 다른 시각의 선례들도 최근까지 다양하게 전개되고 있는 게 사실이다. 예컨대 개별국가에서는 동성결혼을 허용하나, 유럽인권법원은 동성결혼이 인권이 아니라고 거듭하여 판결한 경우도 있다.[70] 또한 위에서 본바와 같이 입양 등에서 차별을 인정한 경우도 있다. 그러나 독일의회 논의는 반전에 반전을 거듭한 논의 끝에 당시의 정치적 역학관계에 얽매어 동성혼 합법화 쪽으로 기울어져 갔던 것이다.

---

69 EGMR, Urteil vom 7. November 2013, Az. 29381/09, 32684/09 (Vallianatos/Griechenland), Absatz-Nr. 78ff. 이 판결에서 유럽인권법원은 전통적 의미의 가족에 대한 보호가 입법자가 추구하는 정당한 목적이 될 수 있다는 점을 인정(accept)한다(Absatz-Nr. 83).

70 2010.6. https://www.theguardian.com/law/2010/jun/24/european-court -of-human-rights-civil-partnerships

2012.6. http://www.dailymail.co.uk/news/article-2117920/Gay-marriage -human-right-European-ruling-torpedoes-Coalition-stance.html

2014.6. https://www.lifesitenews.com/news/european-court-gay-marria ge-is-not-a-human-right

2016.6 https://www.lifesitenews.com/news/european-human-rights-cou rt-rejects-gay-marriage

2017.12. https://www.euractiv.com/section/justice-home-affairs/news/it aly-condemned-again-for-failing-to-recognise-same-sex-marriages/

(2) 연방정부의 법률초안에 관한 논의

현재 독일 연방의회에는 헌법의 개정 없이 의회가 제정한 법률을 통해 이성 간 결합을 전제로 하지 않은 "결혼"을 허용하는 법률안들이 제출되어 있다. 2015년 9월 이 법률안과 관련하여 공개적 청문이 이루어졌으며, 이를 통해 쟁점에 대한 다양한 입장이 정리되어 있다.

1) 법률안 [71]
청문의 대상이 되었던바, 기왕에 제출된 법률안은 다음과 같다.

생활동반자의 권리를 순화하는 연방정부의 법률초안[Entwurf eines Gesetzes zur Bereinigung des Rechts der Lebenspartner(Bundesregierung)][72]
동성 간 결혼권리의 도입을 위한 좌파정당의 법률초안[Entwurf eines Gesetzes zur Einführung des Rechts auf Eheschliessung für Personen gleichen Geschlechts(DIE LINKE)][73]
동성커플의 혼인금지를 폐지하기 위한 90동맹과 녹색당의 법률초안 [Entwurf eines Gesetzes zur Abschaffung des Eheverbots für gleichgeschlechtliche Paare(BÜNDNIS 90/DIE GRÜNEN)][74]

---

71 법률초안과 청문회에 참여한 전문가들 의견서는 아래에서 모두 찾아볼 수 있다.
　https://www.bundestag.de/bundestag/ausschuesse18/a06/anhoerungen /09_28_gleichgeschlechtliche-ehe/383124
72 BT-Drs. 18/5901.
73 BT-Drs. 18/8.
74 BT-Drs. 18/3031, 18/5098.

연방정부의 법률안은 이성 간의 "결혼"과 동성 간의 "생활공동체"를 구분하는 이원주의를 유지하고, **야당이 제출한 법률안은 "결혼"과 관련된 성별의 구별을 삭제하는 것을 핵심으로 한다. 최근 우리나라에서 한동안 뜨겁게 달아올랐던 개헌논의에서도 헌법 제36조 제1항의 '양성의 평등'에서 '양성'을 삭제하자는 좌파정당들의 주장도 독일의 이 야당안의 경우와 같은 뜻으로 보인다.** 이들 정당에서 제출한 법률안이 민법 제1353조에 다음과 같은 개념정의 조항을 도입하려고 할 때, 즉 "결혼계약은 이성 또는 동성의 두 사람에 의해 평생을 기간으로 하여 체결된다"는 아이디어는 서양 여러 나라에서 이미 확인된 동성애합법화운동의 술책과 꼭 빼닮은 것이다.

2) 논 의

이 법률안과 관련하여 핵심 논점은 기본권 제6조 제1항[75]의 "결혼"을 어떻게 해석할 것인지이다. 기본법 제6조 제1항의 문언, 즉 "결혼"은 성별 구성에 관해 직접 어떤 의미내용도 지시하지 않고 있다. 따라서 헌법상의 결혼을 이성 간의 결합을 전제로 한 개념이라고 이해하는 방식 또는 단지 제도화된 인적 결합을 그 본질적 내용으로 하고, 그 구체적 결합 형태에 관해서는 개방적 개념으로 이해하는 것이 이론적으로 가능하다. 이 전자에 따르면 헌법의 개정 없이는 입법자가 동성 간의 인적 결합과 이성 간의 인적 결합을 모두 헌법적으로 보호받는 "결혼"이라고 볼 수 없는 결론에 이른다. 이 점과 관련하여 전개된 대립된 견해는 다음과 같은 논거들

---

75 "Ehe und Familie stehen unter dem besonderen Schutze der staatlichen Ordnung."

을 각각 제시한다.

가. 전통적 관점

a) 발생사적 해석

기본법의 제정과 관련된 입법 자료를 기초로 한 발생사적 해석에 근거한 견해[76]에 따르면 헌법제정자가 기본법 제6조 제1항의 결혼 개념의 특징으로 당사자의 이성을 전제하였음이 명백하다고 주장한다. 이 주장은 무엇보다 바이마르제국헌법 제119조 제1항 제1문의 결혼 개념이 결혼을 "가족생활과 국민의 보존 및 증식의 기초"로 이해했던 것과 제2문에서 "양성"의 평등을 규정했던 것 및 기본법 제정 당시 헌법제정위원회에서 논의된 결혼 조항에서 "남자와 여자로 구성된 지속적 생활공동체"라는 문언을 사용했던 적이 있다는 점 등을 든다.[77] 또한 이런 견해에 따르면 기본법 제정 당시 동성 간의 성행위가 형법 제175조 제1항에 의해 형사 처벌되었던 점과 이 형벌조항에 대한 합헌판결[78]을 고려하면, 동성간 결합으로서의 결혼은 헌법제정자의 사고가능성의 범위 밖에 놓였다는 점[79]도 중요한 근거가 된다. 더 나아가 기본법 제6조 제1항이 결혼과 가족을 이어서 언급하고 있는 점에 비추어 결혼은 부모와 자녀 사이의 관계로 규정되는 가족의 전 단계로 이해될 수 있다. 이 점에서 결혼은 이미 추상적 증식가능성(Fortpflanzungspotenzial)

---

76 Ipsen, Ehebegriff, 2ff., unter Berufung auf P. Häberle(Hrsg.), Entstehungsgeschichte der Artikel des Grundgesetzes, 2. Aufl., 2010, S.93ff.

77 이 논거가 드는 입법자료가 불충분하고 부정확하다는 비판은 Brosius-Gersdorf, Stelltungnahme, S.5ff.

78 BVerfGE 4, 110.

79 이에 대해서는 BVerfGE 133, 59(Rn. 55).

을 전제로 하는데, 이는 결혼이 바로 이성 간 결합을 개념요소로 하고 있음을 보여 준다는 것이다.[80]

b) 차별취급의 합리적 근거

이런 관점에 따르면 연방헌법재판소가 기본법 제6조 제1항의 "특별한 보호는 이런 등록된 생활공동체를 포괄하지 않는다. 당사자의 동성은 바로 이 제도를 결혼과 구별을 짓고, 또한 이 제도를 구성하는 것이다. 등록된 생활공동체는 기본법 제6조 제1항의 의미에서의 결혼이 아니다"[81]라고 판결한 것은 기본법 제6조 제1항의 결혼이 양성으로 구성된 인적 공동체라는 점과 부합하는 것이 된다. 이 견해[82]는 동성 간 결합인 등록된 생활공동체와 관련된 일련의 연방헌법재판소 결정은 기본법적 의미의 결혼에 대한 새로운 이해가 아니라, 단지 동성 간 생활공동체와 이성 간 결혼을 서로 차별적으로 취급하는 것의 합리성에 관한 판단일 뿐이라는 의미를 부여한다.

c) 위헌적 헌법의 가능성

이런 차별적 취급의 문제는 기본법 제6조 제1항이 위헌적 헌법[83]으로 평가될 수 있는지라는 문제를 제기한다. 연방헌법재판소가 그 사고가능성을 인정하는 이 법적 형상에 따르면 평등원칙과

---

80 Ipsen, Ehebegriff, S.8은 이 논거를 동원하여—이미 헌법재판소가 위헌이라고 판단한 사안들에 대해서도—결혼과 동성 간 결합체의 '차별'이 비합리적이 아니라고 한다. 이와 유사한 관점으로는 연방헌법재판소 결정의 별개의견 BVerfGE 105, 313(Rn. 137: "Zukunftsfähigkeit von Staat und Gesellschaft"); 133, 377(Rn. 118: "Zukunftsgerichtetheit von Gesellschaft und Staat"). 이에 대한 비판은 Brosius-Gersdorf, Stelltungnahme, S.9ff.

81 BVerfGE 105, 313(Rn. 88 f.).

82 Ipsen, Ehebegriff, S.5f. mit umfangreicher Kommentarliteratur.

83 BVerfGE 3, 225.

차별금지 원칙에 위반하는 헌법규범이 존재할 가능성이 있게 된다. 그러나 전통적 관점[84]은 동성 간 결합으로서의 등록된 생활공동체와 양성 간 결합으로서의 결혼을 동일하게 취급해야 한다는 것이 기본법 제6조 제1항 자체가 이미 동성/양성을 다르게 취급하고 있다는 것보다 더 우월한 헌법적 효력을 가질 수는 없고, 이 점에서 이 법적 형상을 적용할 수 없다고 본다.

d) 헌법변천과 헌법개정

마지막으로 전통적 관점[85]은 결혼과 성별의 문제와 관련해서도 원칙적으로 헌법변천의 가능성을 인정한다. 그러나 결혼과 성별의 문제에 관한 사회의 관점이 변화되었다는 것을 경험적으로 확인하기도 어렵고, 이런 관점의 변화 그 자체[86]가 헌법의 변천으로 이어질 수는 없고, 단지 헌법 개정의 계기를 제공할 뿐이며,[87] 그래서 기본법 제6조 제1항의 "결혼" 개념을 동성 간 결합으로까지 확장시키는 것은 해석자의 주관적 세계관을 투영하여 기본법 효력의 안정성을 저해하는 결과만을 가져올 뿐이라고 한다.

나. 대안적 관점

a) 방법론

이런 주장[88]은 방법론적으로 헌법적 개념의 역동성과 개방성,

---

84 Ipsen, Ehebegriff, S.7.
85 Ipsen, Ehebegriff, S.7f.
86 더 나아가 결혼에 관하여 끊임없이 변화하는 사회의 사고가 기본법의 결혼제도 보장에 아무런 영향도 미칠 수 없고, 결혼과 가족의 보호 그 자체가 목적이라는 주장으로는 Badura, in: Maunz/Dürig, Art. 6 Rn. 38ff.; Germann, VVDStRL 73(2014), S.257(271f.).
87 Benedict, Stellungnahme, S.6.

즉 헌법의 개념이 사회적 변화에 상응하여 내용적으로 변화되었고, 변화될 수 있다는 점[89]과 결혼을 이성 간 결합만으로 이해하는 전통적 관점이 거의 자연법적이고 (순환적) 논증방식(헌법적 결단)을 비판하는 것을 출발점으로 삼는다. 그 대표적 예로 순차적 입양과 관련하여 기본법 제6조 제2항의 부모개념에 대한 연방헌법재판소의 해석[90]을 든다.

b) 생활공동체와 헌법적 보호의 기능

기본법 제6조 제1항의 "결혼"이 기본법에 의해 "특별한 보호"를 누리는 실질적 이유는 결혼이 생활공동체로서 지닌 기능, 즉 장기간의 공동생활을 위해 그 구성원들 서로가 서로를 위해 책임을 부담하는 책임관계에 있다. 이런 기능의 관점에서 볼 때 이성 간 결합인 "결혼"과 동성 간 결합인 등록된 생활공동체 사이에 어떤 본질적 차이도 존재하지 않고,[91] 공동체를 구성하는 사람들의 성별 차이는 책임관계에 어떤 영향도 미치지 않는다는 것이다.[92]

물론 2012년 유럽인권법원은 양자 사이에 분명한 차이가 있다고 명시적으로 "결혼하지 않은 커플은 결혼한 커플과 똑같은 지위를 향유하지 못한다"고 판시한 바 있지만 말이다.[93]

---

88 예를 들어 Wapler, Die Frage der Verfassungsmäßigkeit der Öffnung der Ehe für gleichgeschlechtliche Paare, 2015, S.18ff.

89 가족 형태의 변화 및 다양성과 관련된 통계자료는 Wapler, Die Frage der Verfassungsmäßigkeit der Öffnung der Ehe für gleichgeschlechtliche Paare, 2015, S.23ff.

90 BVerfGE 133, 59(Rn. 54 ff.).

91 BVerfGE 131, 239(Rn. 67); 133, 377(Rn. 85).

92 Wapler, Die Frage der Verfassungsmäßigkeit der Öffnung der Ehe für gleichgeschlechtliche Paare, 2015, S.25f., unter Berufung auf Rixen, JZ 2013, 864(871).

c) 자녀와 동성 간 생활공동체

전통적 견해가 이성배우자들로 구성된 부모의 지도와 보호가 성장하는 자녀와 아동의 복지에 최선이라는 점을 논거로 이성 간의 결합을 결혼의 본질적 내용으로 이해하는 것은 그 경험적 근거가 없다고 강조한다. 경험적 연구에 따르면 부모의 성별 구성이나 부모의 "결혼" 여부는 아동의 성장과 복지에 영향을 미치지 않는다는 것이다.[94] 또한 이런 관점은 자녀의 출생과 국민의 재생산이라는 목적이 "결혼" 제도의 특별한 보호를 정당화할 수 있다는 주장도 자유주의적이고 다원주의에 지향된 국가에 부합하지 않는다고 비판한다.[95]

그러나 이러한 강변에도 불구하고 당대의 실증적인 연구결과들은 이들의 강변이 일방적인 주장임을 보여 주고 있다. 극히 개인주의의 경향에 치우친 이와 같은 일단의 편벽된 논리가 독일의회의 입법자들을 세뇌하기에 이르렀다는 것은 놀라움을 금치 못할 일이다. 2016년 한국국립보건연구소 자료는 동성 커플 밑에서 자라는 청소년 성인이 일반 부부 밑에서 자란 이들에 비해 우울감,

---

93 'With regard to married couples, the court considers that in view of the social, personal, and legal consequences of marriage, the applicants' legal situation could not be said to be comparable to that of married couples.'
http://www.dailymail.co.uk/news/article-2117920/Gay-marriage-human-right-European-ruling-torpedoes-Coalition-stance.html

94 Wapler, Die Frage der Verfassungsmäßigkeit der Öffnung der Ehe für gleichgeschlechtliche Paare, 2015, S.26.

95 Germann, VVDStRL 73(2014), 257(265) 등이 결혼과 가족을 국가와 사회의 지속가능성을 보장하기 위한 "기초적 사회구조"로 이해하려는 주장이 매우 추상적이어서, "결혼"과 동성 간 공동체를 구별할 수 있는 구체적 기준을 제공하지 않는다는 비판은 Wapler, Die Frage der Verfassungsmäßigkeit der Öffnung der Ehe für gleichgeschlechtliche Paare, 2015, S.28.

자살시도율, 비만율 등에서 월등히 높게 나타난다는 것을 보여 주고 있다는 점을 고려할 때 더욱 그러한 감을 떨쳐 버릴 수 없다.[96]

d) 성, 성적 자기정체성, 성적 지향에 기초한 차별

동성혼 옹호론자들은 성별에 따른 (헌)법적 보호 여부와 그 정도를 판단하는 것은 무엇보다 시민들을 생물학적 성별뿐만 아니라, 성적 자기정체성과 성적 지향에 따라 구분할 수 있다는 점을 최소한 간접적으로 전제한다. 그러나 이는 성전환자[97]와 양성애자가 존재하는 사실에서 보듯 경험적 기초를 갖지 못한다는 것이다. 더 나아가 책임인수라는 생활 공동체적 결합의 기능과 그 기능의 특별한 법적 보호 여부를 성별, 성적 자기정체성, 성적 지향에 기초하여 법적 보호의 여부와 수준을 다르게 하는 것은 정당화되지 않는 차별이라고 한다.[98]

그러나 헌법은 양성을 기초로 한 가정을 기초단위로 하여 각종 제도적인 보장책을 강구하도록 되어 있다. 이것은 자연법과 고차의 법(the higher law)에 상응하는 보편적 원리이므로 동성애를 처벌하지는 않으면서 그것을 위해 법적 권리수준에까지 끌어올리지 않는 한국의 법상황에 비추어 보면 그것은 차별의 범주가 될 수 없다. 동거 남녀 커플도 부부에게 주어지는 각종 혜택을 요구하지도 제공하지도 않는 것은 기본율와 법의 관계를 고려한 보편적인 국민의 법의식을 고려한 것이다. 동성애자들의 이기주의적 취향에

---

96 http://www.nationalreview.com/corner/437310/do-children-same-sex-parents-suffer-higher-rates-depression-obesity-and-suicidal

97 BVerfGE 121, 175.

98 Wapler, Die Frage der Verfassungsmäßigkeit der Öffnung der Ehe für gleichgeschlechtliche Paare, 2015, S.32.

따라 사회의 근간을 이루는 혼인과 가족제도를 무너뜨려야 한다는 것은 지평의 혼동(confusion of horizon)이 아닐 수 없다.

(3) 소 결

독일연방하원은 2017년 6월 30일 오랜 논쟁 끝에 동성혼을 포함한 새로운 결혼법을 통과시켰다. 메르켈 총리와 여당인 CDU/CSU 연합은 종래의 동성혼 반대 입장에서 돌아서 메르켈 수상 본인은 반대투표를 했으면서도 소속 하원의원들에게 양심투표를 통한 자유로운 선택의 길을 열어 줌으로써 찬성 393, 반대 226, 기권 4의 압도적 다수로 가결된 것이다. 동성혼 합법화가 이미 독일 정치지형에서 이미 피할 수 없는 대세가 되었기 때문이었다. 그 결과 이제 독일에서 2001년 이후 단지 시민결합 형태로 인정돼 왔던 동성커플 간의 동거형태는 민법상 이성 간의 혼인처럼 완전한 동성혼형태로 승인되었고 입양권을 포함한 모든 권리를 인정받게 되었다. 이 개정 법률은 2017년 10월 1일자로 발효되면서 당일 독일의 수도 베를린의 쉐네베르크 혼인등록처는 일요일임에도 불구하고 문을 열어 38년 동거 끝에 합법적인 부부로 혼인등록을 하는 동성혼부부의 신고를 받아들였다고 한다.[99]

물론 동성혼의 법제화 과정은 국가마다 여러 가지 차이가 있기 때문에 독일 한 사례만을 놓고 모범사례인 양 착각해서는 안 될

---

99 iseoul@seoul.co.kr(2017.10.3.); 물론 최근 수년간 프랑스에서는 동성결혼 허용법 폐지를 주장하는 시민들이 벌이는 이른바 '만인을 위한 시위'(Manif Pour Tous)가 점점 더 거세지고 있다. 이에 관해서는 시사IN(http://www.sisain.co.kr) 2016.11.16. 제478호 참조.

것이다. 독일형법은 1975년대 개정 후까지도 미성년자와 동성애하는 행위를 형사 처벌대상으로 삼았었다. 유럽연합으로 하나 된 유럽의 하늘 밑에서도 동성애 또는 동성혼을 바라보는 눈과 다루는 정책은 나라마다 선량한 풍속이 건재하는 정도에 따라 미묘한 차이점이 있음을 알 수 있다. 미국의 경우 비록 가까스로 동성혼을 인정했으나 그에 따르는 혜택 등은 차등을 주는 쪽으로 가는 것 같고, 심지어 연방대법원이 보수화하는 시점에 있기에 앞으로 동성혼 인정 판결조차 뒤집을 가능성도 배제할 수 없는 실정이다. 2017년 5월 동성혼을 법제화했던 영국 자치령 버뮤다는 그해 12월에 다시 동성혼 폐기법을 가결했던 실례에서 보듯, 자연적·윤리적 비정상은 일단의 이데올로기나 급진적인 정치·사회적 운동과 그 압력에 의한 입법만으로 정상적인 것으로 탈바꿈하는 것이 아니라는 점이 분명하다.

버뮤다 의회, 반년 만에 동성결혼법 폐지

1. 영국의 자치령인 버뮤다 정부는 2016년 6월 "동성결혼법 또는 동성결합법 도입에 찬성하느냐"는 국민투표를 실시했는데, 60~70%의 시민들이 둘 다 반대했다. 2015년 글로벌 여론조사기관의 버뮤다 시민의 48%가 동성결혼을 지지한다는 주장이 틀린 것이다(http://bit.ly/2zemSEI).

2. 2017.5.5. 동성애 진영은 소송으로 갔고 금년 5월 버뮤다 대법원은 동성결혼을 법제화하라는 판결을 했는데, 가족부 장관은 항소하지 않아 확정됐다.

3. 2017.5.31. 진보노동당의 리더인 Wayne Furbert 의원은 대법원 판결의 후속조치로 동성결혼을 폐지하기 위해 인권법 개정안을 공약했다(http://bit.ly/2j9mdLT).

4. 2017.7.18. 진보노동당은 7월 총선에서 교회들의 협력으로 58.9%의 득표율로 승리했다(http://bit.ly/2BuAiP2).

5. 2017.12.8. 버뮤다 하원은 24 대 10으로 동성결혼을 폐지하고 시민결합으로 대체하는 법안을 통과시켰고, 2017.12.14. 상원도 8 대 3으로 가결하여 동성결혼은 반년 만에 사라졌다(http://nyti.ms/2zfcsEZ).

4. 대중화운동의 양상

(1) 개괄적으로 보기

인권이 오늘날과 같은 위상에 이르기까지 많은 정신적 대결과 사회적 갈등, 개인적 희생이 있었다는 점은 인권의 역사적 사실들이 이를 증명한다. 인권은 고귀한 피 흘림의 역사라고 해도 지나침이 없을 것이다. 그 원동력은 정신적·사회적 운동이었다. 이 운동은 당대의 기존관념이나 구체제에 도전하는 위험인자였다. 폭압과 착취의 현실에 저항하여 일어난 자유와 평등, 참여의 기치는 구체제를 혁명적으로 전복하기도 했고, 반동적인 힘에 밀려 다시 탄압의 굴레를 뒤집어쓰기도 했다. 하지만 역사는 점진적인 진보를 거듭해 가듯 인권운동도 일시 좌절은 있었을지라도 여전히 진보를 향해 나가고 있다. 그것은 인권이 인류보편적인 가치, 즉 인간의 존엄성과 인격의 발전과 성숙, 인류성(humanity)의 실현에 기여하는 필요불가결한 조건이기 때문이다.

인권이 국제적 의제가 된 것은 2차 세계대전 당시 미국 루즈벨트와 기독교계의 운동 덕분이었다. 인권의 발전단계에서 각각의 자유혁명이 인간성의 발전과 인권의 확장이라고 본다면, 인권이 국제적 의제가 되고 세계 제2차 대전 후 탄생한 UN의 정신을 인도 하는 빛이 된 것은 미국의 기독교적 가치라는 점을 간과해서는 안 될 것이다.

미국이 개입하기 전에 인권이 중요한 의제가 되지 못했던 이 유는 사회주의자들이 권리 투쟁의 당사자였기 때문에 자칫 잘못했 다가 공산화의 위험에 빠질 수도 있다는 우려로 동맹국들의 국가 차원에서 받아들이지 못했던 것이다. 미국이 나치의 종교와 표현 의 자유 억압 등을 비판하면서 1941년 루즈벨트의 4가지 권리에 대한 연두교서 발표 이후 세계인권선언까지 미국의 기독교연합단 체와 성직자, 기독교인 정치인 등이 주도하게 되었던 사실을 세계 인권사에서 과소평가할 수는 없으리라. 그리하여 영국과 미국, 프 랑스 등 각국의 주요 인권문서 사건들—프랑스 대혁명 이후 유럽 사회주의자들의 운동—제2차 대전에 미국의 참전과 그 후 세계질 서의 새로운 확립을 위한 기독교의 공헌과 인권의 세계적 의제화 및 기준의 수립—1960년대 이후 서유럽 사회주의자들의 인권 분 야의 진입 이후 현재까지를 대략 4단계로 나누어 진화과정을 설명 할 수 있을 것이다.

그런데 눈여겨보아야 할 점은 성소수자의 권리를 위한 운동이 위에서 언급한 인권운동과 궤를 같이하는 것이 아니라는 점이다. 물론 파리 68혁명의 세례를 받은 70년대 이후의 청년문화, 여성인 권운동 및 잡다한 양상의 뉴 레프트 운동, 네오 마르크시즘, 포스 트모더니즘과 함께 뒤섞여 성소수자권리도 인권운동의 범주로 들 어오게 되었지만 말이다. 그것은 성소수자의 성적취향을 권리로 승인받기 위한 운동이다. 바로 그 목표에 도달하기 위해 성소수자의 사적 관심사를 공적 영역으로 끌고 나와 공론화하고, 끝내는 인권이란 숭고한 가치논증을 끌어들이기도 하고, 미래사회의 전망에 관해 아무것도 모르는 법과 제도의 강제력을 빌려다 방어기제로 쓰기도 한다.[100] 그리고 그들은 운동 차원에서 일관되게 전통 깊은 가정과 혼인제도, 가족개념과 인륜성 등을 파고들어 해체수준의 진앙을 일으키기도 하는 것이다. 또한 일종의 노이즈 마케팅의 일환으로 법원의 문을 끈질기게 두드리면서 사회적 충격파와 법적 소란을 불러일으켜, 양성의 자유와 평등에 기초한 혼인과 가족제도에 일대 평지풍파를 불러일으키고 있다. 그 대표적인 보기가 커밍아웃(Coming Out)과 퀴어행진(Queer Parade) 같은 것이다.

오랫동안 서구사회에서 동성애가 처벌대상이 되었기 때문에 먼저 처벌로부터 해방운동이 당시 서양의 사회상에 편승하여 시작되었다는 점은 두말할 필요도 없으리라. 단순히 성적 취향을 법적으로 인정하라는 운동이 아니라, 법으로 처벌하는 것을 중단하라는 것에서 시작된 것이라고 할 수 있다. 물론 좌파 학생운동단체들은 반제국주의, 반식민주의 외에도 독일에서 때늦은 나치청산의 부실과 미국에서 월남전 반대와 평화주의 등 정치적 이슈들의 근본적인 원인의 하나로 가부장적인 전통에 뿌리를 둔 결혼과 가족질서, 성관념 같은 것이라는 데 착안하였다. 이들 기존질서와 가치체계를 문화적으로 전복하는 것이 정치경제적 사회질서를 혁신하는 지름길이라고 보았던 것이다. 그리하여 여성해방, 성해방, 쾌락주의와 신비주의에 경도된 히피들의 생활혁명, 도시게릴라 같은 무장봉기

---

100 이상현, 「군형법상 항문성교 기타 추행죄 연구」, 숭실대 법학논총, 2016.7, 28면 이하.

와 급진적 좌파혁명사상이 전 세계에 열병처럼 번져 나갔다.[101] 젊은 세대들 간에는 부모의 품을 일찍 벗어나 기존의 관념을 뛰어넘는 혼거공동체(Wohngemeinschaft)를 결성하는 것이 1960~70년대 대학가를 중심으로 유행처럼 번지면서, 성과 결혼과 가정에 관한 전통적 관념의 붕괴에 가세하였던 것이다. 이러한 급진적인 사회 분위기가 음지에 잠복해 있던 동성애 이슈를 대낮의 광장으로 끌고 나오는 계기가 된 것이기도 하다.

퀴어운동은 1969년 뉴욕의 스톤월 폭동이 있었고 이를 기념하기 위해 1970년부터 정례적으로 Parade를 벌이는 의식을 통해 확산되었다. 초기 명칭이 the Christopher Street Liberation Day라고 했을 정도로 '처벌로부터의 해방'이 중심이었다가 1980년대에 Gay Pride Parade로 정립이 된다.[102] 퀴어 퍼레이드는 게이 프라이드와는 뉘앙스의 차이가 있다. 동성애자만을 의미하지 않는 모든 변태 성욕자를 포함하는 용어가 퀴어이기 때문이다. 이들은 뉴욕 게이 퍼레이드에 전단지를 뿌리며 이성애자와의 혁명전쟁을 선언한다.[103] 일반인을 적대시하고 폭력이라도 동원해야 한다는 주장 등으로 인해 미국에서는 퀴어라는 단어 자체가 비호감이어서 동성애자들도 기피하는 단어라고 한다. 정치적으로는 극좌진영에 속해 있는 이데올로기 집단이다.[104]

우리나라의 동성애단체들이 '퀴어'라는 용어를 사용한다는 것

---

101 이정훈, 성정치 · 성혁명에 기초한 좌파 정치투쟁의 역사와 사상, 2016, 17면 이하 참조.
102 http://bit.ly/2ERugHe
103 우리에게 퀴어선언문이라는 이름으로 널리 알려진 다음 링크의 내용을 참조해 보기 바란다(http://www.qrd.org/qrd/misc/text/queers.read.this).
104 http://bit.ly/2Bipp2j

자체가 극좌 성향임을 드러내는 것이라 할 수 있다. 세계에서 퀴어가 무슨 대단한 일인 것처럼 퀴어 페스티벌이란 용어를 쓰는 나라는 이마도 한국뿐인 듯싶다. 퀴어 선언문을 읽어보면 퀴어 축제에서 주장하던 명분이 거짓임을 쉽게 알 수 있다. 반동성애 측이나 일반인에게 적지 않은 정신적 충격을 줄 것으로 사료되는 정도이니 말이다.

(2) 커밍아웃(Coming Out)

커밍아웃은 동성애자들이 사회적으로 자신의 성적 정체성을 공개하고 가시화시킴으로써 잠재의식 속에 똬리를 틀고 있는 동성애공포증(homophobia)을 소멸시키고, 비정상이라는 사회적 편견에 적극적으로 맞서는 운동이다. 이는 주로 개인적인 차원에서 수행되는 경우가 많지만 사회적 영향력은 과소평가할 수 없을 것이다.

성소수자들은 외부에서 오는 사회적 냉대와 차별과 싸우면서 동시에 자기의 **성 정체성확립을 위한 내적 싸움을 해야 한다고 주장한다**. 성소수자들이 겪는 사회적 냉대는 취업, **가족구성, 병역, 입양**, 사회적 지위획득 모든 면에 걸쳐 있고, 특히 남성동성애자들은 에이즈에 감염되기 쉽다는 보건 위생적 이유로 사회적 접촉과 정상인들 사이에서의 교류가 제한되는 경향이 팽배해 있다는 것이다. 이러한 차별에 맞서기 위해서는 먼저 자기의 성정체성에 관한 선언이 이루어져야 한다는 것이다. 물론 위 내용은 동성애 운동가의 관점에 입각한 것이다. 이와 반대로 우리나라의 대부분 동성애자들은 자신을 드러내고 싶어 하지 않은 부류가 많다고도 한다. 그래서 퀴어 축제에 반대하는 목소리가 흘러나오기도 하는 것이다.

조용히 자기의 라이프 스타일을 즐기면 되는 것이지 사회운동의 소재가 되는 것을 원치 않기 때문이다.[105]

일반적으로 성 정체성(gender identity)이란 단어는 성전환증, 성전환자에게 초점을 맞춘 용어이다. 그럼에도 성적 지향에 트랜스젠더가 포함된다든가, 성정체성에 동성애자를 포함하여 분류하는 경우는 흔히 볼 수 있는 일이다. 2002년 우리나라 한국성과학연구소의 수도권 남성 2,000명 대상 조사에서 동성애 경험자 1.1% 중에서 0.6%가 자발적으로 중단한 것이 확인되었다. 이것은 동성애자들이 정체성을 반드시 필요로 하는 것은 아님을 보여 주는 방증일 수 있다. 물론 대외활동을 하는 성해방운동가가 되기 위해서라면 자신의 성정체성을 정립하는 것이 필수이겠지만, 보통의 동성애자들에게 그럴 필요가 있는 것인지는 의문이다. 여기에서 커밍아웃이란 자신이 먼저 스스로 성적 소수자임을 타인에게 알리는 행위와 그에 따르는 일련의 과정을 널리 지칭하는 것이다. 이것은 이른바 아우팅(Outing), 즉 자신의 의도와는 달리 타인에 의해 강제로 성적 소수자임이 드러나는 것과 대치되는 것이다.

아우팅은 1900년대 좌파 동성애자들이 우파 동성애자들을 폭로하던 것에서 연유된 것이라고 한다. **부르주아 관료들이 자신의 동성애를 숨기면서 동성애 탄압에 앞장서서 가장 악질적인 정책을 시행하는 피할 수 없는 위치에 놓이는 경우가 있었던 것이다. 이것은 새로운 전술은 아니다. 독일의 초기 동성애 운동에서 이것은 "시체를 밟고 지나가기"로 명명되었다. 그러나 이 전술은 1900년대 초에 정반**

---

105 동성애자도 퀴어축제 반대 http://news.kmib.co.kr/article/view.asp?arcid
=0011520773

대의 불리한 결과를 가져왔다. 전술적으로 이것은 운동의 진전이 느린 데에서 나오는 절망감과 폭로 대상들에 대한 혐오감에서 비롯된 것일 수 있다. 그러나 이 전술은 동성애를 숨기면서 살고 있는 보통 사람들의 노출에 대한 두려움을 증폭시킬 뿐 아니라 가장 저질의 동성애 비방 선전과 동성애에 반대하는 역작용을 초래하는 경향이 있다는 것이 우파 동성애자들의 비판적 시각이다.[106]

반면 아우팅은 호모포비아가 상존하는 사회적 분위기에서 동성애자들로 하여금 언제나 피해자가 될 수 있다는 잠재적 피해자라는 의식에 사로잡히게 하거나 사회주류에서 벗어난 어떤 부차문화(subculture)에 빠져들게 하고 감히 거기에서 고개 들고 나올 수 없도록 위협하는 수단으로 악용될 소지가 많다는 것이다. 즉, 사기 피해자나 폭력피해자가 되었지만 자신의 성적 정체성이 노출될 것을 두려워하여 고소조차 할 수 없고 그 피해를 감수할 수밖에 없는 상황이 비일비재하다는 것이다.

아우팅에 대한 두려움은 아직도 그 사회 안에서 동성애자가 기본적인 자유와 사회적 보장과 보호를 받지 못하고 무방비상태에 노출되어 있을 때 점점 더 확산되는 경향이 있다는 것이다. 직장에서 해고되고, 가족 간의 관계가 깨어지고, 학교와 각종 사회적 단위에서 왕따를 당하거나 폄훼와 낙인을 찍히게 되어 사회의 경계 밖으로 추방되거나 배제되기까지 한다는 것이다. 심지어 귀신이 지폈다고 하여 정신병원에 감금되거나 폭력과 구타와 같은 학대를 당하기도 한다는 것이다.[107]

---

106 http://www.bolshevik.org/hangul/1917/Capitalism%20and%20Homophobia.htm
107 이에 관한 실례들은 양현아, "성적 소수자: 법사회학적 쟁점과 전망", 한인

이에 비해 커밍아웃은 이들이 머무를 안전지대가 없다는 막다른 현실인식에 직면하여 **죽기 아니면 살기식으로** 자신이 동성애자라는 사실을 세상에 **과감하게** 드러내는 행위를 말한다. 인권적 시각에 서 있는 법과 사회운동이 동성애에 대한 기존 사회의 편견을 완전히 버리지 못하였음에도 불구하고 성소수자들을 동정적으로 이해하고 지원하려는 선의를 보이는 경우도 있는데, 그들의 선의는 효과 면에서 제한적일 수밖에 없다는 것이다. 성소수자들을 위한 권리운동이 먼저 이 같은 사회적 편견을 비판적으로 뛰어넘을 수 없는 상황에서 커밍아웃은 특이한 경우이긴 하지만 스스로 차별의 위험성을 감수하고 자신을 사회적 편견의 희생양으로 삼음으로써 다른 성적 소수자들의 위험을 감소시키고 사회적 냉대와 편견으로부터 벗어나게 하려는 의도를 갖고 있는 경우도 있을 수 있다는 것이다.

이런 특이한 케이스는 동성애자들이 최대로 미화한 설명이라 할 수 있겠으나, 홍○○이 커밍아웃한 동기를 설명한 대목(2000.9.28.)과 일맥상통하는 부분이라 할 수 있겠다.

● 굳이 커밍아웃할 필요까지 있었나.
"그동안 고통스러웠다. **나의 커밍아웃은 '성(性) 정체성 확립'과 같은 거창한 얘기가 아니다.** 살면서 '기본적'인 것을 억눌러야 하는 심정을 아는가. 전에는 남의 시선을 의식하느라 길거리에서 남자친구와 손잡고 영화 보러 갈 수도 없고 맘놓고 식사할 수도 없었다. **커밍아웃의 가장 큰 목적은 자유롭고 인간답게 살려는 것이다.**"

섭/양현아 편, 성적소수자의 인권, 2002, 35면 이하 참조.

● 하필이면 왜 방송활동도 순탄하고 CF도 할 정도로 한창 '잘 나가는' 시점을 택했나.

"왜 고민이 없었겠는가. 내가 뭐 잘났다고···. 커밍아웃한 뒤 '예상대로' MBC '뽀뽀뽀' 제작진이 '해고' 통보했고 10월부터 출연예정이던 KBS라디오 시트콤에서도 빠졌다. 막상 커밍아웃 하고 나니 먹고사는 게 가장 걱정이다. 하지만 지금까지 만났던 사람 중 가장 사랑했던 네덜란드인 남자친구와 지난해 '현실적인' 문제로 헤어지고 나서 더 이상 이런 식으로 살 수 없다고 생각했다. 그러다 <u>8월 KBS의 한 오락프로그램 촬영 중 출연자가 '여자친구보다 남자친구가 더 많다면서요'라고 묻기에 '그렇다. 나 동성애 경험 있다'고 말했다. 이 대목은 편집과정에서 잘려 나갔지만 어떤 식으로든 소문이 퍼질 것으로 보고 그때부터 커밍아웃 시점을 고민해 왔다.</u>"

● 개인 문제라지만 주변 사람들의 입장도 생각해봤나.

"커밍아웃은 극히 개인적이고 이기적인 행동일 수 있다."[108]

홍○○이 네덜란드 남친과 헤어진 이유가 네덜란드처럼 터놓고 지낼 수 없는 것에 대한 남친의 답답함 때문이었기 때문에 홍석천에게 자신을 공개하고자 하는 욕구가 생겼다고 볼 수 있다. 이것이 '눈치 보지 않고 자유롭게 살고 싶다'는 답변에 담겨 있을 수 있는 이유로 보인다.

동성애자라는 것은 단순히 친한 사람에게 알리는 경우도 자연스런 양태 중의 하나라고 할 수 있다. 그러나 타인을 위한 이타적인 목적으로 커밍아웃을 하는 경우가 있다고 하더라도 그것이 같은 동성애자들에게 언제나 선의로 받아들여지는 것은 아니다. 서

---

108 http://news.naver.com/main/read.nhn?mode=LSD&mid=sec&sid1=104&oid=020&aid=0000028383

구사회의 유명인 중에서 동성애자인 사람들에게 다른 동성애자들이 커밍아웃을 요구하거나 강요한 경우도 있다고 한다. 하지만 정작 미국에서 2015년 동성결혼이 법제화된 이후에 연예인들 중에서 게이라고 커밍아웃한 사람들이 있었는데, 동성애자들 사이에서는 정작 '유리하니까 커밍아웃 한다'는 냉소적인 반응이 나왔다는 소문도 들린다.

커밍아웃에 의한 소수자들의 성정체성 추구는 사회적 약자에 대한 보호와 다른 논리를 갖는다. 물론 여기에서 말하는 성정체성은 인간의 정체성과 같은 것이 아니다. 인간의 정체성, 즉 신과 자연과 사회와 자아와의 관계 속에서 규정될 인간존재의 독특한 의미는 한 개인의 성정체성으로써 대체하거나 환원할 수 없기 때문이다. 따라서 이때의 성정체성은 사회의 중심축으로부터 만들어지는 것이 아니고 자기 스스로 자신의 특이성향을 운명이나 현실로 받아들임으로써 형성되는 것이다. 이런 자각 위에서 자신들의 존재와 실존을 위한 문화운동의 일환으로 편견과 차별적 시스템에 대항하여 안티운동을 벌여나가는 데 필요한 자기의식화가 바로 커밍아웃인 셈이다.[109]

주목할 대목은 동성애 단체측은 성적 지향이란 성립하지 않는다고 판단하고 있고, 버틀러의 젠더 이론을 받아들인 사람들은 성은 유동적이라는 전제에서 출발해, 개인의 판단에 따라 선택하는 것이라고 생각한다. 따라서 이들은 태어날 때부터 특정 성향으로 고정되어 있다는 성적 지향론을 부정하기도 한다는 사실이다.[110]

---

109 양현아, 전게논문, 36면.
110 과학적으로 동성애가 유전이라는 내용은 부정된 지 상당기간이 지났다.
　　https://blog.naver.com/wpgill/150167466519

어쨌거나 커밍아웃은 인류, 국가, 세계, 사회전체, 계급, 민족 등 통합된 주체의 탈 중심화 내지 지엽적, 파편적인 부분정체성으로 관심방향이 바뀐 탈근대주의 내지 해체주의 사상이나 좌파 이데올로기에 영향을 받은 것이다. 이미 잘 알려진 바와 같이 성소수자를 포함한 근대사회에서 소수자들은 대부분 고착된 문화의 틀 속에서 '배제된 자'로서 이른바 일생을 통해 벗어날 수 없는, 이를테면 '그러그러한 자'로서 낙인찍힌 집단이었다. 그러나 다양성과 유동성으로 특징지을 수 있는 탈근대사회의 소수자는 사회에 의해 타율적으로 낙인찍히는 것을 운명처럼 받아들이는 것이 아니라 오히려 사회통념에 의해 그러그러한 자로 낙인찍히는 것을 거부하고, 그에 맞서서 발상의 전환을 통해 당당히 자신의 정체성을 드러내는 이른바 '자발적 소수자'집단으로 등장하는 것이다. 이들은 굳이 주류사회에 편입되거나 권력의 쟁취에 골몰하는 것을 원하지 않으며 '스스로의 존재감'이라는 가치를 중시하여 소수자로 남는 삶의 선택을 조금도 망설이지 말자는 운동으로 나아간다.[111] 마치 1960년대 미국 민권운동의 시기에 과격했던 흑인민권운동지도자 맬컴 엑스(Malcom X)가 열등의식에 사로잡힌 유색인들에게 "검은 피부가 아름답다"(Black is Beautiful)고 의식화시켰던 것처럼 말이다.

1869년 동성애 처벌법 폐지 활동가였던 독일의 칼 하인리히 울리히가 여론을 바꾸기 위해 소개한 전술이 커밍아웃이라고도 한다.[112] 그는 어릴 때 승마교사에게 성적 추행을 당한 후 동성애자가 되었다고 한다.[113]

---

111 김영화, 현대사회복지이론, 2010, 344면.
112 https://en.wikipedia.org/wiki/Coming_out
113 https://en.wikipedia.org/wiki/Karl_Heinrich_Ulrichs

In 1869, one hundred years before the Stonewall riots, the German homosexual rights advocate Karl Heinrich Ulrichs introduced the idea of self-disclosure as a means of emancipation. Claiming that invisibility was a major obstacle toward changing public opinion, he urged homosexual people to reveal their same-sex attractions.

이 부분의 커밍아웃 동기는 앞의 개인적인 스트레스 해소를 위한 커밍아웃의 동기와는 별개의 것으로 인식될 수 있다. 그 이유를 사회 정치적 운동의 일환으로 설명할 수 있겠다. 즉, 법을 바꾸겠다는 사회 정치적 운동으로 시작된 동기를 갖고 있는 커밍아웃이다. 그래서 굳이 주류사회에 편입되거나 권력의 쟁취에 골몰하는 것을 원하지 않으며 '스스로의 존재감'이라는 가치를 중시하여 소수자로 남는 삶의 선택을 조금도 망설이지 말자는 운동으로 나아가는 것과 달리, 이들 동성애단체는 정치적 영향력을 확보하기 위해 선거 운동에 적극적이며 자신의 숫자를 과장하기도 한다. 동성애자들에 대한 편견을 불식시키기 위해서는 입법과 여론을 우호적으로 돌려놓아야 한다는 착상 아래, 먼저 자신들이 공직사회나 전문직에로의 진출 또는 UN기구의 고위직 진출 같은 기획을 통해 국제사회의 주류로 인정받는 것이 그 투쟁 목표 중의 하나이기도 하다. '자본주의와 동성애 탄압'에서도 동성애자들이 전문직의 자리를 확보하기 위한 투쟁을 치하하는 내용이 나온다. 우리나라에서도 동성애자들이 국립요양병원을 만들고 자신들을 직원으로 채용해 달라는 운동을 전개한 바 있는데, 같은 맥락으로 읽힐 수 있는 대목이다.[114]

---

114 동성애 권리 확보와 에이즈 퇴치를 위한 투쟁 자체가 혁명적인 것은 아니다. 지난 수십 년간 동성애자들이 획득한 성과의 부산물은 부르주아 사회의 품위를 열망하는 동성애자 전문직 계층 특히 에이즈 산업과 관련된 전문

한국에서 동성애자들이 인격적 주체로 승인받고자 하는 이른 바 인정투쟁 차원의 운동은 1990년대 들어서부터였다. 1993년 12월, 국내 최초로 동성애자인권운동단체인 '초동회'(草同會)가 결성되었으나 곧바로 해체에 들어갔고, 1994년에 게이와 레즈비언들이 별도로 '친구사이'(2월)와 '끼리끼리'(11월)를 발족시켰다. 1995년에 연세대와 서울대에서 동성애자 모임이 발족된 후 동년 6월에 4개 단체가 연합하여 '한국동성애자인권운동협의회(동인협)'를 결성하였다.[115] 그 후 2000년대에 들어오면서 동성애자 커뮤니티는 인터넷을 중심으로 활동영역을 넓혀 갔고, 동성애자들이 운영하는 사이트가 급속하게 번져 나갔다. 드디어 우발적 사건이긴 하지만, 2000년 홍ㅇㅇ이 커밍아웃을 함으로써 한국에서 커밍아웃 운동에 사회적 주목을 끌어들였다.

(3) 퀴어 퍼레이드(queer parade) 또는 자긍심 행진(pride parade, pride marches)[116]

자긍심 행진은 '스톤월 항쟁'이라는 성소수자들의 투쟁의 결과물이자, 성소수자에 대한 차별과 억압에 맞선 투쟁의 중요한 그들 나름의 정치적 장 노릇을 한다. 자긍심 행진은 정치적 동기로 시작된 것이고, 축제적 의미가 부가된 것은 1980년대 이후이다.

직들의 지위상승 현상이다. http://www.bolshevik.org/hangul/1917/Capitalism%20and%20Homophobia.htm

115 https://chingusai.net/xe/term/116291

116 http://lgbtpride.tistory.com/1011; 이외에도 게이 퍼레이드(gay parade), 프라이드 이벤트(pride event), 프라이드 페스티벌(pride festival) 등으로 이러한 행진을 부르고 있다.

스톤월 항쟁(Stonewall riot)은 1969년 6월 28일, 미국 뉴욕의 게이 술집이었던 스톤월 인(Stonewall Inn)을 단속하는 경찰에 맞서 성소수자들이 집단적으로 항거한 날이다. 당시 미국의 게이업소들은 마피아가 소유한 곳이 많아 손님들은 부당한 대우를 받아야 했고 경찰의 단속과 이를 빌미로 한 괴롭힘이 빈번했다. 성소수자들이 자신을 드러내며 권리를 주장하기 어려웠기 때문이다. 1969년 6월 28일 새벽, 경찰은 여느 때처럼 스톤월 인을 단속, 손님들을 체포하려 했다. 하지만 이날의 사정은 종전의 상황과 다른 것이었다. 체포를 거부하는 사람들과 스톤월 인 주변의 군중들이 경찰에 항의와 야유를 보내거나 동전을 던지기 시작하면서 소요가 일어났다. 200여 명의 군중은 2,000여 명으로 늘어났고, 이들의 항거는 밤새도록 이어졌다. 물론 경찰에 대한 격렬한 저항도 있었다. 7월 초까지 스톤월 인 주변 크리스토퍼 가에서 산발적인 항쟁이 지속되었고, 거리엔 '게이 파워'라는 슬로건이 등장했다.

스톤월 항쟁은 성소수자 운동의 거대한 전환점이 된다. 사회적으로 받아들여질 만한 성소수자의 모습을 강조하며, 청원이나 로비를 통해 성소수자의 동등한 권리를 요구하던 기존의 호모필 운동(homophile movement)은 스톤월 이후, 더 이상 충분치 않은 것이 되었다. 스톤월을 경험한 새로운 세대의 운동가들은 흑인 민권 운동의 슬로건을 차용한 "게이권력(Gay Power)", "게이는 좋은 것이다(Gay is Good)" 같은 슬로건을 내세우며 성소수자로서의 자긍심을 강조했다. 스톤월 이후 나타난 게이 해방 전선(Gay Liberation Front)과 다양한 조직들은 성소수자 대중의 직접 행동과 연대를 통한 기존 사회 질서와 구조의 근본적 변화를 모색해 나간다. 1960년대 미국, 흑인 민권운동과 여성 해방운동, 반전운동 등 새로운 사회에 대

한 요구가 봇물처럼 터져 나오던 시대적 흐름 속에서 '스톤월 항쟁'
을 통해 성소수자 운동도 새로운 전기를 마련하게 된 것이다.

자긍심 행진도 스톤월 항쟁의 주요한 성과 중 하나다. 스톤월
이전에도 성소수자들의 행진은 있었다. 'Annual Reminders'라는 이
름으로 1965년에서 1969년까지 매해 미국의 독립기념일인 7월 4일
필라델피아의 독립기념관 앞에서 게이와 레즈비언의 동등한 권리
를 요구하는 피케팅이 있었다. 소수의 운동가만으로 구성된 참가
자들은 성소수자들이 사회적으로 받아들여지고, 고용할 만한 사람
들이라는 것을 보여 주기 위해 남성은 재킷과 타이를, 여성은 드레
스를 입고 피케팅에 나섰다. 하지만 스톤월 이후, 이러한 방식의 시
위의 유효성에 대한 의문이 터져 나왔다. 그리고 스톤월 항쟁 이후
열린 호모필 단체 동부 지역 컨퍼런스(Eastern Regional Conference
of Homophile Organizations; ERCHO)에 모인 운동가들은 기존의
'Annual Reminders'의 날짜와 장소를 옮겨 현재의 자긍심 행진의
기원이라고 할 수 있는 '**크리스토퍼 거리 해방의 날**(Christopher Street
Liberation Day)'을 개최하기로 결의한다.

> "Annual Reminder가 보다 의미 있고, 많은 수의 사람들에게 미치며,
> 우리가 참여하는 — 우리의 근본적인 인권에 대한 — 더 광범위한 투
> 쟁의 아이디어와 이상을 아우르기 위해 날짜와 장소를 옮긴다.
> **우리는 1969년 크리스토퍼 거리의 즉흥적 시위를 기념하기 위해 매년 6**
> **월의 마지막 토요일 시위를 개최하고, 이 시위를 "크리스토퍼 거리 해방**
> **의 날"로 명명할 것을 결의한다. 이 시위에 참여하기 위해 어떠한 복장이**
> **나 연령 제한이 있어서는 안 된다.**
> 우리는 또한 우리가 전국의 호모필 단체에 연락하고 그들이 그날 유사
> 한 시위를 개최할 것을 제안할 것을 결의한다. 우리는 이에 대한 전국

적인 지지를 표출할 것을 결의한다."

- 1969년, ERCHO의 결의문

1970년 6월 28일, '게이 해방 행진(Gay Liberation March)' 혹은 '게이
자유 행진(Gay Freedom March)'라는 이름을 단 행사가 뉴욕, 시카고,
샌프란시스코 등 미국의 주요 도시에서 열린다. 이 행사는 곧 미국 전
역으로, 서유럽과 호주 등으로 빠르게 퍼져 나가고, 오늘날 전 세계적
으로 6월경 개최되는 현재의 자긍심 행진의 원형이 된다.[117]

The **gay liberation movement** of the late 1960s through the mid-1980s
urged lesbians and gay men to engage in radical direct action, and to
counter societal shame with gay pride. In the feminist spirit of the
personal being political, **the most basic form of activism was an
emphasis on coming out to family, friends and colleagues,** and living
life as an openly lesbian or gay person.

In this period, **annual political marches** through major cities, usually
held in June (to commemorate the Stonewall uprising) were still
known as "Gay Liberation" marches. It wasn't until later in the
seventies (in urban gay centers) and well into the eighties in
smaller communities, that the marches began to be called *"gay pride
parades."*

While the movement always included all LGBT people, in those
days the unifying term was "gay," and later, "lesbian and gay,"
much as in the late eighties and early nineties, **"queer" was**

---

117 현재 캐나다 밴쿠버와 토론토, 미국 샌프란시스코와 뉴욕, 호주 시드니, 덴
마크 코펜하겐, 영국 런던, 프랑스 파리, 스페인 마드리드, 브라질 리오 데
자네이루, 쿠바 하바나, 대만 타이베이, 중국 창사, 일본 도쿄, 베트남 하노
이, 인도 뉴델리, 멕시코 멕시코시티, 그리고 한국의 서울 대구 등 전 세계
대도시에서 이러한 퍼레이드가 매년 개최되고 있다.

III. 성소수자 권리 이론과 운동의 양상 **139**

reclaimed as a one-word alternative to the ever-lengthening string of initials, especially when used by radical political groups.

https://ipfs.io/ipfs/QmXoypizjW3WknFiJnKLwHCnL72vedxjQkDDP 1mXWo6uco/wiki/Gay_liberation.html

1980년대 들어 운동가, 이론가들 중에 에이즈로 인한 사망과 혁명적 분위기의 진정및 새로운 사회적 위험으로 이한 위험사회론 (theory of risk society)이 부상하면서, 급진적 운동가들의 힘이 약화되었다. 이런 분위기 속에서 행진의 이름은 '게이 해방 행진'에서 '자긍심 행진(Gay Pride Parade; LGBT Pride Parade)'으로 변화한다. 미국 등 서구 사회에서 성소수자에 대한 차별이 줄어들면서, 자긍심 행진에 정치인과 기업들이 참여하기 시작하자 행진이 정치적 의미를 잃고 상업화되었다는 비판을 받기도 한다. 호주 시드니의 마디그라나 미국 주요 도시의 프라이드 퍼레이드는 관광객을 끌어모으는 지역의 주요 행사가 되기도 했다. 주로 동성애자 관광객이 대부분이기는 하지만 말이다. 주민들이나 정치인들은 관광객 증가라면 무턱대고 수용하는 경향이 있지만, 마디그라 축제에서는 거리에서 성관계를 하는 등 서구의 성해방적 축제를 보러 관광객이 모인다고도 한다. 하지만 인간과 동물과의 한계가 무너지는 말세의 징조가 나타는 현장이기도 하다.

(4) 한국에서의 퀴어 퍼레이드

2000년부터 매년 5~6월경 열리는 성소수자들의 문화 축제이다. 2000년 9월 친구사이 등 20여 개의 성소수자 단체 및 커뮤니티, 이○○ 영화감독 등 성소수자 인사가 참가, 연세대학교에서 개최하면서 시작됐다. 이후 서울 홍대와 신촌, 이태원, 종로, 광화문 일대 등에서 진행되며 점차 규모가 커졌고, 2015년과 2016년 축제는 서울광장에서 진행됐다. 민노총, 정의당, 노동당 등이 조직적으로 지원하고 참여한 것은 좌파 이데올로기의 전략연대성 때문으로 보인다. 2009년부터는 대구시에서도 대구 퀴어 문화축제가 열리고 있는데, 서울의 퀴어 문화축제가 열리고 난 뒤에 열리는 형식으로 진행되고 있다.[118]

행사는 크게 퍼레이드, 영화제, 부스행사, 전시회, 토론 등으로 구성된다. 무엇보다 퀴어 문화축제에서 가장 주목받는 것은 퍼레이드인데, 이 퍼레이드는 동성애자, 양성애자, 트랜스젠더 등 사회적으로 차별받는 성적 소수자들이 도심을 부끄러움도 모른 채 행진하는 것이다. 우리나라의 퀴어 퍼레이드는 퀴어 문화축제가 시작된 2000년 대학로에서 처음 열렸으며, 이후 홍대, 이태원 등 그해 사정에 따라 행진 장소를 옮기다가 2003년 제4회 축제부터 종로로 정착됐다.[119]

2016년 6월에 열렸던 제17회 퀴어 문화축제의 슬로건은 "QUEER I AM: 우리 존재 파이팅!"으로 여기에 내가 존재함을 의미하는 'Here I am'에서 'Here'를 'QUEER'로 변형해, 사회 속 성소수자에 대한 차별과 혐오가 계속되고 있지만 '우리는 계속 여기에, 우리 그대로의 모습으로, 퀴어하게 존재한다'는 의미를 담았다.[120]

2016년 제17회 퀴어 문화축제는 6월 9일에서 18일까지 십 일

---

118 퀴어문화축제 [Korea Queer Culture Festival] (시사상식사전, 박문각).
119 퀴어문화축제 [Korea Queer Culture Festival] (시사상식사전, 박문각).
120 http://www.kqcf.org/

에 걸쳐 열렸다. 퍼레이드, 영화제, 부스행사, 전시회 등 다양한 행사들을 진행하였다. 특히 퍼레이드, 영화제 등의 대형행사에 가려져 상대적으로 덜 알려져 있지만 그 전해인 2015년에는 문화축제 기간 중에 "2015 아시아 LGBT 콘퍼런스: 변화와 혐오에의, 이중노출", "법 앞에 선 커플: 동성 파트너십 권리 국제 심포지엄" 등 성소수자의 권리 찾기를 위한 기획을 진행하였다.

　이러한 여러 행사들은 성소수자들의 연대를 위해 마련된 것들이었다. 2016년 서울에서 있었던 퀴어 문화축제에서는 낮에 서울광장에서 출발하는 퍼레이드를 통해 성소수자가 아닌 사람들에게 자신들의 존재를 드러내고, 이들과 함께 즐기는 조화를 위한 문화축제를 마련한 한편, 밤에는 '프라이빗 비치-풀 문 파티(Private Beach-full moon party)'라는 이름의 문화행사를 통해 성소수자들의 연대를 다지는 자리를 별도로 마련하였다. 이들은 내부적인 연대와 결속을 통해 내면의 두려움을 분산시키기를 도모하는 외에 당당함을 드러냄으로써 사회적 혐오감을 희석시키려는 의도를 반영한 것이다. 그런 의도에 동조하는 성공회 같은 교단차원에서 부스를 설치한 경우도 있었고, 문화행사에 참여한 자유주의 신학자들이나 페미니즘 신학자들도 있었다. 동성애자들의 손가락 표현처럼 동성애자들도 혐오(반대)표현의 자유를 행사하고 있다. 동성애자들이 마치 순진한 희생양이라는 이미지를 조작하기 위한 것으로 보인다. 그러나 뜻밖에도 동성애에 친화적이었던 젊은 층들이 퀴어 축제의 사진으로 인해 동성애에 대한 혐오감이 확산되는 현상도 주목할 만하다. 동성애자들조차 퀴어 축제를 왜 하는지 모르겠다고 탄식할 정도이니 말이다.[121] 행사에 참여하며 퀴어 신학을 옹호하던 기장의 임○○ 목사를 8개 교단은 이단으로 규정했다.

행사 초기에는 음지에 있던 성소수자들이 양지로 나와 자신을 드러내고 사회에 그들의 존재를 알리는 데 그 행사의 주요 목적이 있었다고 한다면, 해를 거듭해 갈수록 더욱더 대담해지고 더욱 공세적이고 파괴적인 행태들도 드러날 것으로 예상된다. 동성애자들 내지 동성애옹호론자들은 기존의 지배적인 성모럴, 즉 이성애중심, 성인 중심 그리고 생식 중심의 성을 정상적이고 보편적인 성으로 간주하고, 다른 형태의 성을 변태, 퇴폐적인 것으로 규정하는 관념을 이데올로기로 폄하하고 과거의 성해방, 성혁명과는 다른 현실적인 성정치를 행동화하려는 분명한 목적을 갖고 있다.[122] 그들은 변태와 퇴폐라는 낙인을 걷어 내기 위해 성적 취향이라는 개념을 끌어들여 이미 제도화시켰으며, 전통적인 제도들을 해체시키고 동성애, 동성혼의 합법화단계로 나가기 위한 몸부림을 가일층 고도화하고 있는 것이다.[123]

---

121 http://blog.koreadaily.com/view/myhome.html?fod_style=B&med_usrid =korea3927&cid=1025738&fod_no=59 퀴어 축제에 대한 기사가 나오면 댓글이 주로 비판이다. http://v.media.daum.net/v/20180407163247482

122 2017년 1월 동성애단체(동성애자인권연대의 후신)인 행동하는 성소수자인 권연대의 페이스북에는 동성애 반대운동가들의 사진을 벽에 붙여 놓고 해 머로 내려찍는 퍼포먼스 사진을 버젓이 게재했다. https://m.facebook.co m/story.php?story_fbid=939816909516488&id=202041019960751

123 신국원, 포스트모더니즘, 1999, 113~116면 참조.

5. 좌파 이데올로기와 동성애 이슈

오늘날 인권이란 이름을 차용하여 동성애 합법화의 이슈를 문화적, 정치적, 사회적, 법적 투쟁의 장으로 끌어들여 이를 끌고 나가는 세력들은 좌파지식인들과 그로부터 영향을 받는 좌파 정치세력과 시민운동단체들이다. 잘 알려진 바대로 오늘날 좌파사상은 정통 마르크스주의, 사회주의, 공산주의, 마오쩌둥의 문화혁명 사상 등이 주류를 형성하고 있다. 더는 말할 것도 없이 그 핵심에는 무신론과 유물주의가 자리를 틀고 앉아 있다.[124]

물론 좌파이념은 동성애를 부르주아적 일탈행위로 규정한 바 있었지만, 68혁명을 계기로 기존의 국가체계와 사회체계를 근본적으로 개혁하기 위해서는 기존의 권위와 근대적 위계질서에 대한 이데올로기적 투쟁수단들이 필요했다. 그리하여 가부장제도와 이성애중심의 일부일처제, 결혼과 가족 등의 전통관념을 해체 내지 개조하기 위해서 성별의 개념이나 가족의 개념까지 해체하고 재구성할 필요를 느꼈다. 여기에 동성애 이슈는 기존의 사회적 차별을 극명하게 부각시키고, 의식혁명의 공격대상으로서 아주 매력적인 폭발력을 지닌 주제였던 것이다.

한국의 좌파이념을 지닌 정치세력들이 이른바 '진보 집권플랜'의 일환으로 젊은 유권자들을 흡수하기 위해 일견 매력적으로 보이는 성해방의 문제를 일찍이 이슈화한 서구의 이른바 생명정치와 성정치의 활동을 벤치마킹하여, 동성애 등 LGBT 문제를 소수자 인권

---

124 정치적으로 서구 여러 나라의 사회민주주의정당도 흔히 좌파이념에 속한 것으로 분류하지만, 이 정치이념이 반드시 무신론과 유물주의에서 출발하는 것은 아니라는 점에서 차이를 두어야 할 것이다.

패러다임으로 끌고 간 것이다. 심지어 국내의 모든 좌파정당들이 유럽의 좌파정당이나 미국 민주당의 좌파성향의 정책을 본떠 '성정치위원회'와 '성소수자위원회'를 만들었던 것이다.[125] 마치 유럽의 총선에서 낙태와 동성애 합법화문제가 정당 간 정치노선의 극명한 대조를 이루고, 동성애자 등 소수자들을 이용해 좌파정당들과 좌파 운동권들이 결집하여 정치투쟁을 벌이는 것과 흡사하다.

한국의 대표적인 성정치 동성애 투쟁단체들은 그사이 규모와 운동역량에서 눈에 띄는 진보를 거듭하고 있다. 헌법재판소와 사법부를 통한 이슬비에 옷 젖게 하는 운동방식 또는 달걀로 바위 깨뜨리기 전략을 따라 끈질기고 거듭된 법정공세를 펼쳐, 다수의 중립적이고 무감각한 사회의식의 틈새를 비집고 다니며 위헌결정이나 무죄판결의 형식을 빌어서 성정치 역량을 극대화해 나가고 있다. 지금까지 간통죄의 위헌결정, 혼인빙자간음죄의 위헌결정, 종교적·양심적인 이유로 한 병역 기피자에 대한 대법원의 무죄판결, 부녀낙태죄와 업무상동의낙태죄의 헌법불일치결정 등이 몇 가지 대표적인 예이다.

지금까지 잘 알려진 성정치 투쟁단체들은

공익인권법재단 공감
국제인권소식 '통'
동성애자인권연대
레주파
망할 세상을 횡단하는 LGBTAIQ 완전변태
성적소수 문화환경을 위한 연분홍치마

---

125 이정훈, 전게논문, 55면 이하 참조.

언니네트워크
이화 레즈비언 인권운동모임 변태소녀 하늘을 날다
지구지역행동네트워크
진보신당 성정치위원회
차별 없는 세상을 위한 기독인 연대
구(해산전) 통합진보당 성소수자위원회
한국게이인권운동단체 친구사이
한국레즈비언상담소
한국성소수자문화인권센터
한양대 LGBT 인권위원회
HIV/AIDS 인권연대 나누리+

그 밖에 외곽의 법률적, 사회적 지원세력으로 민변, 민주법연, 민교협, 서울대인권법연구소 외에 좌파의 물을 먹은 언론인들과 언론기관들, 좌파성향의 기독교와 가톨릭 성직자와 재야지식인들이 우후죽순으로 둘러서 있는 실정이다.[126]

---

126 이정훈, 전게논문, 77면 이하 참조.

IV

성소수자 권리에 대한 비판

1. 동양적 시각에서

(1) 논점 열어 보기

성소수자 인권론의 배경은 후기구조주의, 포스트모더니즘과 그 우산 밑에 옹송그리고 모여 앉는 다원주의, 상대주의와 무신론, 유물론, 실존주의, 극단적인 페미니즘과 파리 68혁명 이후의 좌파 이데올로기 등의 연합전선이라는 사실은 위에서 언급한 바와 같다. 개인의 절대 무제약적 성적 자기결정의 자유를 지향하는 LGBTQ의 성정체성 주장은 일면으로 니체나 사르트르(J. P. Sartre) 철학의 도덕적 허무주의나 가치무정부주의로 흘러들어갈 위험이 있고,[1] 타면으로 '도덕을 최소화해야 한다는 주의(moral minimalism)'와 '자유를 위한 관용(liberal toleration)'을 지향하는 개인주의적 가치상대주의자(relativist)나 개인주의적 의사자유주의자(voluntarist)의 주장과 궤를 같이하는 것이다.[2]

이는 또한 "내 소견에 좋을 대로 한다(I do as I please)"는 현대의 신개인주의(new individualism)의 흐름과도 일맥상통하는 점이 있다. 신개인주의는 개인의 자율성을 새로운 가치로 중시하지만, 같은 가치 관념을 가진 다른 사람과 공존해야 할 필요성 때문에 상호제약을 받을 수밖에 없는 상황에서, 그 제약의 준거점은 기존의

---

1 에밀 브루너, 정의와 자유, 전택부 역, 1974, 17면 이하; 베르너 마이호퍼, 인간질서의 의미에 관하여, 윤재왕 역, 2003, 27면 이하; D. Lyons, Ethics and the Rule of Law, 1984, pp.11-15.

2 D. Lyons, supra n. 1, pp.25-29; M. P. Baumgartner, The Moral Order of a Suburb, 1988, p.129; M. J. Sandel, Moral Argument and Liberal Toleration, in: G. Dworkin(ed.), Morality, Harm and Law, 1994, p.110.

선량한 풍속, 기타 사회질서, 제도화된 법과 도덕이 아니라, 바로 공존하는 개인 상호간의 협상일 뿐이라는 것이다.[3] 이것도 실은 포스트모던적 사고유형임은 두말할 것도 없다.

이 같은 자유주의적 개인주의 내지 신개인주의는 역사나 사회로부터 독립해서 존재하는 고립된 주체, 즉 "연고자 없는 개인"에게서 출발하며, 한 사회의 존립에 필수적인 도덕적 자산은 자주 바뀔 수 없다는 사실을 간과하고 있다.[4] 이런 자유주의적 관점은 인간이 평등하게 누리고 있는 신적 이성이 인간의 자유의 원리가 된다고 한 스토아철학의 사상에까지 소급한다. 즉, 인간은 개인일 뿐이며, 개인으로서 인간은 각자 자기가 가지고 있는 이성에 따라 행동할 뿐, 가정, 민족 및 국가 따위로부터 독립된 존재라는 관념이다. 뿐만 아니라 인간은 각자 의지의 자유를 가지고 있으며, 그에 따라 자기가 원하는 것과 원치 않는 것을 선택할 자유가 있다는 것이다. 이러한 스토아의 자유선택사상이 존 로크(John Locke), 장자크 루소(J. J. Rousseau) 등의 계몽자유사상을 거쳐, 현대의 무신론적 실존주의와 포스트모더니즘에서 그 실체를 고스란히 드러내고 있는 것이다.

이 같은 사상에 영향받은 계몽기의 인문주의자, 합리주의자, 개인주의자, 자유주의자들은 사회계약의 가설을 끌어들여 국가도 사회계약에 의한 개인의 집합체로, 가정도 역시 사회계약의 산물로, 결혼도 사회계약의 일환으로 보았다. 결혼이 모든 공동체의 문

---

3 J. Eekelaar/M. Maclean, "Marriage and the Moral Bases of Personal Relationships" in: S. B. Boyd/H. Rhoades(ed.), Law and Families, 2006, p.107.

4 W. Böckenförde, Recht, Staat, Freiheit, 1991, 92면 이하 참조.

화적 전통이나 법질서, 관습으로부터 벗어나 단지 개인 간의 의사 합치에 의한 계약에 불과하다고 보면, 이성 간의 결혼 외에 동성 간의 결혼 등이 개인들의 의사 합치에 따라 자유롭게 성립될 수 있음은 물론, 개인이 마음먹은 대로 언제든지 해지할 수 있는 자유도 주어져 있다는 데 이를 것은 불을 보듯 빤하다.[5] 이것은 실로 현실적이고도 구체적인 인간의 삶의 모습이 아니라 매우 비현실적이고 가설적인 삶의 추론에 불과하다.

이러한 무신론적 자유주의적 개인주의 가치 관념은 그 반대편에 서 있는 신과의 언약에 개인과 사회, 국가공동체 및 역사의 존재근거를 두는 종교적 세계관이나 개인 보다 사회공동체에 더 많은 존재의미를 부여하는 공동체주의자(communitarianist)들로부터 오는 비판에서 자유롭지 못하다는 점이다.[6] 뿐만 아니라 또한 오늘날의 헌법질서가 저초하고 있는 인격주의(Personalismus)와 연대주의(Solidarismus) 이념과도 합치하기 어려워 보인다.[7]

인간은 본원적으로 개인적인 존재인 동시에 사회적 존재이다. 개인은 사회를 필요로 하고 동시에 사회는 개인을 필요로 한다. 개인은 사회에 의존하며, 사회는 개인에 의존한다. 양자의 상호의존, 상호보완, 상호발전의 관계는 인간존재의 존재론적 구조어서 인간은 결혼, 가정 및 사회, 국가, 종교와의 관련성을 벗어나 고립된 개인으로 실존할 수 없다. 물론 세속화한 현실에서는 전통과 문화에

---

5 김일수, 「간통죄 존폐논의에 비추어 본 헌재의 형법질서관」, 전게서, 293면.
6 G. Dworkin, Liberal Commmunity, 36면; 이승환, 유가사상의 사회철학적 재조명, 1998, 251면 참조.
7 인격주의와 연대주의의 의미에 관하여는 Il-Su Kim, Die Bedeutung der Menschenwürde im Strafrecht, Disser. München, 1983, 183-192면 참조.

서 벗어난 일탈행위들이 일어나고 있음을 부인할 수 없다. 그러나 사랑과 양성의 결합 위에 이루어지는 결혼과 가정을 단위로 한 사회제도는 지역과 역사에 관계없이 보편적인 인간의 본성에 뿌리를 둔 것으로서 모든 시대, 모든 문화권, 모든 사회가 승인하고 계승하는 기본적 윤리에 속한다. 그러므로 주변의 부차적인 측면에서의 변화는 있어도 본질적인 의미내용에서는 어느 정도의 지속성을 유지한다는 점을 부인할 수 없을 것이다. 이 같은 원리의 실상을 우리는 조선시대의 정신적 전통이자 뿌리인 유교적 시각에서도 찾아볼 수 있다.

(2) 유교문화의 세계관

조선시대의 유교는 성리학에 근거한 통체(統體)-부분자(部分子)적 세계관에 바탕을 두었다. 또한 이에 따른 가치체계는 가(家) 중심의 가치체계였다. 이것을 구현한 사회조직은 본가(本家), 업가(業家), 국가(國家)와 같은 가의 조직이었다.[8]

먼저 통체와 부분자의 세계관은 우주만물을 전체와 개체의 발생론적 인과관계로 설명한다. 우주에는 만물의 근원이 되는 통체가 있고, 이 통체로부터 천지만물의 모든 개체들이 생기(生起)한다. 따라서 세계의 역사도 전체인 통체로부터 개체인 부분자들이 끊임없이 생성하고 전개하는 과정이라는 것이다. 이것을 이론적으로 체계화해 놓은 것이 태극(太極)-음양(陰陽)-오행(五行)의 논리체계이다.

---

8 최봉영, 한국문화의 성격, 1997, 84면.

통체-부분자적 세계에서 사물을 분화·발생시키는 최초의 원인은 무극(無極)이라고도 하는 태극에 있다. 이 태극은 최초의 통체로서 그 속에 시원(始原)이 되는 이(理)와 기(氣)를 포함한다. 시원의 이는 이치로서 운동의 원리를 말하고, 시원의 기는 음양으로서 운동의 재질을 말한다. 그리고 이·기 양자가 결합하여 최초의 운동이 발생한다. 즉 태극 속에 있는 시원의 기가 시원의 이에 이끌려 운동을 시작하면 먼저 양이 분화해 나오고, 그것이 일정 한도에 이르면 또 음이 분화해 나온다. 태극에서 분화된 최초의 음과 양이 분화과정을 거쳐 성숙에 이르면 양이 변화하고 음이 결합하는 '양변음합(陽變陰合)의 원리에 따라 결합하여, 수(水), 화(火), 목(木), 금(金), 토(土)로 구성된 최초의 오행이 발생한다.[9]

태극에서 생성되어 나온 음과 양은 부분자인 동시에 각기 하나의 독립된 태극으로서 기능하게 된다. 독립된 태극이면서 부분자인 음과 양 속에서 이루어지는 내적 분화를 성숙이라 하고, 성숙은 양성과 음성의 기능을 더욱 깊게 분화시켜 남자의 성인 건도(乾道)와 여자의 성인 곤도(坤道)를 구비한다. 이 성숙의 과정을 거치면서 부분자들은 남성과 여성의 이성(異性)적 결합을 통해 새로운 발생의 과정, 즉 생생지도(生生之道)를 반복하게 된다.[10]

통체에서 부분자의 분화와 발생으로 진행되는 부분자의 생성은 계속적인 전개의 과정으로 나타나지만, 이러한 생성과 전개의 과정 속에서 종종 음양의 조화가 깨져 무질서가 발생한다. 그 원인은 크게 두 가지이다. 첫째, 부분자의 능력 자체에 문제가 있어 부

---

9 최봉영, 전게서, 86면.
10 최봉영, 전게서, 87면.

분자로서 제구실을 할 수 없을 때 생기는 무질서다. 개체 속에서 음양의 조화가 무너지면 심신에 장애가 생겨 부분자의 직분을 습득하고 수행하는 데 중대한 결함이 생길 수 있고, 그 결함의 정도가 심각하여 직분 수행이 불가능해지면 무질서의 원인이 된다. 둘째, 부분자와 부분자의 관계에 문제가 생겨 전체에 해당하는 통체가 제 기능을 발휘할 수 없을 때 생기는 무질서다. 부분자들 사이에 음양의 조화가 깨져 부분자들이 자기분수를 벗어난 행위를 할 때 통체적 질서가 파괴된다. 이 두 종류의 무질서 중 사회적으로 심각한 문제를 야기하는 것은 바로 후자이다.[11]

(3) 유교적 삶에서 가(家)의 원리

통체-부분자적 세계관에 근거한 유교적 삶에서 가치체계의 핵심은 삼강오륜과 같은 윤리체계이며, 그것을 실천하고 실현하는 기본적인 틀이 가(家)라는 사회조직이다. 가 중에서도 그 원형은 본가(本家)에 있다. 유가적 삶에서 본가는 단순한 가정이나 가문만을 의미하는 것이 아니다. 본가는 구성원으로서 가장과 가족, 생업으로서 가업과 가산, 행위규범으로 가례, 종교적인 의미의 가통(家統)과 가묘, 역사로서 가보와 가승을 포괄하는 하나의 전체적이고 완결된 구조를 가지고 있다.[12]

유가적 삶에서 가는 개인에 우선하고 시간도 초월하는 독자적인 조직으로 존재한다. 개인은 가(家) 안에서 출생하여 가 안에서

---

11 최봉영, 전게서, 90면; 동성애자들이 내세우는 인권은 바로 사회적으로 심각한 이 무질서의 원인임을 호도하는 것이다.
12 최봉영, 전게서, 92면 이하 참조.

살다가 가 안에서 죽는다. 가는 가족에 의해 구성되는 것이 아니라 가족 이전에 존재한다. 가족은 가라는 조직에 속한 소속원인 셈이다. 가족이 가의 구성원이 아니기 때문에 가족에게는 가를 구성하거나 파괴할 권한이 없다. 이것이 서구의 개인중심 또는 가족중심의 사고와 다른 점이다.

가라는 조직체의 목표는 거기에 속해 있는 사람의 생명과 성품을 실현하는 데 있는 것이다. 사람의 생명은 지고의 가치를 지니고 있고, 사람의 성품은 사랑의 이치인 인(仁)을 실천할 수 있는 가장 고귀한 속성을 지니기 때문이다. 천지의 만물 중 사람이 가장 귀한 이유가 여기에 있다. 인의 실천에서 구심점이 되는 것이 가이다. 인을 실천하자면 부모와 형제, 부부와 자녀 같은 가족이 있어야 하기 때문이다. 이런 의미에서 가는 가족인 부모와 형제, 부부, 자녀가 인을 실현함으로써 생명을 싹트게 하고, 자라나게 하고 꽃 피우고 또 새로운 열매를 맺게 하는 의미 깊은 생명보전의 조직체인 것이다.[13]

가를 조직하고 있는 기본단위는 부부이다. "지아비가 있고 지어미가 있은 뒤에 가가 된다"(有夫有婦然後爲家)는 말이 이것을 뜻한다. 또한 "지아비가 지아비답고 지어미가 지어미다워야 가정의 도(道)가 바르게 선다"(夫夫婦婦而家道正)는 말도 가의 성립에 부부의 중요성을 강조한 말이다.[14]

가의 조직은 더 나아가 '우리'라는 공동체의 원형을 형성한다. 본가는 우리 집이다. 가친은 우리 아버지며 가형은 우리 형으로 널

---

13 최봉영, 전게서, 93면.
14 최봉영, 전게서, 96면.

리 불리는 이유가 여기에 있다. 가와 우리의 동일시는 여기에서 끝나지 않고 우리 동네, 우리 회사, 우리 학교, 우리나라, 우리 하나님 등으로 확대된다. '나'라는 개체는 '가'라고 하는 '우리'의 부분자로 존재하는 셈이다. '우리'에 기초한 공동체의식은 소속원들에게 '가'에 대한 정체성과 가풍에 대한 품위, 명예를 심어 주는 동시에 가를 중심으로 소속감과 단결된 힘을 갖도록 한다.[15]

가묘와 제사로 상징되는 가의 종교적 기능은 가가 종교적 구심체로서 가속(家屬)들에게 삶의 뿌리, 근원적인 의미를 제공하는 장소와 의식이었음을 말해 준다. 가의 종교적 기능은 점점 강화되어 가가 단순히 눈에 보이는 유형적인 실체가 아니라 영속성이 있는 정신적, 혼을 지닌 공동체로 자리 잡게 되었다. 가의 중심에는 집단적 생명을 상징하고 대표하는 가통(家統)이 있으며, 이 가통을 매개로 하여 가는 개인과 세대를 초월하는 영속적 의미를 갖게 되는 것이다. 개인이나 세대는 단지 이러한 가통 속에서 태어나 주어진 역할을 수행하다 죽어 가는 하나의 고리에 지나지 않는다.[16]

가의 목표를 실현하는 과정 속에서 생겨나는 일들을 가사(家事)라고 총칭한다. 가사에는 가족의 화합을 기하는 일, 자녀를 양육하고 교육하는 일, 가업을 유지하고 가산을 관리하는 일 가정의 의례를 봉행하는 일이 포함된다.[17]

이러한 가의 원리에서 보면 가도(家道)와 가훈과 가법(家法)이나 가규(家規)들은 가정의 보전과 번영과 질서를 유지하기 위해 이름다운 가풍을 만들고, 윗사람은 아랫사람을 사랑하고(愛), 아랫사

---

15 최봉영, 전게서, 98면.
16 최봉영, 전게서, 100면.
17 최봉영, 전게서, 101면.

람은 윗사람을 공경하며(敬), 애경을 통해 화목을 이루고 단합된 힘을 모았다. 더 나아가 자녀의 출산에 관심과 정성을 쏟고 자녀의 훈육과 교육에 집중했다.[18]

(4) 성소수자 권리에 대한 반론

1) 유가적 대응사상

유교적 세계관에 입각한 사회질서와 가의 질서는 개인주의와 자유주의에 경도된 서구의 가치질서에서 보면 공동체주의와 남성 위주의 가부장제적 권위주의의 색채가 짙다고 말할 수 있다. 물론 전통적인 가부장제도는 대가족단위의 가풍 속에서는 아직도 일정 부분 작용하고 있지만, 핵가족으로 변모한 현대적 가의 모습에서는 대부분 탈색이 되어 있는 게 현실이다. 하지만 동양사상 속에 뿌리를 내린 통체-부분자적 세계관과 그에 따른 음양상대(陰陽相對) 내지 화어음양(和於陰陽)의 원리와 가(家)의 원리는 물론 현대적 상황에 조응하는 정제와 성찰을 거친다면, **오늘날 우리 사회도 직면하고 있는 위험사회와 불안사회의 탈근대적 징후 속에서 파편화된 개인 군상들이 겪고 있는 정처 없이 떠도는 정신적 공허를 보완할 수 있는 대응사상으로서의 가치를 충분히 갖고 있다고 나는 생각한다.**[19]

유가전통에서 권리에 기반을 둔 윤리사상이 서구의 개인주의와 자유주의에서와 같이 크게 발달하지 못한 것은 사실이다. 하지만 무엇을 위한 권리이며, 또 누구를 위한 권리인가를 성찰하기 시작한

---

18 최봉영, 전게서, 102면.
19 이미 진행된 같은 시도에 대하여는 함재봉, 탈근대와 유교, 1998, 258면 이하; 이승환, 전게서, 203면 이하 참조.

다면 서구의 극단적 권리사상이 갖고 있는 가치전도(價値顚倒)의 위험을 어느 정도 교정할 수 있는 의미를 발견할 수 있을 것이다. 서구의 개인주의와 자유주의는 각 사람, 즉 개체(Individuum)의 자율과 자유, 전통과 권위에 대한 부정 및 자기입법과 자기결정, 자기 몫 내지 사익추구의 정당화를 내세워 전통적인 규범에 속한 도덕, 관습, 공서양속(公序良俗), 종교, 사회상규(社會常規)와 같은 공동체적 가치를 폄하하고 각종 자유와 권리라는 이름 아래 간섭으로부터 자유로운 영역확장을 추구해 왔다. 이처럼 단자화(單子化)된 개인의 간섭받지 않은 영역의 확장요구는 공동선의 추구나 사회적 책임, 경제적·사회적 연대감, 인간됨(Humanity), 윤리적 자기발전과 자기완성과 같은 가치의 실현에 대해서는 관심이 약할 수밖에 없다.[20]

극단으로 치우칠 위험성을 내포하고 있는 서양의 개인주의와 자유주의에 대응하는 동양의 유가사상은 다음의 요약에서 극명한 대비를 읽을 수 있을 것이다[21]:

① 상호불간섭을 통해 자율적 선택의 공간을 확보하려는 자유주의와는 달리, 유학에서는 이기심의 극복을 통하여 자기가 속한 공동체의 도덕규범으로의 적극적인 일치와 동화를 중요시한다. 따라서 유학에서는 부정적(혹은 소극적) 자유보다는 적극적(혹은 긍정적) 자유가 중시되었고, 권리나 몫에 대한 주장보다는 보살핌과 화해를 중시하는 공동체주의적(communitarian) 윤리관이 형성되었다.

② 자유주의에서 강조하는 인간의 존엄성은 자율적·독립적 개체로서의 인간의 이성적 능력에 기반을 두고 있으며, 이러한 인

---

20 이승환, 전게서, 252면 참조.
21 이승환, 전게서, 250면 이하에서 인용.

간관은 인간을 관계중심적 · 상호의존적 · 상호호혜적(mutually ben-efitting)으로 파악하는 유학의 인간관과 그 입장을 달리한다. 또한 이기심의 극복을 통해 인간이 보다 완전해질 수 있다고 보는 유학의 인간관은 윤리규범에 있어서도 사익추구의 정당화보다는 자기성찰과 자기절제를 중요시하였다. 따라서 개인의 도덕적 완성과 공동체 구성원들의 유기체적 공존을 위해서, 권리주장보다는 덕의 함양이 필수적인 것으로 간주되었다.

③ 유학에서 추구하는 화해의 이상은 자연히 자기 몫 주장보다는 양보와 겸양을 중시하는 덕 중심의 윤리관을 이끌어 냈다.

2) 유교적 정치사상의 대안가능성

유교의 가르침을 정치사상이라는 또 다른 측면에서 서구의 근대주의와 대비시켜, 서구 근대사상의 해체와 포스트모던 사상의 풍미로 어지러워진 후기현대의 정신적 위기를 탈출해 보려는 다음과 같은 시도도 같은 맥락에서 주목할 필요가 있다:[22]

① 존재론적으로 유교는 '절대 개인'을 상정하지 않을뿐더러 그러한 개인을 상상할 수 있는 담론이 부재하다. '인간'은 철저하게 간주관적인 존재이며 타자와의 관계 속에서 비로소 그 존재가 가능하며 확인된다. 한국 전통 유교사상의 핵심인 '삼강오륜'은 이러한 '간주관성의 존재론'(ontology of intersubjectivity)의 극명한 표현이다. 그리고 인간의 간주관성의 가장 원초적인 장은 '가족'이다. 심강오륜(三綱五倫)도 '절대 개인'을 거부하는 '인간중심사상'의 발로이다.

② 가족중심주의는 유교의 인간중심주의 사상의 제도적 구현

---

22 함재봉, 전게서, 258면 이하에서 인용.

이다. 가족이란 제도는 서구의 사상에서 근본적인 사회 단위로 받아들여지지 않고 있으며, 특히 정치사상을 논하는 데에는 전혀 고려되지 않고 있는 단위이다. 이는 인간을 '절대개인'으로 간주하고자 한 데카르트의 존재론(cogito ergo sum) 이후로 전개된 근대사상의 당연한 결과이기도 하다.

③ 사회계급과 정치정당은 교회와 가족의 울타리를 벗어난 근대의 절대개인들이 정치행위를 하는 장으로서 고안된 것들이다. 즉, 고대와 중세사회에서는 '교회'와 '가족'이 정치사회의 가장 핵심적인 공동체단위였다면, 절대개인들에게는 교회나 가족과 같이 '도덕'과 '위계질서'로 엮어진 공동체 대신 계급과 정당, 사회적 지위와 역할이 중요한 의미를 지니게 되고, 개인의 권리를 보장해 주는 법제도와 정형화된 절차가 필요하게 되었다. 그러나 이러한 근대의 존재론과 당위론을 바탕으로 한 제도들은 결코 '보편적'인 것이 될 수 없으며, 그러한 제도를 결여하고 있는 사회를 미개한 사회라 규정해서는 안 된다.

서구에서 사회주의자들의 공동체(코뮌. 공산주의)의 실패와 공동체의 중심이었던 교회의 해체를 통해 개인주의의 부작용이 극명해지자 새로운 공동체론이 주장되고 있다. 성미산 보육공동체도 그런 유(類)의 실험이다. 우리의 전통 문화가 그러한 단점을 예방하고 방어하는 기제를 이미 내포하고 있다는 점은 마음에 새겨 둘 점이다. 서구사상이 반드시 우월한 것이 아니며, 그에 대한 맹목적 추종이 반드시 좋은 것도 아니라는 점과 함께 말이다.

그러나 인간학적 관점에서 볼 때 개인과 공동체는 결코 인간상에서 분리되거나 고립된 요소가 아니라 근원적으로 부즉불리(不即不離)의 상관관계에 놓인 것이다. 그것은 권리와 의무 내지 권리와 덕, 또는 사익과 공익 내지 사익과 공동선의 관계에서도 마찬가지라고 생각한다. 권리와 의무의 본래적인 상보구조(相補構造)에 착안하여 동양사상에서는 이를 한마디로 직분(職分)이라는 말로 표현하기도 한다. 또한 사익과 공익의 본래적인 상합을 직시하여 자리이타(自利利他)라 표현하기도 하는 것이다.

아무리 한 개인의 가치가 중요하다고 해서 사회로부터의 간섭을 일체 배제한다면, 그의 인간화작업은 실패하고 말 것이다. 그것은 본래 존엄한 인간을 야비한 인간으로 전락시키는 것과 다름없다. 한 개인의 자유의 중요성을 아무리 강조한다 해도 그의 내면이 이기심과 탐욕에 포로가 되어 있으면 그는 자유로운 인격주체가 아니라 일차적 욕망의 노예 외에 다름 아닐 것이다. 진정한 의미에서 존엄하고 자유로운 인간이란 외부로부터의 억압, 착취에서 해방되어 있어야 할 뿐만 아니라 내면에 도사리고 있는 파괴본능, 충동본능으로부터 벗어나 자기의 의사와 행위를 자율적, 윤리적, 이성적으로 결정할 수 있는 단계에 이르러 있어야 하는 것이다. 그러므로 참된 의미에서 인간해방이란 외적인 억압과 착취로부터의 해방과 더불어 자기내부의 절제되지 않은 충동, 욕망이나 속박에서 벗어나는 '도덕적 해방'까지 포함하는 것으로 보아야 할 것이다.[23]

특정 권리를 인권(인간의 기본적 권리, 보편적 권리)화 하는 것은 인간성을 보호하기 위해 필요불가결하다는 것은 오늘날 서구문화권에서건 비서구문화권에서건 별 이론(異論)의 여지가 없어 보인다. 그러나 사익, 권익, 인권의 구분이 암시하듯, 모든 권리 주장이 본질적 권리(인권)로 인정받지 못하는 것이 또한 현실이라는 점을

---

23 이승환, 전게서, 253면 참조.

유념할 필요가 있다. 인간의 사고와 삶의 양상은 역사 속에서 변하며, 그에 따라 제도도 변화할 수 있다. 이런 관점에서 어떤 권리는 인권 목록에 포함되기도 하고, 또 어떤 권리는 거기에서 빠지기도 하는 것이다. 이 한에서 인권의 내용도 가변적이라 할 수 있다. 그러므로 인권이 되기까지의 전제조건으로서 도덕성에 대해 논하는 것이므로 '특정 권리를 인권화하는 데'에도 도덕적 관점을 고려할 필요가 있다.

그런데 인간성 자체가 인간특유의 도덕적 본성인 만큼 인권도 이 한에서 도덕적 권리·의무로서의 성격에서 벗어날 수 없을 것이다. 물론 인권의 실현을 위해서는 도덕 차원 외에 정치적·사회적 차원 내지 법적 차원에까지 그 영향력이 확대되어야 한다. 그러나 후자의 차원에서의 제도화는 정치 및 법적 제도들이 인간과 인간의 삶을 위해 존재할 때에만 그 존재의미를 획득할 수 있듯이 인권의 정당성도 인간과 인간의 삶의 도덕적 중요성, 즉 윤리적인 자기발전과 자기보전에 지향할 때에만 상정 가능한 것이다. 맹목적인 제도나 권리 그 자체는 무의미한 것이다. 따라서 인권은 이론적 차원에서나 정치적·법적 제도차원에서 인간의 인간성을 위한 이와 같은 도덕적 특성을 지향할 때에만 당위성과 구속력을 획득할 수 있는 것이다.[24] 인권의 정치가 해방의 정치로서 기능하기 위해서는 자신의 생물학적 특질에 속박되어 있는 동물화된 인간의 권리가 아니라 오히려 인간의 탈동물화, 즉 인간의 인간화를 위한 권리로 작동해야 한다는 점을 간과해서는 안 될 것이다.[25]

---

24 이봉철, 현대인권사상, 2001, 43면; Alan Gewith, Human Rights, 1982, p.9.
25 정정훈, 인권과 인권들, 2014, 154면 참조.

3) 동성애권리주장의 허구성

이런 맥락에서 볼 때 성소수자의 권리 내지 동성애의 자유와 권리는 도덕적 가치허무주의와 절대적인 자유의 완전 무제약 상태에서만 가능한 것이다. 상호주관적인 도덕의 세계에서는 타자의 도덕관념과 가치관의 존재와 존중을 전제해야 하므로 동성애의 자유와 권리는 같은 성적 취향을 지닌 소수자들 밖에 있는 다수인들을 타자화(외인취급)하고 그 타자의 부재를 통해서만 실현가능한 것이 될 것이다.[26] 개인의 무제한한 절대 자유에의 욕구를 충족시키려면 타자의 부재상태를 전제하지 않을 수 없다. 현존하는 타자의 의지와 욕망과의 극한적인 대립이나 충돌을 피하려면, 타자의 실존과 그의 자유를 부인하고 이를 전적으로 무효화하거나 아니면 타자와 공존 가능한 조건을 찾아 자신의 의지와 욕망의 자유를 일정한 한도 내에서 양보하는 방법, 두 가지 가능성밖에 없다. 이 두 가지 가능성 중 이성적인 사람에게 목적합리적이고 가치합리적인 선택은 인간성의 지속가능한 발전이 가능한 후자, 즉 타인과 더불어 평화롭게 살아가는 삶임은 두말할 것도 없다.

그런 점에서 동성애를 포함한 성소수자의 권리는 인권적격성 및 보편성을 결여한 것으로서 참된 의미의 권리나 인권이라 부르는 데 문제가 있다는 비판이 가능하다. 발리바르가 언급했던 것처럼 인권은 해방의 정치가 추구하는 자유와 평등의 보편화 과정과 관련된 것이라면 LGBTQ의 극단적이고 편향된 성적 지향에 경도된 자유는 실은 권리와 인권의 심포지엄(향연)에 들어올 만한 적격성이 없다는 것이다. 동물의 세계에서도 극히 희귀하게 눈에 띄는

---

26 정정훈, 전게서,

동성교접보다 인간의 동성애는 더 저급한 수준으로 부패한 성적 욕구요 취향이라고 말할 수 있다.

인간은 성욕을 절제할 수 있을 만큼 이성적인 존재라 할 수 있으며, 인간의 성은 이성에 의한 절제 속에서만 순전히 본능에만 이끌린 동물의 그것과 구별되는 신성성을 획득할 수 있기 때문이다. 단순한 동성애의 자유를 자유와 인권이라는 이름으로 보호해야 한다는 것은 자유와 인권 자체를 몰가치적이고 맹목적인 도구로 전락시키는 것이다. 거기에는 인간성을 모욕하는 역겨움이 묻어 있고, 상상만으로도 구토를 자아내기에 충분하다. 그것은 인간을 속물화하는 것일 뿐만 아니라 인간성을 야만상태로 끌어내리는 것이나 다름없다.

동성애의 권리 주장은 신도 기본윤리도 없는 적나라한 삶의 터전을 전제하거나 존엄한 인간의 도덕적 주체성을 거부하는 비현실적인 삶터를 상정하지 않는다면 성립 불가능한 것이다. 인간이란 마르틴 부버가 말했듯이 "사람 사이에 있는 존재"이며, 사람 사이란 '나와 너 사이'뿐만 아니라 우리의 생각으로는 '남자와 여자 사이'를 의미하는 것이다. 이 '사이'를 함부로 뭉개 버리거나 거역하거나 파괴하는 인간은 인간의 본성을 벗어나 비정상적인 삶으로 전락하고 말 것이다. 남자는 남자로서 여자와 함께할 때, 그리고 여자는 여자로서 남자와 함께할 때, 참된 의미의 인간이 된다는 점은 신의 계명을 포함한 인류의 문화가 유구한 세월을 두고 인류에게 거듭 밝히고 일깨워 주고 보존해 온 인간됨의 기준이기 때문이다.[27]

---

27 Karl Barth, Kirchliche Dogmatik III/4, S.184f.

2. 아시아적 가치의 시각에서

(1) 보편적 인권론에 대한 대응사상

인권논쟁에서 이른바 아시아적 가치(Asian Values)는 인권의 문화보편주의적 공세에 맞서서 그것이 서구적이라는 낙인을 찍으면서 상대적으로 저급한 자국의 인권수준을 정당화하려고 했던 싱가포르의 리콴유 전 수상, 말레이시아의 마하티르 전 수상의 견해로 우리에게 알려진 것이다.

특히 리콴유는 인권의 보편성 주장에 대해 그것은 서구중심의 문화제국주의라고 맞서서 아시아적 문화전통 속에는 아시아적 가치가 지배하고 있으며, 따라서 아시아 국가들에게 있어서 인권은 이 아시아적 가치의 맥락 속에서 그 특수성을 읽을 수 있어야 한다고 주장했다. 리의 통치 아래 싱가포르 정부가 정치적 반대자들과 정부를 비판하는 언론을 억압하고 외국 언론매체들에 대해 엄격한 규제를 가한 것이 인권침해라는 비판에 직면했을 때 그는 그러한 비판이 아시아적 가치에 대한 무지에서 비롯된 것이라 일축했다.

그는 아시아적 가치를 '사회를 개인보다 상위에 두고', '유교전통을 권위에 대한 복종을 강조하는 질서'로 이해하면서 이를 적극 옹호했을 뿐 아니라 비판자들의 비판의 예봉을 꺾는 이론적 도구로 활용했다.[28] 주지하는 바와 같이 유교의 가르침에 바탕을 둔 아시아적 가치란 충효(忠孝)라는 두 기둥을 의미한다. 즉, 개인의 삶

---

28 F. Zakaria, Culture is Destiny: A conversation with Lee KuanYew, in: R. Falk/H. Elver/L. Hajjar(ed.), Human Rights, Vol.1, 2008. p.370.

에서 정치적인 자유나 민주정치에의 참여 같은 가치보다 家에 대하여 효를 통한 충성심과 국가에 대하여 복종심을 통한 충성을 말하는 것이다.[29]

더 나아가 문화상대주의의 관점에 서서 문화상대주의란 특정한 도덕적 기준을 승인하는 문화에 속한 사람들에게만 그 도덕적 기준이 적용된다는 주장을 폈다. 따라서 인권규범도 문화상대주의의 관점에서 보면 인권을 승인하는 전통이 있는 문화를 가진 사람에게만 적용될 수 있다는 것이다.[30]

1980년대 후반과 1990년대 전반에 걸쳐 중국인들도 서방국가와 UN의 중국 인권상황에 대한 비판을 문화상대주의와 대국의 특수성을 내세워 방어하려 했던 게 사실이다. 1984년 호메이니의 주도 아래 이란이슬람공화국이 수립되면서 이란도 이슬람교에 배치되는 모든 국제원칙을 정당한 것으로 인정하지 않겠다고 선언했다. 인권이란 주제를 하나의 저울과 잣대로 평가하는 시각은 오히려 일국의 내부적 정치안정을 교란시키고 그 나라의 인권상황을 결과적으로 더욱 악화시킬 위험이 있다는 것이다.

문화상대주의(cultural relativism)라는 대주제의 도전에 직면하여 1993년 비엔나에서 열린 UN 세계인권회의의 준비기간 내내 '아시아적 가치'와 인권 사이의 충돌에 관하여 심도 있는 토론이 이루어졌다. 싱가포르 외무장관은 "인권이상론의 보편적 승인이 만약 보편주의가 다양성의 현실을 부정하거나 가장하기 위해 사용된다면 유해할 수 있다"고 경고했고, 중국 외교부 대변인도 "개인은 자신의 권리

---

29 Amartya Sen, Human Rights and Asian Values, 앞의 책, p.391 참조.
30 윌리엄 J. 탤벗, 인권의 발견(은우근 역), 2011, 95면 이하 참조.

에 앞서 국가의 권리를 우선해야 한다"고 강변했다.[31] 이러한 담론에서 가장 중요한 강조점은 아시아적 가치가 자유와 인권에 대해서 서양 여러 나라가 그들의 문화와 질서 속에서 향유해 오고, 발전시켜 온 것과 똑같은 중요성을 부여하지는 않는다는 점이다. 그 결과 **최종선언문에서는 인권의 보편성, 불가분성, 상호의존성을 재확인했지만, 그와 함께 인권의 국제적 기준의 설정은 인권도 '역동적으로 진보하고 있다는 맥락에서 고려해야 하며, 이 경우 국가 및 지역별 혹은 역사적, 종교적 및 문화적 배경을 염두에 두어야 한다'는 점을 인정했던 것이다.**[32]

이 같은 방어논리는 아시아·아프리카나 중남미국가들 그리고 구소련체제와 그의 영향력 아래 지배받고 있었던 동구공산주의 국가들 간에도 널리 퍼져 있었다. 멀리 갈 것도 없이 지난 1970년대 한국의 개발독재시대에 위정자들이 산업근대화를 위해 정치적 자유와 노동3권 등의 제약을 잠정적으로 불가피하다고 주장했던 이른바 '한국적 민주주의' 그리고 '선의의 독재'라는 미명 아래 전개되었던 유신통치도 바로 한국의 지정학적 안보불안과 정치경제적 상황에서 부득이 빚어진 고육지책이라는 논리들로 포장되었던 게 사실이다.

(2) 이데올로기화의 위험

아시아적 가치는 기실 1970년, 80년대 동남아국가들과 동아시아국가들의 고속경제성장기에 가족과 공동체적 연대에 친숙한 유교문화의 전통이 그 배경으로 자리하고 있는 것으로 판단한 서

---

31 F. Zakaria, 앞의 글, p.381에서 재인용.
32 마이클 프리먼, 인권: 이론과 실천(김철호 역), 2005, 75면.

구의 정치경제학자들에 의해 학문적 논의의 대상이 되었었다. 그
후 1990년대에 불어 닥친 외환위기로 이러한 가설은 관심영역에
서 멀어지기 시작했던 것이다.

**우리는 서유럽 식민주의자들이 문화적 제국주의자, 문화적 우월
주의자라는 역사적 사실을 부인할 수 없다.** 그것이 인종적 편견이든
혹은 종교적 편견이든 또는 문화적 편견이든 간에 그것이 식민지
지배의 배경이 되었다는 점을 간과할 수 없기 때문이다. 때로는 정
치적 탄압이나 반대자들에 대한 박해나 식민지해방 운동가들에 대
한 고문, 살상과 같은 권력적 폭력들을 우리는 역사적으로 많이 경
험해 왔다.

이 같은 역사의 어두운 장을 문화적 제국주의라고 통칭해 왔
다. 그러나 이에 대한 반론 또한 만만치 않다. 각 문화는 자기고유
의 특성과 가치를 가지고 있기 때문에 어느 문화를 다른 문화의 기
준으로 평가절하하거나 판단하는 것은 온당치 못하다는 것이다.
문화적 제국주의나 문화적 우월주의의 입장에 대해선 문화적 상대
주의라는 도덕적 논증도 충분한 설득력을 지닌다고 말할 수 있기
때문이다.[33]

이러한 관점은 인권에 대해서도 그대로 타당하게 적용될 수
있다. 한 나라의 인권상황을 다른 나라의 인권기준으로 평가하는
데 한계가 있을 수 있고, 각 문화의 특성에 따라 인권의 의미와 내
용이 달리 이해될 수 있기 때문이다. 자유와 독립을 위한 피지배민
족의 저항은 비록 폭력적일지라도 그 피지배민족의 입장에선 영웅
시되는 반면, 지배민족의 시각에서는 사회의 질서안정을 교란하는

---

33 윌리엄 J. 탤벗, 앞의 책, 99면 이하 참조.

테러범이나 무장폭도로 비난받는 일을 우리는 최근까지도 지구촌 곳곳에서 목도할 수 있기 때문이다.

인권규범에서 인간의 존엄성을 위한 보편규범성과 인간의 얼굴을 지닌 도덕성, 합리성과 같은 가치기준을 저버린다면 실제 그러한 도덕적 가치무정부상태에서는 문화제국주의의 입장이건 문화상대주의의 입장이건 다 인간성을 상실한 하나의 이데올로기로 전락할 위험을 안고 있는 것이다. 도덕적 상대주의에 입각한 이른바 아시아적 가치 논증에 대해서도 이러한 위험성은 충분히 지적될 수 있는 것이다. 혹여 아시아적 가치 논증이 한 나라의 내부적인 체제의 안정을 위해 국민의 기본적 인권을 그 본질적인 내용을 위협하는 단계를 넘어서까지 제약하거나 침해하는 권력 작용이나 국가행위를 정당화하는 데 악용된다면 그것은 자체 모순이거나 궤변에 지나지 않을 것이다. 법과 질서에서 어떤 이념이나 가치의 일방통행적인 '이데올로기화 위험'(Gefahr der Ideologiesierung)에 대해서는 그것을 아무리 강조해도 지나침이 없을 것이다.

오늘날 동성애자 권리를 둘러싼 국제적인 규범은 그것이 동성애 자유화이건 동성혼의 법제화이건 문화적으로 그것을 관용하고 제도화에 이른 문화권과 그것을 용인하지 못하는 문화권 사이에서의 충돌을 해소할 수 있는 전가(傳家)의 보도(寶刀)로 활용할 수 없다. 문화제국주의와 문화상대주의의 논쟁수준에서 벗어나기 어렵기 때문이다. 정신적 가치나 기초적 윤리규범, 전통문화와 윤리질서에서 종종 일어날 수 있는 이념적 갈등은 기존의 가치 관념에 대한 선악구분과 우열논리로 해결할 성질의 것이 아니다. 상호교류와 이해의 바탕에서 관용의 길을 모색하는 것이 상책(上策)일 수밖에 없을 것으로 본다.

3. 권리론 · 의무론 · 직분론(職分論)적 시각에서

(1) 권리론적 시각에서

1) 권리담론

인권이 권리로서의 적격성을 지녀야 한다는 점은 자명한 이치인 것처럼 보인다. 그러나 권리의 본질이 무엇이며, 왜 또 권리여야 하는가는 인간의 권리를 의미하는 인권에서도 반드시 짚고 넘어가야 할 문제이다. 현 시대를 흔히들 권리의 시대(The Age of Rights)라고 부른다. 권리가 현대인의 삶에서 현금카드처럼 자주 쓰이고 있고 또한 유용하게 쓰이는 방편이기도 한 때문이다. **권리라는 제도가 오늘날 이와 같은 인기를 끌게 된 데는 여러 가지 이유가 있을 것이다.** 권리이론가들은 그 이유를 다음 몇 가지로 요약하기도 한다.[34]

첫째, 권리담론은 우선성을 내세우기 위해 사용되는 언어인 때문이라는 것이다. 어떤 사람이 어떤 권리를 갖고 있다는 것은 도덕적 담론이나 법적 담론에서 다른 어떤 고려들, 이를테면 다소 추상적인 공동선이나 보편적 이익의 증진 같은 것들보다 우세한 논리적 힘을 갖는다는 것이다. 이런 점에서 권리는 우리의 주의를 요하는 높은 규범력을 가진 언어라고 말할 수 있다. 권리 이론가 Ronald Dworkin이 "권리는 으뜸패(trumps)"라고 말했을 때 이 점을 상기시키기 위한 것으로 보인다.[35]

---

34 특히 이에 관한 상세한 논의는 T. Campbell, Rights—A critical introduction, 2006, p.3 참조.

35 R. Dworkin, Taking Rights Seriously, 1977, pp.90-94; John Rawls도 그의

둘째, 권리담론이 개인주의라는 말로 인식되기 때문이라는 것이다. 흔히 권리는 개인의 가치 있는 소지물이라는 것이 권리담론에서 지배적인 견해이다. 그에 따르면 권리는 모든 개인을 도덕적으로 큰 의미 있는 존재로 상정하는 데서 출발한다. 사회는 개인들의 자유로운 계약의 산물이기 때문에 개인은 때때로 사회와 갈등하는 존재로 표현되기도 한다. 그러므로 사회는 권리에 기초하고 있는 각 개인의 삶이 가장 높은 존중을 받기에 합당한 것임을 선언하고 확증하여야 한다는 것이다. 결국 권리란 평등한 인간의 가치를 확증하고 실현하는 수단이라는 것이다.

셋째, 권리는 구제라는 언어와 떼어 놓을 수 없기 때문이라는 것이다. 실천적으로 볼 때 권리는 그것이 표현하는 청구내용을 상대방이 응하여 충족되게 하는 어떤 행동을 구체적으로 취할 것을 요구한다. 뿐만 아니라 권리는 공무원, 고용주, 정부기관 등이 그 권한을 남용하지 못하도록 해서 개인을 보호해 주는 장치로도 이해된다. 법적으로 볼 때 "법적 구제장치가 없는 권리는 없는 것과 같다"는 법언은 참말이다. 권리의 도덕적 담론도 권리가 안전하게 보호되지 않는 곳에 구제조치를 투입하라는 명령을 수행한다. 권리란 단지 좋은 것, 소망스러운 것을 하라고 고취하는 것이 아니라 권리의 침해에서 야기된 잘못을 제지하고, 그것을 보정하라고 요구하는 것을 본질적 내용으로 삼기 때문이다.

넷째, 권리담론은 생활 사태(Lebenssachverhalt)에 대한 결정력을 갖기 때문이라는 것이다. 권리가 도덕적, 정치적 난제들에 대해

정의론에서 권리가 아니라 정의에 대해 이와 유사한 우선성을 부여한 적이 있다. 이에 관하여는 J. Rawls, A Theory of Justice, 1972, p.43 참조.

비교적 명확하고 쉬운 대답을 줄 수 있기 때문이다. 만일 어떤 사람이 무엇인가를 하거나 가질 권리를 갖는다면, 그것으로써 문제는 종결될 수 있다. 이것은 개인에게 도움을 줄 뿐만 아니라 사회적 갈등을 줄이고 통합을 고취시키는 효과적인 방도가 될 수 있다. 더 나아가 그것은 어떤 도덕적인 확실성을 제공하여 평안과 각성에 이르게 할 수도 있다.

다섯째, 권리는 일종의 사회적, 정치적 인증체계를 통해 안전을 제공하기 때문이라는 것이다. 권리를 갖는다는 것은 단지 어떤 이익을 향유하게 해 주는 것만이 아니라 그 이익이 권리에 의해 내 것이 되었기 때문에 타인의 힘에 의해 빼앗길 수 없음을 알게 해 주는 것이기도 하다. 이 안전은 현존하는 권리 침해적 통치 권력을 넘어뜨리고, 선언된 공약들이 규범적으로 안정화되어 새로운 질서체계가 들어서면서 행복한 삶의 본질적으로 중요한 요소들이 확보될 수 있도록 하는 가장 강력한 혁명적인 거사에서도 그 모습을 드러낼 수 있다.

끝으로 권리담론은 일반적으로 특수신분에 속한 개인들보다는 일반인들의 이익을 보호하고 증진시키는 특징을 갖기 때문이라는 것이다. 특히 인권의 경우 권리는 보편성이라는 매력을 지닌다는 점이다. 인권에서 권리라는 측면은 사회에 속한 모든 개인과 개별정부에 적용될 기준을 세우는 데 그리고 보편적 정의의 보호를 확립하는 데 기초를 제공한다. **어떤 권리가 특별한 유형의 개인들에게 귀속될 경우에도** 이것은 신분적인 특권보다 일반적인 지위의 기초 위에서 행하여지는 것이다. 따라서 그러한 특권을 갖지 못한 어느 누구라도 장차 문제된 권리를 향유하는 데서 처음부터 배제되어선 안 된다. 권리의 보편성은 자의적인 처우로부터 개인들을 보호하는 기능을 하며, 그 특징은 보편적 권리가 인종, 종교, 계급 또는 성과 관계없이 모든 사람들에게 귀속될 때 가장 명확하게 드러난다는 점에 있다. 그와 같은 포용적인 권리들이 모든 사회적, 정치적인 권력 작용을 도덕적으로 통제하고 비판하는 데 지렛대역할을 할 수 있다.

국가인권위원회법 제2조(정의) 3호 "평등권 침해의 차별행위"란 합리적인 이유 없이 성별, 종교, 장애, 나이, 사회적 신분, 출신 지역(출생지, 등록기준지, 성년이 되기 전의 주된 거주지 등을 말한다), 출신 국가, 출신 민족, 용모 등 신체 조건, 기혼·미혼·별거·이혼·사별·재혼·사실혼 등 혼인 여부, 임신 또는 출산, 가족 형태 또는 가족 상황, 인종, 피부색, 사상 또는 정치적 의견, 형의 효력이 실효된 전과(前科), 성적(性的) 지향, 학력, 병력(病歷) 등을 이유로 한 다음 각 목의 어느 하나에 해당하는 행위를 말한다. 다만, 현존하는 차별을 없애기 위하여 **특정한 사람**(특정한 사람들의 집단을 포함한다. 이하 이 조에서 같다)을 잠정적으로 우대하는 행위와 이를 내용으로 하는 법령의 제정·개정 및 정책의 수립·집행은 평등권 침해의 차별행위(이하 "차별행위"라 한다)로 보지 아니한다.

→ 차별금지법의 근거가 되는 차별의 정의에는 "위에서 열거한 대상들을 우대하는 것은 차별로 보지 않는다"고 하여 우대나 특혜의 대상으로 삼고 있다. 이로 인해 불이익을 당하는 다수의 사람들이 발생한다. 가령 성별 정체성 차별금지라고 하여 여성운동선수가 자기를 남자라고 생각한다면 근육량을 늘려 주는 남성홀몬제를 복용하도록 허용되어 금메달을 따는 사례라든가, 남성이 정신적 성이 여성이라며 여성운동경기에 나가 금메달을 따는 것, 또 정신적 성이 여자라고 생각하는 남성이 여성화장실, 여성탈의실 등을 이용하도록 하는 것 등은 보편적 인권이라고 할 수 없는 것이다.

차별금지법에서 차별의 정의에 '괴롭힘'이라는 것이 있는데 이것은 보호 대상자가 기분이 상한다고 느끼면 정신적 고통이라며 처벌할 수 있는 조항이다. 공공의 이익에 관한 것인지 사실에 관한 것인지를 따지지 않는다는 점에서 모욕죄나 명예훼손죄와 차이가 있다. 이러한 것은 일반 국민들은 갖고 있지 않은 권리이기에 차별을 금지하는 것도 아니고 평등한 것도 아니며, 일부에게 특권을 부여하는 것이다.

여섯 번째 권리의 특성인 보편성과 관련하여 볼 때, 차별금지론은 큰 모순이라 할 수 있다. 이런 권리로 지정하는 기준에 동의하지 못하는 상태에서 네 번째 목적 달성을 위한 세 번째 법적 강제력의 부여는 오히려 보편적 인권을 침해하는 것이라 할 수 있다. 인권이 법적 강제력을 갖추어야 할 때에 그것에 동의하지 못하는 사람은 오히려 인권을 침해당하는 현상과 마주치게 된다. 보편적 동의에 의하지 않은 채 국가나 지방자치단체가 일방적인 조치로써 강제력을 지닌 새로운 인권을 설정한다면, 인권이 사회적인 불화의 위험성을 유발하는 숙주노릇을 할 수 있다. 가령, 국민개병제하에서 병역거부는 범죄였는데 그것을 권리, 인권이라고 하게 되면 그 순간부터 병역거부자들은 인권을 침해당한 피해자로 둔갑되고, 무엇이 정의이고 무엇이 불의인지 사회는 한동안 걷잡기 어려운 혼란에 빠져들 것이기 때문이다.

2) 권리를 위한 투쟁의 전제들

이상의 여섯 가지 관점을 종합하면, 권리는 높은 평판을 받을 만한 것이며 때문에 개인의 존엄과 가치에 대한 안전한 실체적 보호, 논란이 될 정치적 이슈들에 대한 결정적 대답과 전 지구적인 정의의 희망을 결집하는 데 중요성을 지니는 것이다.

그러나 이런 명성에도 불구하고 실제 권리가 무엇을 의미하는지, 그 정당성의 내용은 무엇인지, 그 종류와 한계는 무엇인지를 잘 이해하고 우리가 자주 일상생활에서 권리를 말하는지는 의문이다. 더욱이 시민법질서가 기초하고 있는 바, 권리남용의 금지를 인권의 권리적인 측면에서는 어떻게 적용해야 할 것인가도 그냥 넘

어갈 간단한 문제가 아니다. 특히 의무와의 관계성 속에서 이해해
야 할 인권의 권리로서의 특성은 반드시 자명한 것만은 아니기 때
문이다.

원래 권리란 권리의 향유주체와 그 권리행사에 반응해야 할 처
지에 있는 상대방 사이의 관계에서 형성되는 관계적 개념의 산물이
다. 이런 관점을 분석하여 체계화한 법이론가로 흔히들 Wesley
Newcomb Hohfeld를 든다.[36] 호펠드(Hohfeld)는 권리개념의 상관
관계개념으로 청구, 의무, 자유, 권력, 책임, 면책, 이행불능, 청구할
수 없는 요구(no-claims) 등 8가지를 대상으로 삼았다. 그는 이런 상
관관계를 전치사와 결합시켜 더욱 분명히 했다 즉, ~에 대한 손해배
상청구(claim against), ~을 위한 의무(duty to), ~에 대한 자유(liberty
against), ~에 손해 없음(no-claim on), ~에 대한 권한(power against),
~에 관한 책임(liability with respect to), ~에 대한 면책(immunity
against), ~에 관한 장애사유(disability with respect to) 같은 것들이
다. 이들 중 법질서에서 권리개념에 가장 본질적으로 근접한 것은
청구(claim)라는 상관개념이다. 즉, 한 사람의 권리는 엄격한 의미
에서 다른 어느 누군가에게 그것을 존중하도록 얽매는 상응한 의무
를 지우고, 그가 그 의무를 이행하지 않을 때는 경우에 따라 법적 강
제력을 동원하여 그 이행을 강제할 수 있다는 점에서 청구권(a claim
right)이라는 것이다.[37]

근대법이 자유중심, 권리중심으로 흘러, 끝내 권리의 절대성

---

36 W. N. Hohfeld, in: D. Cambell and P. Thomas(eds.), Fundamental
   Legal Conceptions as Applied in Judicial Reasoning, 2001; 이에 관한 상
   세한 연구는 W. Rainbolt, The Concept of Rights, 2006, p.4.
37 R. Clayton/H. Tomlinson, The Law of Human Rights, Vol.1, 2000, p.20.

을 승인하기에 이르렀다.[38] 자유이념의 실현을 극대화하려면 권리의 절대성을 공고히 확립하는 것이 첩경이라고 생각했기 때문이다. 그 일단의 보기를 우리는 「권리를 위한 투쟁」(1874)의 저자 루돌프 폰 예링(Rudolf von Jhering, 1818~1892)에게서 읽을 수 있다. 법질서에서 권리를 위한 투쟁이 없으면 법의 생명은 죽은 것이나 마찬가지라는 것이다. 예링에게 권리를 위한 투쟁은 바로 법을 위한 투쟁을 의미한다. 그는 권리의 내용을 이익으로 보았다. 따라서 권리를 위한 투쟁은 이익을 위한 투쟁이기도 한 것이다. 물론 그 이익은 물질적 · 경제적 이익만을 뜻하는 게 아니고 오히려 정신적 · 인격적 이익에 그 중점이 놓여 있다. 순수한 인격적 권리침해는 말할 것도 없고 재산적 권리침해의 경우에도 동시에 내재적으로 인격이 침해되고 있다는 것이다.[39]

특히 그의 사상에서 빼놓을 수 없는 또 하나의 요체는 권리를 위한 투쟁이 권리주체의 개인적 이익을 위해서뿐만 아니라 국가공동체의 존립을 위해서도 필요불가결하다는 점이다. 권리의식이 분명하지 못한 백성은 결국 외적에 대한 국가의 권리, 국가의 명예도 지킬 줄 모른다는 것이다. 그래서 예링은 권리를 함부로 침해하는 자보다 짓밟히고도 그것을 비겁하게 감내하는 자를 더 비난받을 자로 본다. 그래서 그는 "불법을 행하지 말라"는 금지명제보다 "불법을 감수하지 말라"는 요구명제를 우선시킨다.[40] 권리를 짓밟히고도 이를 감수하는 자, 인격적 회복에 이르지 않은 채 물질적 전

---

38 이에 관해서는 v. Jhering, '권리를 위한 투쟁', 심재우 역, 역자 서문, 1977, 3면 참조.
39 전게서, 5면.
40 전게서, 6면.

보에 만족하는 자는 자기 자신의 존재가치를 노예나 동물의 수준으로 전락시키는 자이며, 그자가 바로 법의 정신을 갉아먹는 자라는 것이다.[41]

목적법학과 이익법학의 창시자인 예링의 이 같은 권리본위의 사상은 결국 권리를 법 감정과 연계함으로써 권리를 윤리적 생존조건을 방어하고 쟁취하기 위한 투쟁수단으로 끌고 나간다.[42] 그는 모든 권리의 정신적인 원천은 법 감정이라고 말한다. 법의식, 법적 확신 등은 일반국민이 알지 못하는 학문의 추상적 담론들이지만 법 감정은 법의 세계에서 분출하는 병리학적 증상이라는 것이다. 이성이나 오성은 그 부족한 감정을 대신할 수 없다. 권리의 힘은 마치 사랑의 힘이 감정에 뿌리를 박고 있듯이 감정에 뿌리박고 있다는 것이다. 물론 법 감정은 아직 이익이 침해되지 않은 상태에서는 무엇이 권리인지를 알지 못한다. 그러나 일단 권리침해가 일어나면 법 감정은 말하지 않을 수 없고, 고통스러울지라도 그것을 무릅쓰고 문제를 제기하지 않을 수 없다는 것이다.[43]

이 사상을 동성혼 이슈와 관련시켜 생각해 보면, 흥미로운 관점이 드러난다. 즉, 동성애자들은 과거에는 결혼할 권리에 관심이 없었고 오히려 결혼을 반대하는 운동을 벌이기도 했다. 그런데 근자에 이르러 그들은 소수자 권리의 관점을 끌어들여 양성결합도 결혼제도에 편입하게 해야 한다고 주장하기 시작했다. 그것이 단지 소수이고, 다수는 전술적이라고 생각함에도 불구하고 동성애자들이 이성애자와 같은 결혼관계를 법적으로 인정받지 못한다는 사

---

41 전게서, 7면.
42 김일수, 범죄피해자론과 형법정책, 2010, 88면.
43 예링, 전게서, 68면 이하 참조.

실은 차별이라고 지속적으로 소동을 피웠고, 그리하여 여기저기에서 동성혼을 인정하기 시작했다. 위 주장을 대입하면 동성애자들이 '이익이 침해당했다'고 하려면 기존에 권리로서 갖고 있던 것이 침해당했다고 해야 할 터인데, **동성혼은 동성애자들이 갖고 있던 권리나 문화가 아니고, 역사적으로도 현재 대체로 동성애자들에게 새로운 권리라고 주장할 만한 것이 뚜렷이 없다. 그렇다면 이를 과연 '차별'이라고 할 수 있는가?**

(2) 의무론적 시각에서

권리를 비합리적인 법감정에 연계시켜 투쟁의 수단으로 삼거나 권리의 절대성을 용인하다 보면 현실적으로 권리가 한편으로 무분별하게 남용되는가 하면, 다른 한편으로 개인의 이익이나 취향에 치우쳐 권리가 선량한 풍속이나 사회질서에 반하는 사태로 파급되는 약점을 쉽게 드러낼 수 있다는 점이다. 그 흥미로운 보기를 예링은 그의 이 저서에서 예링 자신의 충만한 법감정 때문에 그것이 약점인 줄도 모르고 장황하게 전개하고 있다. 즉, 셰익스피어(Shakespeare)의 「베니스의 상인」에 나오는 주인공 샤일록(Shylok)의 권리주장의 정당성을 입증하기 위한 재해석시도이다. 그는 베니스의 법정이 말도 안 되는 기지와 궤변으로 채무자의 한 파운드 가슴살을 요구하는 샤일록의 정당한 권리문서를 무용지물로 만들어 버림으로써 실은 베니스의 법을 무용지물로 만들었다는 항변을 제시하는 데 안간힘을 쏟는다.[44]

---

44 예링, 전게서, 90~93면.

하지만 이러한 예링의 기대와는 달리 여전히 오늘날도 권리의 승인과 그 행사에는 신의성실의 원칙과 권리남용금지 같은 원칙에 따른 의무 지움과 어떤 제한이 필요하다는 점이 새롭게 강조되고 있는 것이다. 그리하여 드워킨(Dworkin) 같은 인권이론가는 권리가 하나의 도덕적 지위라는 전제 아래 헌법상 승인된 권리들은 정치적인 품격과 정의에 관한 도덕원리들을 환기시키는 도구로 해석·적용해야 할 것이라고 말한 바 있다.[45]

권리를 둘러싼 두 가지 극단적 입장은 다음과 같이 서술되기도 하는 것이다:[46]

첫째, 의무 없는 권리 관념이다. 주로 개인주의·자유주의사상에 입각한 것이다. 특히 민법질서에서 개인의 독립성과 자율성을 강조하다 보니 권리본위의 사고가 우위를 점하게 된다는 것이다. 예컨대 의무를 수반하지 않는 권리로 취소권, 해제권, 선택권 같은 형성권을 들 수 있다.

둘째, 권리 없는 의무 관념이다. 공공질서 영역에서는 개인에게 권리보다는 권리를 수반하지 않는 의무만 주어지는 경우가 허다하다. 예컨대 도로교통에서 일단 멈춤이나 주차금지 의무 같은 것을 들 수 있고, 납세의무나 병역의무 같은 것도 그 일례이다.

그러나 이들 입장은 하나의 관점을 부각한 데 불과하고 법에 있어서 권리와 의무와의 본원적인 적정관계를 설명하는 데는 한계가 있어 보인다. **권리본위의 사고는 자기중심적이고 이기적인 개인 또는 그룹의 권리만을 고집하는 경향을 갖는다.** 그런 경향은 성소수

---

45 R. Clayton/H. Tomlinson, 앞의 책, p.22.
46 이항녕, 법철학 개론, 1974, 368면 이하 참고.

자, 재소자, 전과자, 각양 피해자 그룹 등의 권리와 같은, 이른바 그룹권(group rights)에서도 확인할 수 있는 현상이다.[47] 그것은 권리형성의 문화적 배경이나 도덕적 정당성을 고려하지 않은 채 특별한 형편에 처한 특정한 부류의 사람들에게 특별한 보호를 제공하는 것이 마땅하다는 논리를 내세운다. 거기에는 억지논리와 이른바 거지논리의 함정이 숨어 있다는 점을 우리가 쉽게 간과해서는 안 될 것이다.

그런 논리는 이기적인 개인 또는 집단 사이에 끊임없는 갈등과 충돌의 생활방식을 고무시킬 것이다. 권리이기주의는 극단적으로 자유주의적 개인주의에 입각한 때문이다. 이에 대한 비판이 일찍이 프랑스대혁명 당시 버크(Burke)가 그에 대한 대응논리로 내놓았었고, 오늘날 마이클 샌델(M. Sandel) 같은 정치이론가들에 의해 주장되는 공동체주의라는 이름으로 우리들에게도 널리 알려져 있는 바이다.

의무는 원래 법률상의 개념이기 이전에 윤리질서에서 고유하게 형성된 것이다. 권리가 법질서에서 중심에 위치하게 된 데는 근세 이래 개인주의와 자유주의 사상에 힘입었다는 점은 이미 위에서 언급한 바 있다. 중세의 봉건주의사회에서는 평민에게 권리라는 개념이 형성되어 있지 못했던 게 사실이다. 뿐만 아니라 세계 제2차대전 직전 발호했던 군국주의 · 전체주의 국가사상에서도 시대착오적으로 의무라는 관념이 전면에 나타나 강하게 작용했던 것도 사실이다. 이러한 시대착오적인 반동을 예외적인 현상으로 치부할 수 있다면, **권리본위의 사고를 완화할 수 있는 대응사상으로 공동체주의**

---

47 N. T. Casals, Group Rights as Human Rights, 2006, pp.19, 43.

와 밀접하게 연관된 자율적인 의무사상을 들 수 있을 것이다.

권리 또는 의무를 택일적으로 사유하는 구시대적 사상의 잔재를 뛰어넘어 오늘날 법질서 일반에서 권리를 수반하지 않는 의무나 의무를 수반하지 않는 권리라는 법제도를 찾아보기는 실제 어려운 게 사실이다. 법질서에서 권리라는 이름은 그에 상응한 의무를 내포하는 것이요, 의무라는 이름도 그에 상응하는 권리를 내포하는 것이다. 근대의 독일 관념철학자 헤겔이 범죄자는 자유(권리)를 부정한 자요, 국가형벌권은 그 자유의 부정을 부정하는 것이며, 따라서 이성적인 범죄자는 단순히 처벌의 노예로 전락되어 타율적으로 길들여지는 것이 아니라 자신의 범죄에 대한 처벌을 당당히 요구할 수 있는 권리자로서 국가형벌권 앞에 서는 것이라고 말했다.[48]

(3) 직분론적 시각에서

1) 직분사상의 재발견

권리와 의무의 이 같은 본원적인 의미연관성을 이항녕 선생은 직분(職分)이라는 개념을 가지고 설명한 바 있다.[49] 직분사상은 로마의 Cicero의 직분론(de officiis)에 연유한다. BC 44년 무렵에 저술된 이 책은 3권으로 만들어졌다. 원래 1권의 주제는 도덕적 선에 대한 것이다. 키케로는 해야 할 것과 하지 말아야 할 것을 알기 위해서는 도덕적 선이 무엇인지를 알아야 한다고 말한다. 그는 도덕적 선이 도출되는 네 가지 기원을 제시하는데 그것은 지식 또는 지

---

48 헤겔, 법철학(임석진 역), 1969, 177면 이하.
49 이항녕, 법철학, 370면 이하 참조.

혜, 정의, 용기, 인내이다. 이 가운데 지식 또는 지혜가 가장 근원적인 것으로 간주된다. 2권의 주제는 유익함에 대한 것이다. 유익한 것과 유익하지 않은 것, 보다 유익한 것 등에 대해 설명하고 있다. 3권의 주제는 도덕적인 선과 유익함이 일치하지 않는 문제에 대한 것이다. 키케로는 윤리학의 근본적인 문제를 위의 세 가지로 구분하고 이를 매우 현실적인 기반에서 논의하고 있다. 그는 한 개인의 행위의 정당성을 타인, 사회, 국가와의 관계에서 찾아야 한다는 것을 전제한다. 이러한 그의 전제는 자연법, 공동선, 자기보존의 욕망과 같은 근대 시민사회론의 기초 개념을 이미 포함하였고, 그 결과 칸트·루소·로크·몽테스키외와 같은 근대 사상가들에게 큰 영향을 끼치게 되었다.[50]

　　더 나아가 키케로의 직분론은 중세 스콜라 철학자들에 의해 서방 중세경제사상으로 발전했다. 그리고 근래에 이르러 칼라일(Thomas Calyle, 1795~1881), 러스킨(John Ruskin, 1819~1900)에 의해 직분경제학이 하나의 새로운 사회질서의 이정표로 제시된 바 있다. 러스킨이 쓴 「나중에 온 이 사람에게도」(1862년)[51]라는 책의 사회경제사상은 비록 신약성경에 나온 예수의 포도원 품꾼들의 삯 비유에서 따온 것이지만, 간디, 톨스토이 등에게 큰 영향을 끼쳤다고 한다. 간디가 이 책을 읽고 깨달은 것 중 하나는 "개인의 이익이 모든 사람의 이익보다 우선할 수 없다"는 점이라고 한다. 러스킨은 "생명이 곧 부(富)다"라는 심오한 진리를 독자들에게 각인시키고자 했는데, 사랑과 환희와 경외가 모두 포함된 총체적인 힘이 바로 생

---

50 [네이버 지식백과] 키케로의 의무론 [義務論] (두산백과).
51 존 러스킨, 나중에 온 이 사람에게도—생명의 경제학, 곽계열 역, 이인북스, 2010.

명이라고 했다. 인간의 지속발전을 위해 생명(富)을 서로 나누고 뒤에 올 사람들까지 챙기는 배려가 바로 직분경제학의 요체인 셈이다.[52]

그러나 직분사상은 동양에서도 기본적인 윤리사상이었다. 동양에서 분(分)이라는 관념은 기본적인 윤리질서관념이며, 그 분(分)에 수응하고 그 분(分)을 지키는 것, 즉 수분(守分)이 도덕의 근본으로 되어 있다. **직분은 공동체 내에서 개인과 개인의 관계요 자리매김이기 때문이다. 적극적인 의미로는 하나의 권리 성격을 띤 것이지만, 소극적인 의미로는 하나의 의무 성격을 띤 것이기도 하다.** 따라서 직분은 권리와 의무가 부즉불리(不卽不離)의 관계로 합일되어 있는 것이요, 직분 안에서 권리는 권리이되 의무화되는 경향이 있고 의무는 의무이되 또한 권리화되는 경향을 나타내는 속성을 지닌다. 전래의 법사상에서는 권리는 권리, 의무는 의무라는 등식에 따라 양자가 상반·대립되는 관념이었으나, 직분개념 속에서 이제 권리가 동시에 의무요, 의무가 동시에 권리라는 관념이 형성되기에 이르렀다는 것이다. 즉 권리가 의무에로 이행(移行)하고 동시에 의무가 권리에로 이행하는 관계가 법질서에서 직분이라는 신개념이라는 것이다.[53]

2) 직분개념의 쓰임새 전망

이항녕 선생은 이 직분이라는 개념이 아직 권리 또는 의무라는 독자개념보다 훨씬 법률적으로 미숙하고 생경한 개념이긴 하지

---

52 http://www.rapportian.com/news/articleView.html?idxno=24347
53 이항녕, 앞의 책, 375면.

만, 머지않은 장래에 법의 세계에서 왕자의 자리를 차지할 날이 올 것이라고 예단한 바 있다. 직분개념을 새로운 법질서의 중심에 놓고자 하는 것은 그것이 권리를 부인하고 의무만을 강조하든가 아니면 의무를 부인하고 권리만을 강조하는 고식적이고 이기적인 질서관에 대항할 뿐만 아니라 인류역사의 문화적 유산인 권리와 의무의 법질서를 사회 통합적이고 인간학적인 의미에서 직분적인 권리와 의무로서 상호보완적으로 조화시켜 상생적인 인간다운 삶의 균형추로 삼기 위한 것이라는 것이다.[54]

동성애자의 동성을 향한 성적취향이 단순한 사회적 관용을 넘어 법질서에서 승인된 하나의 권리로서 자리매김할 수 있는 권리 적격성이 있는지 더 나아가 그것도 인류역사의 문화적 유산으로 평가할 만한 본래적인 의미의 인권적격성을 가지고 있는지에 대한 직분론적 시각으로부터 나올 대답은 머뭇거릴 필요조차 없이 간결하게 No이다. 문화적인 최고 가치로서의 인간성과 인류성을 배반하고 인간사회를 동물농장 이하의 수준으로 퇴락시키는 예의 비윤리적이고 비도덕적인 행위를 법률적으로 권리나 인권으로 승인하고 보장하라는 요구는 고립된 가치관을 지닌 특정 그룹의 권리관일 뿐이다. 지속 가능한 사회를 소망하며 더불어 살아가는 다수인의 권리관은 바로 권리와 의무가 본원적으로 결합된, 그리하여 그보다는 훨씬 차원 높은 권리를 유지, 발전시키며 실현해 가고 있기 때문이다.

그럼에도 어느새 LGBT의 법적 권리 인정투쟁의 영역은 다음과 같이 '동성애 활동 합법화/동성결합 인정, 동성결혼법제화, 동

---

54 이항녕, 앞의 책, 376면.

LGBT rights in:	Same-sex sexual activity	Recognition of same-sex unions	Same-sex marriage
Adoption by same-sex couples	LGBT allowed to serve openly in military	Anti-discrimination laws concerning sexual orientation	Laws concerning gender identity/expression

https://en.wikipedia.org/wiki/LGBT_rights_by_country_or_territory

성커플에 의한 입양권/동성애자의 군복무/성적 지향에 대한 차별
금지법/성별정체성과 표현에 관한 법률(트랜스젠더)으로 나뉘어 추
진되어 왔다.

윤리와 문화적 평가가 법제화와 뗄 수 없는 관계이지만, 서구
에서 현재의 대세는 동성애에 대한 혐오를 일소하는 법제화에 성
공했다는 사실이다. 그 공식이 한국에서도 이행되는 과정에 있기
때문에 결국 국회의 입법, 정부의 정책, 헌재와 법원의 판결 등에
서 위에 나열된 권리 투쟁 사항들에 대해 보다 구체적인 대응 논리
가 요구된다고 할 수 있다. 윤리적으로 수용될 수 없는 것이므로
인권이 아니라고 단정하기에는 논리의 비약이 있을 수 있으나, 기
본적 윤리는 선량한 풍속 및 사회질서의 기준에서 중요한 의미를
지니고 있으므로, 선량한 풍속에 반하는 비윤리적 행태들은 무효
인 법률행위에 지나지 않기 때문에 우리의 법제는 그만큼 더 신중
할 수밖에 없는 것이다.

이미 잘 알려진 바대로 인간의 역사와 문화는 인간의 공동체
적 생활과 밀접한 연관성을 갖고 있다. 인간은 그 맥락 속에서 문
화를 창조하기도 하고 또 타인에 의해 창조되고 전수된 문화의 소
비자요 향유주체이기도 한 것이다. 권리도 이와 유사한 성격을 갖
고 있다. 권리는 흔히 정치적으로 보호된 힘의 선언이라고 일컬어

진다. 그 속에 이미 권리는 고립된 개인이 자의적으로 행사할 수 있는 절대적인 힘이 아니며, 선량한 풍속 기타 사회질서의 테두리 안에서 합리적인 제약들 아래 놓인다는 사실을 내포하고 있다. 인권도 이러한 조건에서 벗어나 있는 것이 아니다. 다시 말해 모든 사람들이 향유할 수 있는 인권의 일반적인 자리매김공간도 이러한 조건 속에 마련되고 또한 그 한에서 점진적으로 개선되어 나갈 수 있는 것이다.[55]

4. 인권윤리의 시각에서

(1) 개념필연적 요소로서 인권의 도덕성

인권이 인간의 이성 내지 인간성을 뿌리로 삼는 것이라면, 인권은 또한 도덕성과 관련을 맺는 주제라는 사실을 부정하기 어려울 것이다.[56] 왜냐하면 이성과 인간성 자체가 인간에게 속한 고유한 도덕적 본성이기 때문이다. 물론 인권은 도덕적 차원 외에도 정치적·사회적·법적 차원에까지 잇닿아 있는 게 사실이다. 그러나 인권은 국가법적·국제법적 제도로서 정당성을 갖기 이전에 개별적 존재이면서 동시에 사회적 존재(ens indiviuelle et sociale)인 인간이 사회의 다양한 인간관계에서 인간으로서 대접받기 위한 도덕적 권리로서의 의미를 지니는 것이다.[57] 인권의 규범화 근저에는

---

55 U. Baxi, From human Rights to the Right to be human, in: R. Falk/H. Elver/L. Hajjar(coed.), Human Rights, 2008, p.364.
56 마이클 샌델, 왜 도덕인가?(안진환/이수경 역), 2010, 116면.

언제나 실정성을 뛰어넘는 도덕성이 자리 잡고 있다.

만일 인권이 인간성에 기초한 이러한 근원적인 도덕성을 잃어버렸는데도 불구하고 그것이 현실 정치에서 집행력과 실효성을 얻게 된다면, 그 한에서 그것은 제도적 폭력일 수는 있어도, 타당성과 실체적 정당성을 지닌 규범이라고 말하기는 어려울 것이다. 그러므로 인권의 향유주체로서의 인간은 단순히 인간의 탈을 쓴 생물학적 차원의 인간이기보다는 원칙적으로 가치지향적인 도덕적·정신적 주체로서의 인간을 상정하는 것이 통례일 것이다.

앨런 거위스(Alan Gewith)는 "인권은 도덕적으로 행동하는 데 필수적인 것이기 때문에 정당성을 갖는다"고 하고, "만일 인권들 사이에 충돌이 일어나면 도덕적으로 행동하는 데 더 중요한 권리들이 그렇지 못한 권리들보다 우선시되어야 한다"고 말했다.[58] 인간은 좋거나 필요한 모든 것에 대해 인권을 가지고 있는 것이 아니다. 또한 사생활의 자유영역에 속한 모든 것이 권리 또는 인권이 될 수도 없다. 예를 들면 배우자 있는 남녀가 피서지에서 서로 마음에 드는 어떤 상대를 만나 간통을 하는 것은 비록 현행 한국형법상 형사적인 처벌의 대상은 안 될지라도 부부의 성실의무를 저버린 민사상 불법행위에 여전히 해당한다. 그 불법행위에 대해 책임을 묻는 배우자에게 성적 자기결정권을 내세워 또는 미국식의 신프라이버시권을 내세워 이혼청구와 그에 따른 재산분할청구, 손해배상과 위자료 등을 피해 가기는 어려울 것이다. 간통은 비록 형사상 범죄(crime)는 아니지만, 그것을 법질서에서 정당한 권리 내지

---

57 이봉철, 현대인권사상, 2001, 43면 이하.
58 164) A. Gewith, Human Rights, 1982, p.9 (마이클 프리먼, 전게서 103면 재인용).

인권이라고 내세울 만한 근거를 갖고 있지 못하다. 거기에는 '선량한 풍속 기타 사회질서'의 관점에서 보아 권리 내지 인권에 걸맞은 기본적인 도덕성(einfache Sittlichkeit)을 결하고 있기 때문이다.[59] 그러므로 인권이 다른 어떤 고려대상보다 항상 우월해야 한다는 인권우월사상은 반드시 옳은 게 아니다. 이런 맥락에서 이미 세계인권선언 제29조도 "민주사회의 도덕, 공공질서 및 일반적 복리에 대한 정당한 필요"에 부응하기 위해 인권에 제한을 두도록 하였다.[60] 한국헌법 제37조 제2항도 이 점을 명시하여 놓았다.

인권은 이기적이거나 반사회적이거나 부도덕한 것들을 미화하고 정당화시키는 정치적 도구가 되어서는 곤란하다. 미국 연방대법원이 2003년 로렌스 대 텍사스(Lawrence vs. Texas: 2003) 사건에서 종전의 바워스 대 하드윅(Bowers vs. Hardwick: 1986) 사건(동성 혹은 이성 간의 구강섹스나 항문섹스를 금지한 조지아 주법에 따른 재판)을 뒤집고 동성 간의 이른바 '비정상적인 성행위'를 금지하는 법이 위헌이라고 판결함에 있어서 소수의견을 낸 안토닌 스칼리아(Antonin Scalia)의 다음과 같은 도덕적 변증은 우리의 입장에서 더욱 주목할 만한 대목이다:[61] "법원이 동성애에 전통적으로 따라붙는 도덕적 오명을 씻어 내려는 일부 동성애운동가들의 주장에 편

---

59 최근 초등학교 교사인 30대 워킹 맘이 자신이 근무하는 학교 6학년 남학생 (13세)과 승용차 또는 교실에서 수차례 성관계를 가진 혐의(미성년자 의제 강간, 추행 등)로 2017.8.29.자 검찰에 구속 송치된 충격적인 보도가 있었다(ksk@yna.co.kr). 그녀는 경찰에서 "너무 잘 생겨서 성충동을 느꼈다", "서로 좋아서 한 짓"이라고 변명했다는 것이다. 사적으로 좋아하는 감정에 이끌린 자율적 행동도 법적, 도덕적 한계 안에 있는 것이므로, 이를 성적 자기결정권 내지 모종의 다른 인권이란 논리로 그 불법을 정당화할 순 없다.
60 마이클 프리먼, 전게서, 93면 참조.
61 마이클 샌델, 전게서, 118면에서 인용.

승"했으며 "문화전쟁에서 한쪽 편을 들고 있다."

물론 스칼리아는 자신은 이런 유의 문화전쟁에서 어느 편도 들지 않는다고 주장함으로써 동성애에 도덕적으로 반대한다는 것을 노골적으로 주장하지는 않았다. 그는 미덕을 근거로 삼고 동성애금지법을 옹호하기보다 다수주의라는 이름으로 지지할 수 있는 가능성을 내다보았다. 즉, "다수주의적인 성도덕을 장려하는 것"은 정당하며, 법원의 역할은 그저 "중립적인 관찰자로서 민주주의적인 원칙이 수호되도록" 이끄는 것이라고 했다.[62]

그러면서도 그는 로렌스 재판에 담긴 도덕적 논리에 주목하면서, 법원이 "동성애 행위에 대한 도덕적 반대"를 거부하면 동성 간 결혼금지를 정당화하기도 힘들어질 것이라고 우려했다.[63] 그 우려는 2015.6.26. 오버즈펠 대 하지스(Obergefell et al. vs. Hodges, Director, Ohio Department of Health) 사건에서 충격적인 현실이 되고 말았다.[64] 동성혼을 연방대법관 5 대 4로 합법화시킨 이 판결은 세계적인 관심을 불러일으키기에 충분했고, 그 파장 또한 만만치 않아, 유럽연합에서 가장 보수적인 가치관을 고수해 온 독일도 오랜 논란 끝에 2017년 6월 말경 동성혼 합법화 입법을 연방하원에서 다수결로 통과시켜 버렸다.

> 1989년 보수적 성향의 동성애자 설리번은 동성애자 커플의 주택 상속에 관한 재판을 참관한 후 유사한 가족관계법의 문제를 해결하기 위한 방안으로 "Here Comes The Groom: A (Conservative) Case For Gay Marriage"라는 칼럼에서 동성애자들도 결혼 제도에 들어갈 것을 제안

---

62 Lawrence v. Texas, 602.

63 *Ibid.*, 604.

64 정소영 편저, 미국은 어떻게 동성결혼을 받아들였나, 2016, 254면 이하.

한다. 이 당시 미국에서도 남녀 동거 커플을 위한 생활동반자제도 (domestic partnership)가 논의되고 있었는데, 설리번은 이것을 극단적으로는 남녀가 아니더라도 같이 거주하는 사람(노인과 간병인)에게 확대 적용할 수 있는 것이라며, 여기에 같이 사는 동성애자 커플도 포함하자는 것이었다. 만들어지는 생활동반자 제도에 게이 커플을 추가하는 것은 결혼 제도를 건드리지 않기에 입법 갈등도 없다고 보았으며, 생활동반자 관계에 동성애자들이 포함되면 책임감 있게 행동하게 되고, 사회도 동성애자들을 존중하게 될 것이라는 아이디어였다. 이러한 설리번의 제안은 결혼이 문제가 있는 제도라고 생각하던 동성애 활동가들에게 "이상하고, 어리석고, 터무니없는 생각!"으로 비추었고, 이들은 설리번을 "동화주의자·가부장제주의자·이성애주의자·우파 쓰레기 인간"이라고 규정했다. https://newrepublic.com/article/79054/here-comes-the-groom
동성애자들은 동성혼 소송에서 '섹스를 연상시키지 않는 노인 동성애자'를 소송원고로 내세워 동정론을 얻는 전술을 구사했고 잠정적일지는 몰라도 일단 성공했다.

(2) 인권의 도덕성 논쟁

인권이 인간의 존엄성의 구체적 표현이라면 인간의 존엄성의 핵심을 이루는 인간의 보편적인 자기결정의 자유, 즉 자율성에 따른 자아의 윤리적인 발전과 윤리적인 완성의 가능성을 존중하고 보호하는 데 결코 법질서는 무관심하거나 등한시해서는 안 될 것이다.[65] 동성애옹호론을 펴는 어떤 사람들의 주장처럼 윤리는 시

---

65 W. Maihofer, 법치국가와 인간의 존엄(심재우 역), 1994, 75면 이하; W. Maihofer, 인간질서의 의미에 관하여(윤재왕 역), 2003, 17면 참조; Il-Su Kim, Die Bedeutung der Menschenwürde im Strafrecht, Disser. München, 1983, S.105.

대와 지역에 따라 다르므로 지금 여기에서 지배적인 윤리기준을 바꾸는 것이 필요할 뿐 아니라 타당하다는 논리는 진실의 일면을 호도하는 것과 같다. 인권이란 무기가 인간의 윤리적인 자기결정과 그에 대한 도덕적인 자기책임을 오도하는 데로 흐른다면 그것은 진정한 의미의 인권이라고 말할 수 없다. 자연주의 내지 실증주의자들이 생각했던 것과 마찬가지로 단지 인간을 생물적 존재로 축소해 버리고, 법과 당위질서, 정신적 가치도 사실적·현실적인 정치질서에서 힘의 관계로 환원시키는 이데올로기의 함정에 빠질 수밖에 없을 것이다.[66]

더 나아가 인권은 개인의 자율을 존중하면서도 사회적인 연대를 확장시키는 개념이다. 인권은 다른 법적·제도적 권리들과 달리, 인간이기 때문에 그리고 인간존재의 실존적 삶을 실현하기 위해 양도하거나 포기할 수 없는, 즉, '처분 불가능한' 권리로서의 성격을 갖는다. 인간은 일생동안 동물처럼 본능에 따라 생명현상을 이어가는 단순한 연명 차원에 머물러 있는 존재자가 아니다. 지적 장애를 타고나서 특별한 보호를 받아야 할 사람을 별론으로 한다면, 정상적인 보통사람들은 원칙적으로 자신의 이성과 자유, 인간에게 고유한 인격성에 따라 그의 사회적인 삶의 질서 속에서 자신의 인생계획에 따라 도덕적인 자아발전과 자기실현을 도모하는 삶을 영위해 갈 수 있는 존재이다. 즉, 생명의 보존에 힘입어 단지 동물처럼 하루하루 연명해 가는 생존적인 삶이 아니라 삶의 목표와 가치를 지향하고 행복을 추구하며 의미 있는 삶을 영위해 가는 것이 인간을 인간답게 하는 인간의 삶이다. 일찍이 슈바이처 박사가

---

66 H. Welzel, 자연법과 실질적 정의(박은정 역), 2001, 347면.

말했듯이 이 삶 자체가 선한 것이며, 그러므로 이 삶에 필요한 조건으로서 인권 또한 인간을 인간답게 가꾸는 도덕성을 지닌 것이다.

오늘날 인권이론가들 중 상당수는 이와 같은 입장을 견지하고 있다. 물론 영미학자들은 인권이 특별한 양태의 도덕적인 권리라는 관념을 널리 공유하는 반면,[67] 독일의 학자들은 투겐타트 (Tugendhat) 같은 극히 소수의 사람을 제외하고는 이를 기피하는 경향이 있다.[68] 심지어 하버마스(Habermas) 같은 학자는 인권이 도덕적 권리라는 점을 적극 부인하고, 그것은 실천적으로나 체계적으로 볼 때 단지 실정법적 권리범주에 머무는 것이라고 주장한다.[69] 물론 하버마스도 인권의 규범적 내용을 도덕적 권리로 보려는 시도를 한 바 있지만 그 중점은 인권의 도덕적인 관념보다 실정법적인 이해의 기초 위에 두기 때문이다. 이 점에서 실정법적 기본권의 관념보다 도덕적인 인권 관념에 비중을 둔 투겐타트의 입장과 대비되는 것이다.[70]

어쨌거나 인권이 도덕적 권리의 속성을 지닌다는 점은 오늘날 널리 지지되고 있는 실정이다. 즉, 도널리(Donnelly)는 인간의 존

---

67 Feinberg, Finnis, Shue, Wellman, Bedau, Cranston, Nikel, Pogge, Sandel 같은 학자들이다.

68 E. Tugendhat, Die Kontroverse um die Menschenrechte, in: Analyse und Kritik 15, Ⅰ, 1993, S. 101-110; 물론 영미와 독일에서 '도덕적'이란 말이 내포하는 의미가 서로 다름을 유의할 필요가 있다. 영미에서 도덕적 권리는 법률적 권리만이 아닌 모든 종류의 권리를 포괄하는 개념인 데 반해, 독일에서는 경기규칙에 의해 상실될 권리들은 도덕적 권리라 말하지 않는다. Feinberg는 도덕적 권리에 인습적인 권리, 이상적인 권리, 양심적인 권리들을 열거해 넣고 있다(J. Feinberg, Social Philosophy, 1983, p.84).

69 J. Habermas, Faktizität und Geltung, 1992, S.141.

70 G. Lohmann, Menschenrechte zwischen Moral und Recht, in: Gsepath/ Lohmann(hrsg.), Philosophie der Menschenrechte, 1998, S.71.

엄성을 존중해야 한다는 이유로, 거위스(Gewith)는 인권이 도덕적 행동의 기초가 되기 때문에, 로티(Rorty)는 인권이 인간의 번영과 발전의 조건이라는 점에서 인권의 정당성과 중요성을 인정했다.[71] 다만 위와 같은 도덕성에 근거한 인권론을 주장해 왔던 서구에서 근자에 이르러 동성애를 인권으로 승인하는 조류로 돌아선 것은 우리로 하여금 인권이 탈도덕화 내지 세속화의 지경까지 휩쓸려 내려왔다는 의문을 갖게 하는 대목이다. 그러나 인간의 도덕성과 결별한 인권이란 단지 시류에 편승한 일시적인 유행에 지나지 않을 것으로 예상된다. 다시 새로운 도덕적 각성의 시기가 찾아온다면, 이러한 세속의 탁류에 휩쓸린 법제화도 변하게 될 것이라는 점을 우리는 사형제도의 존폐나 낙태죄의 규율의 변화에서 보듯 동성애 문제에도 유추해 볼 수 있겠기 때문이다.

(3) 인권의 가치합리성과 목적합리성

더 나아가 우리는 인간다운 삶을 영위하기 위한 인권은 가치합리적일 뿐만 아니라 또한 목적합리적인 권리라고 말할 수 있다. 인격주체로서의 인간이 모종의 가치와 목적 실현을 위해 노력하는 생명활동, 정신활동이 인간의 삶인 것이다. 이 삶의 가치실현과 목적 실현을 놓고 인간이 현실적으로 그것에 얼마나 부합하는 삶을 영위하는가에 따라 합리적·비합리적, 선·악, 성공·실패 등의 평가를 부여할 수 있다. 그러므로 기본적인 도덕적 질서를 승인하고 그에 상응하는 의무감을 가지고 그것을 실천해 나가는 권리로

---

71 마이클 프리만, 전게서, 85면 이하 참조.

서 인권은 결코 하루하루를 연명하는 개나 돼지, 소나 말처럼 단지 먹고 마시며, 목적 없이 아무렇게나 살아가는 본능적인 삶의 권리가 아니라 인간의 고유한 인격을 실현하고 인간답게 살고자 하는 가치 합리적 · 목적 합리적 삶의 권리라고 해야 할 것이다.

스스로 인간의 품위를 비하하여 이성 없는 물건수준 내지 동물수준으로 자신의 삶을 황폐화하거나 도덕적인 정언명령이나 황금률을 저버리고 단기적인 쾌락에 탐닉하여 자아실현을 포기하는 삶은 진정 인간의 존엄과 가치 그리고 진정한 행복을 추구하는 목적이 이끄는 삶과 동떨어진 것이다.[72] 남에게 피해를 주지 않는 사적 내밀한 영역에서 자신이 원하는 쾌락추구가 사회적으로 비난받고 법률적으로 제재받아서는 안 된다.

그러나 성적 편향과 동성애를 법적 권리로 승인하고 인권목록에 등재시키려 하는 국내외 동성애운동단체들의 정치적 활동은 실제 숭고한 인권의 도덕적인 영역을 무시하거나 검증받지 않은 채 단지 소수자권리란 이름의 우대권을 획득하려는 고도의 책략을 쓰고 있는 셈이다. 인권의 담론영역에도 '포도원을 허는 작은 여우들'과 '양의 탈을 쓴 이리들'의 간계가 어떻게 슬그머니 들어와 꼬리를 감추고 활보하는지를 눈을 크게 뜨고 지켜보아야 할 이유가 여기에 있는 것이다.

동성애를 합법화한 서구 국가들은 영적 · 도덕적 혼란과 무기력에 빠져 있을 뿐만 아니라 사회적인 무질서와 문란에 빠져 가고, 종교가 힘을 잃고, 단기적인 쾌락을 추구하는 문화적 퇴폐가 심각해져 가고 있다. 법도 도덕성과 거룩성과 함께 생명력을 잃어 가고

---

72 마이호퍼, 인간질서의 의미에 관하여, 전게서, 120면 참조.

있어, 사회적인 무규범상태가 심각한 수준으로 가고 있다는 실증적인 증거들이 여기저기에서 포착되고 있다. 장래의 희망을 잃어버리고 내일이 없는 하루살이 인생들의 자살과 마약, 길거리테러 같은 극단적인 범죄행각 등이 사회를 복합적인 위험으로 몰아가고 있다.[73]

(4) 헌법적 기본권의 품격

인권을 실정법적 기본권으로 이해하려고 한 하버마스는 그 주장의 정당성을 민주적인 의사소통과 의사결정원리가 확립되어 있는 구체적인 법공동체의 입법절차가 지니는 정당성에서 근거지우려고 했다. 즉, 인권과 국민주권은 상호작용적이라는 전제를 상정하고, 모든 권리이해관계자들이 합리적인 담론에 참여하여 동의하고 결정하는 절차를 통해 인권의 정당성이 담보된다는 것이다.[74] 그러나 절차적 정당성도 그가 말했던 바와 같이 '이상적인 담론상황'이 전제되지 않는다면 한계가 있을 수밖에 없다.

특히 동성애를 인권, 즉 헌법적 기본권으로 규정하고자 하는 시도는 헌법 자체에 대한 대다수 건전한 사회시민의 불신을 낳는 결과에 이를 개연성이 높은 것이다. 그 이유는 다음과 같다.

첫째, 당대의 지배적인 윤리의식과 그에 터 잡은 사회생활과 유리된 법은 정치이데올로기의 도구로서의 법이지 인간을 위해 존재하는 법이 아니다. 시민생활을 규제하는 반윤리적인 실정법은

---

73 울리히 지버, 전 세계적 위험사회에서 복합적 범죄성과 형법－막스플랑크 외국 및 국제형법연구소의 연구현황, 한국형사정책연구원 편역, 2011 참조.
74 J. Habermas, a.a.O., S.138.

실제 시민의 저항에 부딪히거나 시민의 불복종을 불러일으키기 십상이다. 결과적으로는 사회생활을 규율하는 법의 기능 자체를 상실하게 될 것이다. 건전한 사회를 지향하며 공정하게 사유하는 보통사람들은 그러한 불건전한 내용의 법을 내면으로 수용하지 못하는 자연적인 경향을 갖고 있기 때문이다.

둘째, 법은 만인에게 공정하고 불편부당해야 하는데, 실정법이 실제 제정과정에서 어떤 특정집단의 이익을 도모하는 이데올로기의 영향을 받아 이데올로기의 포로가 되면, 그 법의 규율을 받아야 할 일반인들의 신뢰를 받기 어렵다. 실천이성과 양심의 지배를 받는 건전한 사회시민들은 국민의 지배적인 법의식과 보편적인 **도덕성에서 거리가 먼 소수자들의 목소리에 무개념적으로 야합한 실정법률에 단순히 복종을 거부하는 데서 더 나아가 그것을 악법으로 인식하게 된다.** 그런 악법은 신뢰를 얻을 수 없으며, 그럼에도 불구하고 그런 악법이 사실상의 힘으로써 지배하려 들 때 건전한 사회시민들은 그 실정법을 불신하고 시민불복종의 기치를 들고 나와 거부하며, 인간존엄의 삶을 지탱해 주는 보다 더 정의로운 법으로서 고차의 법 내지 도덕적인 자연법에 더 큰 관심을 갖게 된다.[75]

근대 이후로 실정법이 종교로부터, 도덕으로부터 독립하여 독자적인 영역을 고집하며, 또한 사회질서의 근간인 윤리조차도 종교와 법과 경제와 정치로부터 단절되어 파편화하는 경향에 흐르게 된 게 사실이다.[76] 여기에 실정법의 도구적 성격은 강화되었지만

---

75 물론 동성애 성향을 가진 사람 중에도 도덕적 개인들이 있을 수 있다. 필립 얀시 같은 기독교 영성가도 동성애성향의 사람이다. 그러나 그는 자신과 같은 처지에 있는 사람들에게 동성애보다는 독신이 훨씬 의미 있는 삶의 방도라는 것을 강조한다.

내용적 정당성에 의한 신뢰는 약화되어 갔다. 모름지기 평화로운 공동생활의 질서를 유지 발전시킬 규범인 법과 윤리는 독립별개의 것이 되어서는 안 되고 인간학적 관점에서 긴밀한 내적 연관성을 지녀야 하는 것이다. 성교육, 인권교육을 통해 젊은이들의 윤리기준이 바뀌고 있고, 세계화 시대에 접어들어 문화와 삶의 양식의 교류가 활발해진 때, 일국의 선량한 풍속과 보편적인 윤리기준을 보존하고 삶의 내면에로 깊숙이 전수하는 것은 실로 어려운 현실적인 과제가 되었다. 그러나 신이 천부적으로 부여한 인간의 양심과 이성의 진보를 신뢰한다면, 인간다움의 척도를 가지고 이런 현실의 도전에 대면하여 응전의 지혜를 모으는 노력을 한시도 게을리 할 수는 없을 것이다. 구체적인 법유토피아의 지평을 향하여 끊임없는 발걸음을 재촉하면서 말이다.

5. 인간과 인간의 존엄—인간학적 · 법철학적 시각에서

(1) 개 관

인간의 권리, 즉 인권에서 말하는 "인간이란 무엇인가"라는 물음은 지금까지 인권이론에서 그다지 심도 있는 논의를 거친 것으로 보이지 않는다. 인권에서 권리를 기초로 하여 정치적인 사회적

---

76 해롤드 버만/김철, 종교와 제도—문명과 역사의 법이론, 1992, 50면 이하 참조.

인 의미설계(Sinnentwurf)에 관한 논의는 비교적 활발하고 주목할 만한 성과도 없지 않아 보이는 데 비하면 인권의 다른 한쪽 축인 인간 및 인간의 존엄성(Menschenwürde)에 관한 논의는 그다지 만족스럽지 못해 보인다.[77] 그렇게 된 데는 종래의 인권이론에서 인간존재를 자명한 것으로 전제하였거나 추상적인 의미의 신학적. 형이상학적 유개념(類槪念)으로 이해하는 것으로 만족했던 게 아니었을까 짐작된다. 그러나 인간의 문제는 인권논의에서 결코 자명한 것으로 전제되어서도 안 되고, 더구나 추상적인 유개념으로 만족해서도 안 될 주제이다.

인간의 존엄성을 신학적으로 근거 지워준 사람은 이미 널리 알려져 있는 바 대로 중세 스콜라철학의 대가인 토마스 아퀴나스(Thomas Aquinas)이다. 그는 모든 인간이 하나님과 동일한 형상으로 지음 받았다는 점에서, 즉 신인(神人)동일형상(imago dei)에서 인간의 존엄성의 근거를 찾았다. 물론 신은 불완전한 인간과 비교할 수 없이 완전하고 전지전능하며 영원한 분이시다. 그러나 신은 인간에게 그의 영을 불어넣으셔서 인간이 다른 피조물과 달리 영적 존재가 되게 하셨고, 그 안에서 하나님을 알아 가고, 그를 사모하고 그를 믿고 의지하며 살아갈 수 있는 길을 열어 주셨다. 따라서 인간의 인격성 속에는 그의 불완전성에도 불구하고 신의 성품을 닮은 부분이 있으며, 그와 인격적인 교제를 나눌 수 있는 길도 열려 있는 것이다.

인간존엄성의 신학적 근거가 되는 하나님의 형상은 두 가지

---

77 S. C. Carey/M. Gibney/S. C. Poe, The Politics of Human Rights—The Quest for Dignity, Cambridge Uni. Press, 2010, p.7.

측면으로 분류되기도 한다. 첫째, 수동적으로 주어지는 수여적 형
상(형식적 형상)이다. 이에는 사고력, 구성력, 도덕적 분별력, 타인
과의 관계에서 자유와 책임 등이다. 둘째, 신이 나에게 주신 능력
을 사용함으로써 성취하는 성취적 형상(본질적인 형상)이다. 이에
는 이성과 합리성, 창조력, 환경에 대한 지배력, 신에 대한 순종과
도덕적 완전성, 사회성과 평화로운 공존 등이다.[78]

　　이러한 관점에서 내려진 인간존엄성의 정의로는 ① 인간은 신
의 피조물이고 신이 그와 동일한 형상으로 인간의 영혼을 창조하
였다는 점에 존엄성의 고유가치가 있다,[79] ② 모든 사람에게 고유
한 근원적 인격가치,[80] ③ 인간의 존엄은 정신적-영적인 가치체험
의 능력에 관계되어 있다,[81] ④ 인간은 인간만이 가지고 있는 인격
의 가치 부착성 때문에 다른 생물과 구별된다. 인간의 존엄성은 창
조질서에서 인간에게만 고유한 독립적 가치이다[82] 등이 있다.

　　인간존엄성의 가치 철학적 근거로는 하트만(Hartmann)의 영
향력이 컸다. 그는 인간의 고유한 지위는 가치왕국에 대한 인간의
감지능력, 활동능력, 사려능력, 결단능력 및 합목적능력에 의한 윤
리적 활동능력, 즉 윤리적인 결정의 자유에의 능력에 근거하고 있
다고 보았다.[83] 이에 경도되어 내려진 인간존엄성의 정의로는 ①

78　J. I. Packer, 하나님을 아는 지식(서문강 역), 1993, 16면 이하.

79　Welty, Enziklika mater et magistra, 5. Aufl., 1964.

80　E. Brunner, Das Menschenbild und dle Menschenrechte, in: universitas,
　　2. Jg. 1947, S.269.

81　v. Mangoldt-Klein, Das Bonner GG Kommentar, 2. Aufl., 1957, S.149.

82　H. Schorn, Um die Wahrung der Menschenwürde im Strafverfahren, in:
　　DRiZ 1961, S.7.

83　N. Hartmann, Ethik, 3. Aufl., 1949, S.623ff.

인간의 존엄은 "인간의 고유가치, 고유성으로서 인간의 본성 내지 인간의 이념적인 실체, 즉 인간의 본질을 이루는 것",[84] ② "존엄은 가치주체를 전제한 개념이다. … 존엄을 갖고 있다는 것은 인격이 있다는 말이다"[85] 등의 개념정의를 꼽을 수 있을 것이다.

인간의 존엄성을 윤리 철학적으로 탁월하게 규명한 사람은 칸트이다. 그는 인격의 자율성(Autonomie)을 인간존엄성의 윤리적 기초로 삼았다. 이에 따른 개념정의로는 ① "인간의 존엄은 인격의 내용을 이루는 것이다",[86] ② 인간의 존엄은 특수하고 본질적인 의미에서 인간을 구성하는 것이다,[87] ③ 인간존엄의 표상은 인격의 특별한 가치 부착성을 뜻하는 인간성(Humanität)이라는 말에 상응한다. 인간성은 인간에게만 있는 고유한 본성이므로 오직 그에게만 존엄이 부착될 수 있는 것이다,[88] ④ 인간은 기계처럼 지시에 따라 행동하는 존재가 아니며 그 지시와 반대되는 행동도 할 수 있는 가능성을 가지고 있다. 그는 어떤 행동을 할 것인지의 여부에서 자유롭다. 이처럼 인간이 결정의 자유 및 이러한 자유를 알고 있다는 점에서 단순한 동물과 구별되고, 바로 이 점에 특별한 예외자로서 인간에게 고유한 명예가 깃들어 있다. 따라서 자유와 명예는 인격의 최상위가치이며 물론 거기에 인간의 존엄성의 본질과 진수가 들어있다[89]는 서술들을 들 수 있다.

---

84 H. C. Nipperdey, Die Würde des Menschen, in: Neumann/Nipperdey/ Scheuner, 1951, S.26.

85 G. Dürig, Die Menschenauffassung des GG, in: JR 1952, S.259.

86 T. Maunz, Deutsches Staatsrecht, 17. Aufl., 1969. S.111.

87 Wernike, Erläuterung II 1a zu Art. 1 Satz 1 GG.

88 Th. Würtenberger, Humanität als Strafrechtswert, SdJZ 1948, Jg. III Nr. 11, S.652.

그러나 이와 같은 개념정의만 가지고서 인간과 인간존엄성의 깊은 뜻과 본질을 담아내기는 어려운 게 사실이다. 인간의 존엄성이 오늘날 국가헌법의 근본규범이요 인권법을 포함한 법질서 일반의 기본이 되는 규범(Grundnorm)으로서 지위를 점하면서도 또한 모든 법규범의 최상위원칙이 된다는 점은 일반인의 상식에 속한다. 그러나 그것이 개념적으로 무엇을 뜻하며 그 본질이 어디에 있는지는 아직까지 명확히 밝혀져 있는 게 아니다.

(2) 인간존엄성의 근거 지움

1) 인간학적 근거 지움

먼저 인간에 대한 이해부터 살펴보고자 한다. "본질이 실존에 우선한다"는 원리에 따라 인간의 본질을 '추상적 주체' 또는 '고립된 개인'으로 바라보던 본질 철학적·관념론적 인간상(人間像)은 19세기 이후 유물론과 "실존이 본질에 우선한다"는 실존주의에 의한 도전을 계속 받아 왔다.

그리하여 ① 인간은 "사회관계들의 앙상블"(Marx), ② 오로지 주체라고만 불리는 주체가 실제로는 서로 분리할 수 없는 '주체-객체'이듯, 오로지 객체라고만 불리는 객체도 실은 이와 마찬가지로 '객체-주체'의 관계 속에 놓여 있는 것이다. 다시 말해 '나'라는 존재자는 실은 '너-나'의 관계 속의 존재자이듯이 인간은 '세계-인간 혹은 자연-인간' 내지 공동체적 인간(Gemeinmenschen)이며, 마찬가지로 고양이는 실질적으로 '쥐'와의 관계 속에 있는 '쥐-고양이'

---

89 G. Bohne, Menschenwürde und Strafrecht, 1951, S.26.

이다(Ludwig Feuerbach), ③ 모든 현실적인 것은 주체와 객체 사이의 '生起의 복합' 속에서 발생한다(Nietzsche), ④ 인간이 현실적으로 맺고 살아가는 모든 관계의 총합이다(Sartre), ⑤ 인간실존은 "객관성에로 주관성을 해소하는 운동, 주관성에로 객관성을 해소하는 운동" 가운데서 발생한다(Jaspers), ⑥ 인간은 삶을 영위하거나 타인과 더불어 삶을 영위해 가는 존재이며 '구체적·현실적 인간'은 스스로 세계 내에서 그 무엇으로 객관화되는 존재이고, '구체적·현실적 세계'는 인간 안에서 그 무엇으로 주관화되는 존재이다(Heidegger), ⑦ 인간은 "자기의 개인적 입장으로부터 자기화된 너와 나가 아니라, 타인의 사회적 입장으로부터 자기화된 나와 너의 사회적 존재인 '로서의 존재'(Alssein)이다(Maihofer), ⑧ 법에 있어서 인간은 더 이상 Robinson이나 Adam 같은 고립된 개인이 아니라 도리어 사회 속에서의 인간, 즉 집합인간(Kollektivmensch)이다(Radbruch), ⑨ 인간존재의 근본적인 사실은 '사람 사이의 존재'라는 데 있다. 나는 너에게서 비로소 내가 된다. 나는 내가 되면서 비로소 너라고 말한다. 모든 참된 삶은 만남이다(Buber), ⑩ 인간은 단순한 개인(Individuum)이 아니라 원래부터 더불어 사는 공존인간성(Mitmenschlichkeit)을 부여받은 존재이다(Barth) 라는 언명들이 저간의 사정을 말해 준다.[90]

현시대는 인간이란 어떤 존재인가에 대한 묵상 자체가 사라진 시대가 아닌가? 이에 대한 깊은 성찰 없이는 인간의 권리, 인권도 깊이 있게 논할 수 없을 것이다. 세계 내 존재(In-der Welt-sein)로서 세

---

90 김일수, 형법질서에서 인간의 존엄, 고려대 석사학위논문, 1975, 36면 이하 참조.

계와 관계된 인간(Weltmensch)은 현실적으로 그의 실존을 영위함에 있어 항시 다른 존재자와 다양한, 다방면의 관계를 맺고 살아가게 마련이다. 그것은 바로 위에서 본 인간에 관한 여러 언명들에게서도 나타난 것이지만, 특히 다음과 같은 두 가지 의미에서 더욱 그러하다. 첫째, 인간은 인간 이외의 존재자인 자연과의 관계에서 그렇고, 둘째, 인간은 자기 이외의 존재자인 타인과의 관계에서 그렇다. 전자의 의미에서 인간을 '자연관계적 인간'(Natur-Mensch)이라 하고, 후자의 의미에서 인간을 '인간관계적 인간'(Menschen-Mensch: Mitmensch)라고 한다.[91]

그런데 이 자연관계적 인간의 입장에서 보면, 세계 내의 사물들은 인간실존에 필요한 도구로서의 의미를 갖는다. 타면 인간관계적 인간의 입장에서 보면 인간의 현존재는 공존하는 사람들 사이에서만 존재할 수 있고, 너 없이 나의 인간실현이 불가능하듯 나 없이 너의 인간실현도 불가능하다는 의미에서 타인은 나의 자기존재 실현을 위한 필연적 요소로 이해된다. 사회란 실로 이처럼 공존하는 사람들의 광장이며, 인간은 여기에서 자기존재의 객관화에 의해 고립된 개별자가 아니라 타인 중의 일인으로 사회화되는 것이다.

이 같은 인간학적 관점으로부터 출발할 때 우리가 인간의 행위라 부르는 것도 그것이 객관적·사회적으로 타인(당사자 쌍방 간에서건, 불특정 다수인에 대한 관계에서이건)에 대하여 어떤 사회적·윤리적 의미를 갖느냐에 따라 그 실질이 밝혀질 수 있는 것이다. 고립된 개별자는 종교적 의미에서, 즉 신 앞에서나 또는 도덕적 의미에서, 즉 자기 자신의 양심에 대해 어떤 유의미한 행위를 할 수

---

91 W. Maihofer, Menschenbild und Strafrechtsreform, 1964, S.9.

있을지 모르나, 법적 의미에서 유의미한 행위를 할 수는 없다. 동일한 행위라도 두 사람 이상이 함께 공존하는 사회 안에서, 즉 타인에 대한 관계 하에서만 비로소 법적·사회적 의미의 행위가 성립할 수 있다. 왜냐하면, 오직 더불어 사는 타인과의 관계하에서만 한 사람의 어떤 행위가 사회적 의미성(soziale Sinnhaftigkeit)을 획득할 수 있기 때문이다.

이 사회적 의미성을 도외시하고 그 자체만으로 이미 의미를 지닌 행위란 상정하기 어렵다. 어떤 행위가 사회적 의미성을 갖는 것은 그 행위가 타인(개인이건 공동체이건)에게 어떤 영향을 끼쳤느냐에 달려 있다. 즉, 타인의 기대와 이익에 위해를 가했거나 그것을 실추시켰을 때에는 부정적 평가의 차원에서 사회적 의미성을 띠는 것이요, 타인의 기대와 이익을 증진시키거나 충족시켰을 때에는 긍정적 평가의 차원에서 사회적 의미성을 띠는 것이다.[92] 물론 법질서에서 더 중요한 측면은 전자, 즉 부정적 평가의 측면이다. 왜냐하면 후자, 즉 긍정평가의 측면은 칭찬과 포상의 대상인 만큼 법질서 외의 보다 더 근본적인 사회적·윤리적 차원과 밀접한 관계를 이루기 때문이다.

2) 법철학적 근거 지움

그러면, 법질서에서 이 사회적 의미성을 규정하는 결정적 요소는 무엇일까? 그것은 행위가 타인의 실존조건에 부정적으로 미치는 영향이다. 인간은 질서의 일반법칙에 따라 그에게 부여한 자유의 내용과 한계를 본의 아니게 그르칠 수 있을 뿐 아니라, 그에

---

92 심재우, 사회적 행위론, 법조 제24권 제7호, 1975, 68~78면 이하 참조.

게 주어진 이러한 자유의 활동범위를 고의로 이탈하여 타인의 자유와 권리를 침해할 수도 있다. 그 이탈과 남용의 가능성은 인간이 자유를 구사할 수 있는 **다음과 같은 몇 가지 인간학적 유형들을 분석해 보면 더 분명해진다.**[93]

즉, 첫째, 인간은 그의 자유를 아무런 동기 없이 욕구 그 자체, 즉 순수한 자의(reine Willkür)의 유형으로 활용할 수 있다. 칸트는 이것을 '의지의 부정적 자유'라고 부른다. 이런 유의 인간은 "나는 원하기 때문에 그렇게 하고자 한다(Ich will, weil ich will)"로 공식화할 수 있을 것이다.

둘째, 인간은 그의 자유를 어떤 동기로부터 나오는 의욕, 즉 감성적 자의(sinnliche Willkür)의 유형으로 활용할 수 있다. 이러한 유의 인간은 호·불호의 관점에서 세계를 경험하는 감성체(Sinnenwesen)로서 그의 의욕행위는 항상 지향과 욕구에 따라 동기가 지워져 "나는 욕망하므로 그것을 행하고자 한다"(Ich will, weil ich es begehre)는 형식으로 유형화할 수 있다.

셋째, 오성적 욕구(verstandesmässiges Wollen)의 유형이다. 이러한 인간은 현명함과 유용함이라는 관점으로부터 세계를 계산하는 오성주체(Verstandessubjekt)로서 그의 의욕은 항상 이·불리(利·不利)의 계산에 따라 목적합리적인 행위선택을 하게 된다. 이런 유의 인간은 "그것이 내게 이롭기 때문에 나는 그것을 하고자 한다"(Ich will, weil es mir nützlich ist)는 형식으로 유형화할 수 있다.

넷째, 이성적 의욕(vernunftgemässes Wollen)의 유형으로도 자유를 행사할 수 있다. 이러한 유형의 인간은 정당성과 윤리성이라

---

93 W. Maihofer, Rechtsstaat und menschliche Würde, 1968, S.99ff.

는 포괄적인 고차원의 관점으로부터 세계를 올바르게 이해하고 해석하는 이성을 갖춘 인격(Vernunftperson)으로서 그의 의욕은 항상 원리 또는 규범에 맞는 가치합리적인 행위선택을 하게 된다. 이러한 유의 인간은 "나는 그것이 옳고 선하다고 판단하기 때문에 그것을 하고자 한다"(Ich will, weil ich es so für recht, für gut halte)는 형식으로 유형화할 수 있다.

그런데 **현실계의 개개인간은 이와 같은 그의 자유의 활용에 있어서 이성에 합치하는 의욕을 실현하는 경우를 제외하고는 대체로 그 자유의 한계를 일탈하거나 남용할 가능성이 높다.** 한 사람의 자유일탈이나 자유남용은 관계당사자인 타인의 입장에서 보면 그 타인의 현존재, 즉 그의 **실존적 삶을 스스로 윤리적으로 발전시키기 위한 조건**을 침해하거나 위태롭게 하는 경우일 것이다. 뿐만 아니라 동시에 그의 **실존적 삶을 윤리적으로 보전하기 위한 조건**을 침해하거나 위태롭게 하는 경우도 될 것이다. 여기에서 인간의 윤리적 자기발전조건은 인간의 자율성, 즉 정신적·내적 자유로서 인간의 **주관적 실존조건**에 해당한다. 그리고 인간의 윤리적 자기보존조건이란 이러한 내적 자유를 통해 자기발전을 가능하게 하는 외적 자유 및 안전으로서 인간의 **객관적 실존조건**을 뜻하는 것이다. 여기에서 전자, 즉 **인간의 윤리적 자기발전조건이 바로 우리 헌법도 인정한 인간의 존엄이라는 최고의 법가치인 것이다.**

이 인간의 존엄성을 철학적·윤리학적으로 근거 지움에 관하여 우리는 오늘날에도 칸트에게 빚을 지고 있는 셈이다. **칸트에 의하면 인간은 목적 그 자체로서 실존하며, 결코 이런저런 의지가 임의로 사용할 단순한 수단이나 대상으로 될 수 없다는 것이다. 왜냐하면 인간은 물건이나 금수가 아니라 인격의 소유자이기 때문이다.**[94] 인격으로서 인간은 스스로를 창조하는 존재이다. 그렇기 때문에 인간은 애당초 '이성적 존재'가 아니라 '이성능력이 부여되어 있는 존재'이다. 그는 그 이성능력을 구사하여 자기입법과 자기활동의 기획 가운데서 창조의 궁극목적에 따라 자기 자신을 하나의 인간으로 그리고 더 나아가 하나의 이성적 존재로 완성시켜 나가는 존재이기도 하다.[95]

칸트에 따르면 이성은 인간이 한 동물로서 갖고 있는 자연적 본능을 훨씬 능가하는 목적 정립적인 창조능력이며, 그 기획력은 한계를 모른다고 한다.[96] 인간은 이성의 힘으로 자기 자신을 인간적 존재로 개발(kultivieren)하여 그 '창조의 빈터'를 스스로 개간해 나가지 않으면 안 될 존재로 운명 지어져 있다는 것이다.[97] 이와 같이 칸트를 따라서 우리가 이성을 '인간의 자기창조의 원천'이라고 이해한다면 이러한 이성능력은 무조건적이며 다른 것과 비교할 수 없는 가치, 즉 절대적인 내재적 가치로서 존엄성을 갖는다고 할 것이다.[98]

칸트에게는 자유가 목적이고 이성이 그 자유의 활동을 위한 수단이 아니라, 거꾸로 이성이 목적이고 자유는 이성의 활동을 위한 수단인 것이다. 이 이성 활동의 결과로 인간의 동물적 본성을 능가하는 **제2의 천성이 생겨나**, 문화세계에서 이성의 본성을 스스로 계

---

94 심재우, 인간의 존엄과 법질서, 고려대 법률행정논집 제12집, 1974, 104면 이하; W. Maihofer, a.a.O., S.47f.; I. Kant, Grundlegung zur Metaphysik der Sitten, in: Kant-Werke, Bd. VII, 1968, S.59f.

95 심재우, 전게논문, 106면에서 재인용.

96 I. Kant, Idee zu einer allgemeinen Geschichte in weltbürgerlicher Absicht, in: Kant-Werke, Bd. XI, 1968, S.35.

97 I. Kant, a.a.O., S.49: 심재우, 전게논문, 107면.

98 I. Kant, Grundlegung zur Metaphysik der Sitten, a.a.O., S.67f.

발하고 발전시키는 것이다. 이런 관점에서 보면 인간의 존엄은 인간이 다만 인간이라는 점에 있지 않고, 오히려 자기의 이성을 통해 본능의 충동이 이끄는 욕구를 뛰어넘어 자기 자신을 하나의 이성적인 존재로 발전시켜 가는 자기창조능력 안에 근거를 두고 있는 것이다.[99]

또한 인간은 근원적으로 자율적 존재이다. 인간은 모든 타인의 의지로부터 독립된 자율적 존재로서 도덕법칙의 주체가 되는 것이다. 그러므로 인간을 다른 모든 피조물과 구분 짓는 인간학적 고유가치는 **윤리적인 자기결정에 의하여 인격적인 자기목적설정을 할 수 있다는 것, 즉 인간의 자율성에 놓여 있다.** 이런 맥락에서 자율도 인간성의, 즉 모든 이성적 존재의 존엄의 근거가 된다.[100] 여기서 자율성이란 보편적인 입법의 원리에 스스로를 복종시켜 자기입법을 할 수 있는 능력을 말한다.[101]

이러한 견해를 따른다면 인간의 존엄은 인간이 본디부터 하나의 이성적 존재로 또는 신에 의해 신과 닮은 형상의 피조물로 만들어진 존재라는 데 근거하기보다 오히려 인간이 이성능력과 윤리적 자기결정능력에서 나오는 자유를 구사하여 자기입법과 자기활동의 기획 가운데서 자기 자신을 인간성 내지 인격성으로 완성시켜 나가는 존재라는 데 방점이 찍혀 있는 것이다. 그러므로 인간에게 있어 존엄성은 인간의 고상함(Erhabenheit)과 같은 의미를 지닌

---

99 I. Kant, Anthropologie in pragmatischer Hinsicht, in: Kant-Werke, Bd. XII, 1968, S.673.

100 I. Kant, Grundlegung zur Metaphysik der Sitten, a.a.O., S.69.

101 I. Kant, a.a.O., S.74 이런 맥락에서 칸트가 말한 자율성은 Arth. Kaufmann 이 적절히 지적했듯이 절대적인 자율이 아니라 상대적인 자율을 의미한다.

다.[102] 바로 그 때문에 우리들은 윤리적으로 인간을 목적 그 자체로 존중하여야 할 뿐 아니라 법적으로도 존중하고 보호하지 않으면 안 된다.[103] 왜냐하면, 인간은 비록 그의 존재실현에서 때로는 실패와 좌절을 경험할 수 있지만, 궁극적으로는 존엄, 즉 인격성의 완성을 지향하여 가는 심미적 · 윤리적 · 종교적 존재이기 때문이다.[104]

(3) 인간질서의 기본구조

1) 자기 자신과 타인에 대한 존중의무

칸트에 따르면 인간은 목적 그 자체로 실존한다. 그의 덕론에서 이 목적은 상황에 따라 수단으로 전락될 수 있는 주관적 목적이 아니라 그 자체만으로서도 하나의 존중가치를 지니는 객관적 목적을 의미한다. 이러한 객관적 목적의 관념으로부터 칸트는 실천적 정언명령의 하나로 '덕론의 최고원칙'을 끄집어낸다. 즉, "모든 사람에 대하여 하나의 일반원칙이 될 수 있는 목적의 격률에 따라 행동하라. 이 원칙에 의하면 인간은 자기 자신이나 타인이나 다 목적이다. 그러므로 인간이 자기 자신이건 다른 사람이건 단순히 수단으로 이용하지 않았다는 것만으로는 부족하고, 더 나아가 모든 사람(인간 일반)을 목적 그 자체로 삼아야 하는 것은 그 자체 인간의 의무이다."[105]

---

102 G. Manetti, Über die Würde und Erhabenheit des Menschen, übersetzt von H. Lippin, 1990, S.66. Manetti는 더 나아가 존엄을 종교적 이상인 거룩과도 동일시한다.

103 W. Maihofer, Rechtsstaat und menschliche Würde, a.a.O., S.48.

104 키에르케고르의 심미적/윤리적/기독교적 실존. http://waam.net/xe/trace/10466

여기에는 인간의 자기 자신에 대한 존중의무와 타인에 대한 존중의무가 함께 문제된다. 먼저 인간이 자기 자신에 대하여 자신의 인격을 목적으로 존중할 의무를 진다는 것은 **개인의 도덕적 의무**를 말하는 것이다. 거기에는 **자기보존과 자기발전**이란 두 가지 의무가 포함된다. 전자는 인간의 도덕적 건강성에 관계되어 있는 의무이고, 후자는 인간의 도덕적 문화에 속해 있는 의무이다. 전자의 명제는 "너의 자연의 완전성 가운데서 너 자신을 보존하라"이고, 후자의 명제는 "자연이 단순히 너를 창조하였던 것 보다 자신을 더 완전하게 만들라"는 것이다.[106]

자기 자신에게 이처럼 존중의 의무를 과하는 주체는 물리적, 동물적 존재자로서의 인간(homo phaenomenon)이 아니라 **도덕적, 인격적 존재자로서의 인간**(homo noumenon)이다. 왜냐하면, 동물적 존재자로서 인간이 아닌 인격적 존재자인 인간만이 도덕적 실천이성의 주체가 될 수 있기 때문이다.[107] 그리하여 칸트는 "자기의 권리를 타인의 발밑에 짓밟히게 하는 것은 인간의 자기 자신에 대한 존중의무위반이다. 자기 자신을 벌레로 만드는 자는 나중에 짓밟혔을 때 아무런 호소도 할 수 없다",[108] "남의 종이 되지 마라, 너희들의 권리를 타인에 의하여 짓밟히지 말라"[109]고 이른다.

도덕성의 세계에서 자기 자신에게 요구되고 있는 이와 같은 도덕적 의무는 인간의 인격적 존엄만은 자기 자신의 것이라고 해서 함

---

105 I. Kant, Die Metaphysik der Sitten, in: Kant-Werke, Bd. VIII, 1968, S.526.
106 심재우, 인간의 존엄과 법질서, 전게논문, 108면 이하 참조
107 I. Kant, Kritik der praktischen Vernunft, in: Kant-Werke, Bd. VII, 1968, S.111.
108 I. Kant, Die Metaphysik der Sitten, a.a.O., S.599.
109 I. Kant, a.a.O., S.571.

부로 짓밟을 수도 없고, 또한 짓밟히게 할 수도 없다는 의미이다.[110] 그것은 '인격 자체의 권리적격성에 대한 승인'이며 그 승인요청은 자기 자신뿐만 아니라 타인에 대해서도 똑같이 타당한 것이다.

다음으로 사회 윤리적 차원에서 칸트가 말한 타인에 대한 존중의무를 살펴볼 차례이다. 우리는 이와 관련하여 앞서 본 칸트의 '덕론의 최고원칙' 가운데서 타인의 인격을 '단지 수단으로' 사용하지 말라고 한 언명에 주의를 기울일 필요가 있다. 이것은 타인을 '일방적인 수단으로' 삼아서는 안 된다는 말이다. 즉, 인간관계는 반드시 쌍방적으로 목적-수단, 수단-목적 관계에 놓여 있어야 할 뿐 아니라, 하나의 행위가 쌍방에게 항상 동시에 이용하고 이용당하는 관계에 놓여 있지 않으면 안 된다는 의미이다.

내가 나의 목적을 위하여 너를 일방적인 수단으로 사용해서는 안 되는 것과 같이 너 또한 나를 너의 목적을 위하여 일방적인 수단으로 사용해서는 안 된다. 인간 사이의 상호존중의 원칙은 인간질서의 있어야 할 제1의 존재형식이며, 그것은 동시에 법 이전에 인간행위를 구속하는 윤리규범으로 나타난다. 따라서 이로부터 연역되는 질서원리는 질서 주체 사이에 반드시 주체성이 있어야 하고 그 주체성을 바탕으로 하여 서로 쌍방적으로 수단화하고 목적화하는 관계가 수립되어야 한다는 것이다. 이것을 상호성의 원칙 또는 황금률이라고 칭한다.[111] 마이호퍼(Maihofer)는 이와 관련하

---

110 칸트는 자기 자신에 대한 도덕적 의무위반의 대표적인 예로 자살을 들고 있다. 같은 논리로 당사자 간 합의에 의해 이뤄지는 근친상간이나 동성애는 물론 인류의 오랜 금기인 수간 따위도 들 수 있다.

111 W. Maihofer, Vom Sinn menschlicher Ordnung, 1956, S.88ff.; ders., Ordnung und Gesellschaft, 1960, S.322ff.

여 황금률만이 자기의 인간실현에 책임을 져야 할 독립된 인간실존 상호 간의 이해관계에 상응하는 질서의 규율형태라고 말한다. 그러나 상호성의 원칙이건 황금률이건 그것을 당사자들의 의사합치에 일임한다면, 당사자 간에서 일어나는 노예계약, 첩 계약, 동성애자의 결합 등이 표출하는 공서양속에 반하는 반사회성과 반인륜성을 어떻게 다룰 것인지 혼란스러운 문제가 아닐 수 없다.

2) 자유의 일반법칙

우리는 그 다음으로 이 덕론의 최고원칙 가운데서 '일반법칙'이라고 한 칸트의 말의 의미를 더 심도 있게 검토해 볼 필요가 있다. 이 '일반법칙'은 '자유의 일반법칙'이란 말 가운데서 더 뚜렷한 시사점을 제시해 준다. 칸트의 소위 '목적의 왕국'의 질서구조는 상호성의 원칙에 입각하여 형성된 자유의 일반법칙의 세계를 의미하기 때문이다.[112] 칸트에게서 생래적 인권으로서 자유는 모든 인간존재에게 인간이기 때문에 당연히 귀속되는 자연권이지만, 타인과의 관계에서는 결코 무제한적인 자유로 승인될 수 없고, 타인의 자유와 공존할 수 있는 한에서만 인정된다.[113] 이것이 소위 인권의 내재적 제약의 법철학적 의미인데 그 한계선을 어디에다 어떻게 그을 것인가에 대한 물음을 풀 수 있는 해답의 열쇠가 바로 '자유의 일반법칙의 문제'인 것이다.

칸트의 사상체계에서 자유는 평등을 전제한다. 즉, 자유권은 두 사람 이상의 주체 사이의 공존상황에서 상호독립성을 주장하는 권리

---

112 I. Kant, Grundlegung der Metaphysik der Sitten, a.a.O., S.66, 77.
113 I. Kant, Die Metaphysik der Sitten, a.a.O., S.345f.

이므로 항상 동시에 평등권을 의미하지 않을 수 없다.[114] 공존상황에서 자유와 평등이 각각 독립되어 있는 개념요소가 아니라 상호의존적으로 일방이 타방을 전제하고 있다. 왜냐하면, 불평등은 이미자유의 공존을 불가능하게 하며 또한 부자유는 이미 평등성의 바탕을 결하게 되기 때문이다. 따라서 자유의 일반법칙은 자유의 평등성이 균형 잡힌 상태, 즉, 만인이 평등하게 자유로울 수 있는 질서상태의 구조에 관한 법칙을 의미하는 것이며 이것을 일반적으로인간질서의 근본상황이라 부른다.[115] 인간질서에서 이러한 근본상황은 이미 실정법 이전에 있어야 할 인간질서의 객관적인 존재구조이며 이것은 또한 자연법 이외에 다름 아니다.[116]

3) 법적 권리와 의무

위에서 본 바 인간질서의 존재론적·인간학적 근거는 인간의존엄성 그 자체에 뿌리를 두고 있음은 두말할 필요조차 없다. **인간의 존엄에 관한 존중의무가 자기 자신에 관계하여서는 도덕적 의무로 나타나고, 타인에 관계하여서는 윤리적 의무 내지 권리로 나타나며, 이제 이것이 법으로 전환되면 법적 의무 및 권리가 되는 것이다.**인간이 자기 자신에 대한 도덕적인 의무를 소홀히 하면 자기 자신의 인간성에 대한 도덕적 죄 내지 실책을 저지르게 되는 것이며,이 죄는 타인과의 관계에서 윤리적 죄로 화하는 동시에 법적 범죄에 해당할 수 있는 것이다. 그렇다면 타인과의 사회적 관계에서 어

---

114 I. Kant, a.a.O., S.345.

115 W. Maihofer, Rechtsstaat und menschliche Würde, a.a.O., S.27.

116 이러한 의미의 '제도적 자연법'에 관하여는 마이호퍼, 실존법으로서의 자연법(윤재왕 역), 2011, 69면 이하 참조.

떻게 윤리적 죄 또는 법적 범죄를 피할 수 있을까? 칸트는 먼저 한 인간으로서 나 자신에 관계하여 요구하기를 "자기 자신의 완성을 목적으로 삼으라"는 것이고, 타인에 관계하여 요구하기를 "타인의 행복을 목적으로 삼으라"고 한다. 여기에서 타인의 행복이란 실은 그 타인의 입장에서 보면 자기의 완성을 의미하는 것이다. 그렇다면 결국 칸트의 사회윤리의 전체구조는 자기완성을 자기 및 타인에 대하여 가능하게 하는 윤리의 최대한도의 외연을 그리는 데 있고 그 외연은 다시 윤리의 최소한도로서 법의 외연과 접하게 된다. 바로 이 한계점에서 윤리적 권리의무는 법적 권리의무로 변환될 수 있는 것이다.[117]

(4) 법질서의 존재의의

1) 사교적 비사교성과 법질서

그러면 존엄한 인간의 세상에서 왜 법질서가 필요한가? 우리가 위에서 인간존엄의 존중과 보호라는 규범적 측면에서 바라본 인간은 도덕적 본성을 지닌 인간(homo noumenon)이었다. 칸트가 상정한 **이성과 자율성을 지닌 그런 인간들만 사는 세상이라면 굳이 법이 필요하지 않을 것이다.** 공자가 말했던 예대로 한다면 인생 70이 되어 종심소욕 불유구(從心所欲 不踰矩)의 경지에 들면 법 없이도 살 사람이 되는 셈이다. 그러나 탐욕과 이기심, 오류와 편견이 들끓는 사실적 측면에서 바라본 인간, 즉 동물적, 경험적 본성의

---

117 심재우, 전게논문, 115면 이하; Arth. Kaufmann, Recht und Sittlichkeit, 1964, S.9, 18.

인간(homo phaenomenon)을 직시하게 될 때 우리는 이 문제에 대한 답을 얻을 수 있을 것이다. 도덕적 본성을 지닌 인간의 어두운 그림자라고 할 수 있는, 즉 사실의 측면에서 경험적 본성을 지닌 인간을 바라보면, 공존세계에서 일상을 살아가는 인간은 타인과 마주치게 될 때, 대등한 관계에서건 부대등한 관계에서건 피할 수 없이 일탈과 파괴, 욕심과 증오와 속임수, 모순과 충돌, 대결과 경쟁 같은 것을 경험하지 않을 수 없다.

인간 상호 간의 관계에서 일종의 야만상태인 이 같은 충돌관계는 칸트가 '인간의 비사교적 사교성'(Die ungesellige Geselligkeit der Menschen)이라고 말한 바 있는 이 동물적, 경험적인 인간본성에 그 인간학적 근거를 가지고 있다.[118] '비사교적 사교성'에서 일면 사교성이란 인간이 서로 불신하고 증오하는 갈등상황에서도 자기의 타고난 자연적 소질을 더욱 발전시킬 수 있다고 믿기 때문에 서로서로 잘 어울리려고 하는 인간의 본원적인 성벽을 말하며, 타면 비사교성이란 인간에게 자기 생각대로만 하려는 독선적 경향이 있어 모든 면에서 타인의 저항을 기대하게 되기 때문에 서로서로 어울리지 않으려고 하는 인간의 습성을 말한다. 칸트가 이것을 비사교적 사교성이라 표현한 것은 인간의 본성 가운데 이 두 가지 경향이 항상 동시에 존재한다는 점을 말하려 한 것이다. 마치 현대의 심층심리학에서 자주 접하는 바, 인간의 무의식 깊은 곳에 가지런

---

118 I. Kant, Idee zu einer allgemeinen Geschichte in weltbürgerlicher Absicht, a.a.O., S.37f.; W. Maihofer, Recht und menschliche Würde, a.a.O., S.73; 심재우, 인간의 존엄과 법질서, 전게논문, 125면; Il-Su Kim, Die Bedeutung der Menschenwürde im Strafrecht, Disser. München, 1983, S.163ff.

히 놓여 있는 파괴적인 본성(destrudo)과 건설적인 본성(construdo), 다시 말해서 사랑의 본성과 증오의 본성의 동시적인 공존재와 유사한 것이다.

그러나 칸트는 비사교성을 순자의 성악설이나, 사교성을 맹자의 성선설처럼 이해하지 않는다. 이 비사교성 때문에 인간은 언제나 자기를 다른 사람과 비교하는 버릇에 길들여지고, 또 타인과의 우열을 저울질해 보며 남보다 잘되려는 의욕도 갖게 된다고 한다. 이 의욕(Wollen)이 자의(Willkür)이며 여기에는 일체의 탐욕이 포함된다. 즉, 성욕, 소유욕, 명예욕, 지식욕, 지배욕 등등 … 이러한 각종 의욕에의 본성이 나쁘게는 타인을 단순히 수단으로 이용하게 되지만, 좋게는 서로 자기가 잘되려고 노력하고 경쟁하게 된다고 한다.[119]

어느 의미에서 인류가 만들어 놓은 문명의 금자탑, 모든 문화와 예술, 그리고 극히 잘 짜여 전해 내려오는 선량한 풍속과 그 밖의 사회질서(민법 제103조) 등이 실은 이러한 인간의 비사교성의 산물이다. 이 비사교성이야말로 인간으로 하여금 자기 자신을 훈련시키고 더 나아가 능란한 솜씨로 자기의 자연적 소질을 남김없이 개발하게 만드는 성품이기도 하다. 그리하여 칸트는 "이 비사교성[欲]에 대하여 도리어 자연[神]에게 감사해야 한다. 그것이 없었더라면 인간성의 모든 탁월한 자연적 소질은 영원히 개발되지 않은 채 잠잘 것이다"라고 말한다.[120]

그러나 바로 그 비사교성 때문에 인간사회에는 법과 윤리, 법

---

119 I. Kant. a.a.O., S.38f.; W. Maihofer, Was ist Recht, in: Juristische Schulung, 1963, S.166.
120 I. Kant, a.a.O., S.38.

질서와 윤리질서가 필요하다는 결론에 이르게 된다. 이 세상에서 인간이 단독자로 살고 있다면 그의 끝없는 욕이 전혀 문제되지 않으며, 따라서 법과 윤리도 별 소용이 없을 것이다. 에덴동산에 아담이 아직 독처할 때나 무인도의 로빈슨(Robinson)이 토인들의 카니발의식의 제물이 될 뻔한 소년 프라이데이(Friday)를 구출하여 함께 생활하게 되기 전까지는 그들 개인의 욕이 아무리 클지라도, 그로 인해 혹시 **해를 입을 타인이 존재하지 않기 때문에 문제될 게 전혀 없다.** 타인과 더불어 평화로운 공존을 이루어 가야 할 사회체계 속에서만 한 개인의 욕은 더불어 살아가는 타인 때문에 그 합리적인 한계가 그어지지 않으면 안 된다. **한 사람이 욕을 많이 차리다 보면 타인의 욕과 비극적인 충돌을 면할 수 없을 것이다.** 그러므로 경험적으로 예상되는 이런 충돌과 갈등상황을 윤리나 법으로 규율하지 않으면 '만인의 만인에 대한 투쟁 상태'는 불을 보듯 뻔히 보게 될 것이고, 사회적 약자는 사회적 강자들이나 무법자들의 무규범적 행태에 속수무책으로 당하거나 일방적인 수단으로 사용되기도 하고 심지어는 멸절될 위험에까지 처할 수 있을 것이다.[121]

2) 법질서의 과제

칸트에 따르면 법질서는 두 가지 사명을 동시에 충족시키지 않으면 안 된다. 일면으로 인간의 욕을 억제함과 동시에 타면으로

---

121 심재우, 전게논문, 126면;동성혼 이슈에 이것을 접목하여 '동성애자들의 가족구성권(결혼/입양) 요구나 성전환수술을 하지도 않은 사람들이 자기의 정신적 성을 이유로 반대성의 화장실 사용 권리를 주장하는 것도 불합리한 욕심'이라고 한다면 이것을 자제하고 금지시키는 윤리와 법률이 필요하다는 추론이 가능할 것이다.

그것을 촉진시켜야 할 소임이 그것이다. 인간이 천성적으로 타고난 욕을 억제하되 아주 말살시켜서는 안 되고, 그것을 촉진시키되 아주 방임해서도 안 된다. 그리하여 법질서의 소임은 인간 사이에서 무시로 일어나는 자의(恣意)가 타인과의 관계에서 지켜야 할 만큼의 필요한 한계를 일탈하지 않도록 법규범으로 정하여 그 자의를 규율하는 일이다. 칸트의 유명한 법의 정의(定義)는 바로 이런 의미를 담고 있는 것이다:"법이란 한 사람의 자의가 다른 사람의 자의와 자유의 보편법칙에 따라 서로 상용할 수 있는 조건의 총합이다"[122] 칸트의 이러한 법의 정의는 인간의 도덕적 자기실현과 자기완성을 타인과의 관계에서 가능하게 하는 필요불가결한 인간화의 가능조건을 지칭한 것으로 이해된다.[123]

그러므로 **법은 개인의 실존적인 자유에 대한 장애물이 아니라 그 자유의 장애물을 저지시켜 줌으로써**[124] **인간의 자연적 소질과 정신력을 개발하기 위한 윤리적 자기보존과 자기발전의 조건들을 확보해 주는 데 그 존재의의가 있다.** 그러나 종교규범이나 도덕규범과 달리 법은 제1차적으로 인간 사이의 외적 자유의 형식적 조건에 관심을 기울인다. 행위의 내면적인 동기야 어떻든 간에 외면적으로 법률에 합치되는 행위를 하였으면 법은 그것으로 만족한다. 이것이 합법성의 원칙(Legalitätsprinzip)이다. **만일 이 원칙이 타인과의 사이에서 확립되어 있지 않다면, 인간이 도덕적 자유를 구사하여 내면의 세계로부터 자기를 인간화하는 작업은 어렵게 될 것이다.**

---

122 I. Kant, Die Metaphysik der Sitten, a.a.O., S.337.
123 W. Maihofer, Rechtsstaat und menschliche Würde, a.a.O., S.63; 심재우, 전게논문, 127면.
124 Arth. Kaufmann, Recht und Sittlichkeit, 1964, S.17.

이 점에서 합법성과 도덕성은 일단 구별된다. 도덕성은 도덕률에 대한 도덕주체의 자율적 입법과 자율적 복종을 의미하며 여기에서는 의무이행의 내면적 동기가 중요하고 또 성질상 강제될 수도 없다. 인간에게 실천이성에 따르는 의무이행을 명하는 점에서는 법과 도덕 사이에 아무런 차이가 없으나 그 의무이행을 밖으로부터 힘으로 강제할 수 있느냐에 따라 양자는 구별된다. 법적 자유는 도덕적 자유를 위한 수단에 지나지 않지만, 전자 없이는 후자의 작용이 불가능하다. 따라서 합법성의 원칙은 도덕성의 원칙에 선행한다.

기능적으로 볼 때 법은 항시 **정향(定向)기능 내지 선도(先導)기능과 규제기능**의 긴장관계 속에 놓여 있다. 법의 선도 기능은 인간과 사회를 인간존엄성의 가치와 평화로운 공동체적 이념으로 이끄는 기능이다. 이에 비해 규제기능은 미리 일반적인 금지 또는 명령규범을 과하고 그에 위반한 행위를 예외적으로 정당화시켜 주는 허용규범을 제시하여 정당화될 수 없는 일정한 금지규범 위반행위에 대해 일정한 제재를 가함으로써 질서안정을 도모하는 기능이다. **법의 선도 기능은 법과 도덕의 간극이 점점 커지면서 법의 실효성에 대한 의문이 높아지는 비교적 최근의 사회현상과 직면하여 그 중요성이 재인식되기에 이르렀다. 인도와 호소를 통해 법규범을 내면화하고 사회 교육적 학습효과를 높여야 한다는 목소리가 그것을 말해 주는 것이다.** 금지나 명령보다는 요청을, 위협보다는 호소를, 결과보다는 동기를, 외부적인 행위양태보다는 내면적인 의식을 중요시함으로써 얻게 될 예방효과, 화해와 용서를 통한 사회통합, 사회화와 인격화를 지향하는 회복적인 정의(restorative justice) 등이 법의 선도적 기능의 일단이다.[125]

규제기능의 측면에서 보면 법은 작을수록 아름답고 겸손할수록 좋다. 법치국가에서 법은 최소한의 규제를 통해 시민들에게 최대한의 자유를 보장해 주는 것을 덕목으로 생각하기 때문이다. 이에 비해 선도 기능의 측면에서 보면 법은 클수록 아름답고 영향력이 강할수록 좋다. 현대 사회국가 · 문화국가의 법은 시민들이 가치 정향된 삶을 살도록 최대한 지원을 아끼지 않는 게 덕목이기 때문이다. 종래 법질서에서는 규제기능에 주목한 나머지 선도 기능을 소홀히 다룬 경향이 있었다. 그러나 법질서가 인간의 존엄과 가치의 실현 및 평화로운 공동생활을 위해 기여해야 할 적극적인 몫은 오히려 선도 기능에서 찾아야 하리라고 본다. 그것이 진정한 의미에서 법의 도덕형성력(sittenbildende Kraft des Rechts)이기 때문이다.[126]

(5) 소 결

1) 보편적이 되라

　위에서 우리는 모든 인간이 소유하는 인간적 본성이 그에게 인권의 토대가 되는 존엄성을 부여한다는 명제를 주로 칸트의 사상을 통해 논증적으로 살펴보았다. 칸트는 개인의 이성과 자율성을 그 출발점으로 삼지만, 결코 니체처럼 "너 자신이 되라"(Werde Selbst!)거나 심미적 이성의 관점에서처럼 자기애(Selbstliebe)나 자기입법(Selbstgesetzgebung)에 중점을 두는 것이 아니다. 오히려 칸트는 보편성과 보편입법의 원리에 따라 "보편적이 되라"(Werde allgemein!)

---

125 김일수, 범죄피해자론과 형법정책, 2010, 151면 이하 참조.
126 김일수, 형법질서에서 사랑의 의미, 2013, 서문 iii 이하 참조.

고 강조한다: "네 의지의 격률이 보편적 입법의 원리로서 타당할 수 있도록 너는 항시 그렇게 행동하라"는 정언명령이 그것을 단적으로 보여 준다. 칸트는 "모든 사람을 위한 자유"의 문제를 천착했다. 그리고 오직 타인들이 지닌 동등한 자유가 침해받지 않도록 배려하는 행위에서만 개인의 행복이 실현될 수 있다고 보았다.

2) 니체와 사르트르의 어깃장 놓기

그러나 다양성을 추구하는 포스트모던의 입장은 다양한 생활의 기획들이 서로 침해받지 않고 실현될 수는 없다고 보는 점에서 칸트의 생각과 다르다. 또한 이질적인 것들을 있는 그대로 놓고 사유할 것이지 어떻게든 그것을 합치시키려는 형식을 찾으려는 기획에도 반대한다. 니체(Nietzsche)가 "신은 죽었다"고 선언하고, 신이 떠난 빈자리를 초인(超人)으로 대신하려 했을 때, 그리고 무신론적 실존철학자 사르트르가 "실존이 본질에 우선한다"는 기치를 들고 나와 종래의 뿌리 깊은 본질철학의 근간을 뒤흔드는 대혁명적인 반향을 불러일으켰을 때 이런 사태로의 진전은 이미 예견된 것이었다. 인간존재는 각자 자기 앞에 선재(先在)하는 어떤 규범과 도덕원칙에도 구속당하지 않고 오직 자기기획과 자기입법에 따라 실존한다는 것이다.

이런 맥락에서 사르트르는 인간이 "자유에로 부름받은" 존재가 아니라 "자유에로 저주받은" 존재라고 천명했던 것이다. 그러나 사회에서 기댈 언덕을 잃어버린 실존이나 고립된 개인이란 실제 관념의 산물이지, 구체적·현실적인 실존일 수 없다. 위에 있는 신이나 앞에 있는 도덕원리를 일체 부인하고 인간을 절대적인 자유에 방임하는 것은 실제 자유의 저주 속에 인간을 빠트리는 딜레마일 수밖에 없고, 그것은 결국 도덕적 무정부주의로 귀착하게 될 것이다.

3) 인간다움의 척도로서 가치합리성과 목적합리성

그러므로 인권이 참된 의미에서 인간을 위한 올바른 인권이 되기 위해서는 최소한 인간의 얼굴을 지닌, 인간을 인간답게 하는 합리적인 가치와 합리적인 목적에 유용한 것이어야 할 것이다. 인간을 물건이나 동물 수준으로 비하하는 데 사용되는 인권정치는 기실 인간의 존엄성을 본질적으로 훼손하는 '지식의 탈을 쓴 야만'에 불과한 것이다. 인간질서의 최고규범으로서 인간의 존엄성은 결코 반인륜적인 인권정치를 용납해선 안 될 것이며, 인류의 이성적 진보의 결정체인 혼인과 가정의 문화를 혼란과 퇴폐 속으로 몰고 가는 어떤 이데올로기적 과격운동도 용인해선 안 될 것이다. 인권의 토대가 되는 인간의 존엄성의 의미는 인권정치가 인간을 위한 인권의 정상궤도를 유지하고 운행할 뿐만 아니라 인권이론의 지식적 간계와 억지논리에 인권의 숭고한 의미가 왜곡되거나 해체되지 않도록 그것을 각성시키고 견인해 주는 데서 발견될 수 있기 때문이다.

인간의 성적 타락이 인간해방과 성적 자기결정권과 같은 담론에 힘입어 인권이란 이름으로 세속도시에서 개선장군처럼 활보하도록 용인되거나 방임돼서는 안 된다. 동성애, 수간, 근친상간, 퀴어 행진이 '선량한 풍속 기타 사회질서'와 같은 법정신과 윤리적 관점에서 사회나 국가가 전혀 개입할 수 없는 개인의 privacy 혹은 개인의 절대 무제약적인 자유의 영역으로 치부되거나 결코 치외법권으로 간주돼서도 안 된다. 거기에는 인간의 인간화 요구가 문제되는 것이 아니라 바로 인간의 동물화, 인간의 비인간화가 문제되기 때문이다.

헌법과 법질서의 기본정신에 비추어 볼 때, 동성애와 수간, 근친상간은 기본권이나 인권목록에 들일 만한 권리적격성과 다수의 지배적인 의사를 압도할 만한 도덕성을 전혀 갖고 있지 않다. 그런 점에서 문화와 사회적인 책임 앞에 윤리적으로 더욱 깨어 있는 시민이라면, 이런 문제에 오불관언해서는 안 될 것이다. 거기에는 단지 인간의 품위만 문제되는 것이 아니고 더 나아가 공동체의 선량한 풍속과 문화적으로 가꾸고 이어 나가야 할 결혼과 가정이라는 제도의 뿌리가 송두리째 뽑힐 위험에 직면해 있기 때문이다. 공동체의 도덕적 기초와 인류, 인간의 존엄성을 뿌리째 뒤흔들려는 이런 사악한 세상의 풍조에 맞서 건강한 시민들이라면 그것을 악이라고 외칠 수 있어야 한다. 사회책임에 대한 뚜렷한 의식을 지닌 시민들의 절실한 저항과 경계·방어가 없다면 멀지 않은 장래에 우리 공동체뿐만 아니라 인류공동체도 빛을 잃고 서서히 생명력을 잃어 갈지 모른다.

우리가 분명히 알아야 할 것은 우리가 깨어 있지 않고 이런 사악한 현상에 미온적으로 대처한다면 조만간 높은 도덕성에 기초한 법체계와 법질서는 붕괴되거나 전복될 것이라는 점이다. 가치가 전도되고 도덕성을 결여한 일단의 성적 이상행동을 추구하는 자들이 가치중립 쪽으로 기울어진 국제인권기구나 국내인권기관의 영향력을 빌려 건전한 다수의 문화적·종교적·윤리적 저항을 겪고 사생활보호 또는 개인의 자율이라는 미명 아래 성적 편향의 이상행동들을 헌법상의 인권목록으로 만들고 혼인과 가정의 민법상 제도들을 변질시키려는 일련의 집요하고 연대적인 운동은 초반부터 거센 저항을 만나야 하고, 반드시 좌초돼야 한다. 그들의 주장은 뿌리 깊은 자연권 사상이나 유대·기독교적 전통, 우리의 전통문

화와 전래되어 온 풍습 그리고 고등문화민족들의 가치관, 전통과
도 합치하지 않기 때문이다.

4) 인간다움의 붕괴위험

만일 어느 때 인권이란 이름 아래 차별금지법과 같은 법으로
써 동성애, 동성혼이 거리를 활보하는 날이 도래한다면, 그런 법은
악법적인 법의 파쇼요 신종 법제국주의요 인권제국주의 외에 다름
아니다.[127] 일부 일탈행위자들의 성적 취향을 법적 권리로 까지 격
상시켜 강제적인 제재까지 동원하여 담보하려는 전략은 초실정법
적 정의와 자연법적 정의의 관점에서 묵인하거나 수긍하기 힘든
이른바 '실정법적 불법'(Radbruch)에 속하기 때문이다. 자유지상주
의자들이 꿈꾸는 신(神)도 없고 도덕과 윤리도 없고 법도 없는, 그
저 이기적 · 쾌락적인 개인들이 마냥 각자 자기소견에 좋을 대로
하는(I will do as I please) 이른바 해방 구역을 법공동체 안에 두거
나 방치하는 것은 법공동체의 자가당착이요 자기부정 외에 다름
아니다.

인간 됨과 인간의 권리에 대한 상식을 파괴하는 데 나서서 일
단의 성공을 거둔 것이 후기현대주의, 후기구조주의 등의 이론임
은 앞서 누차 언급한 것과 같다. 그들은 인간을 인간답게 하는 인
간의 본성을 파괴하기 위해 '아버지 죽이기' 같은 혁명 이데올로기
를 통해 '신 죽이기' 전략의 일환으로 무신론과 인간이 우상화된 초
인의 철학이나 무신론적 실존주의, 유물론을 이념적 공격무기로

---

127 이러한 위험에 대해 인권제국주의라고 한 필자의 비판은, 김일수, "군 인권
과 선교활동", 군선교신학 제13권, 2015, 52면 참조.

활용했다. 그리고 기존질서를 무너뜨리기 위해 권위해체적인 전략의 일환으로 절대자유주위자들과 여성운동가들은 "모든 금지하는 것을 금지한다", "속박 없이 즐기자"는 68혁명적 구호 아래 전통의 근간이 되는 모든 것들, 예컨대 결혼과 가정, 국가, 일, 정부, 학교, 성의 질서를 조롱하고, 해체하고, 파괴하면서, 가치가 전복된 혼거 공동체, 동성동반자관계, 프리섹스와 동성애, 퀴어 축제 등을 실천적 공격무기로 휘두르면서 동시대인들의 보편적 정신을 폐허로 만들어 나갔던 것이다.[128]

이러한 '세상 끝 날'의 징조들과 맞서기 위해서는 "뱀처럼 지혜롭고 비둘기처럼 순진한" 복음적 영성운동이 불기둥처럼 일어나야 한다. 진정한 인권의 정신을 고대 이집트의 우상과 파라오의 정치적 압박, 경제적 수탈의 노예상태에서 풀려나 약속의 땅으로 출발했던 옛 히브리민족의 엑소더스정신에서 찾을 수 있는 것처럼, 우리는 문화적·정신적 해방을 꿈꾸며, 부패한 의식의 어두운 대지를 넘어, 구체적 유토피아의 정신으로써 의로움과 믿음과 사랑의 지평으로 나아가야 한다. 흑암의 권세의 노예가 되지 말고, 한국 기독교역사의 많은 순교자들의 발자취를 따라 진리의 기치를 높이 들고, 세상의 풍조에 맞서 싸워 나가야 할 것이다.

---

128 에릭 제무르, 프랑스의 자살, 이정훈 외, 성정치·성혁명에 기초한 좌파 정치투쟁의 역사와 사상, 2016, 178면 이하에서 재인용.

6. 사랑의 문제―기독교적 관점에서

(1) 하나님의 형상인 인간

초기 인권의 개척자들이 마음에 품었던 것처럼 인간이 하나님의 형상을 갖고 있다는 사실이 인권의 토대가 되었다는 점은 이론의 여지가 없어 보인다. 이른바 하나님의 형상론(imago dei Lehre)은 인간의 본성이 하나님을 닮았다고 주장한다. 하나님에 의해 인간은 신보다 조금 못한 존재로 빚어져 다른 모든 피조물을 다스리도록 그렇게 창조되었다는 것이다. 이것은 인간이 하나님의 일방적인 뜻과 은총에 의해 선택되고 영예롭게 된 존재라는 의미를 갖는 것이다.

물론 인간은 하나님과 공유하는 속성의 범주 안에서 하나님을 닮았다고 말한다. 하나님은 스스로 존재하는 홀로 하나이신 창조주이시며 시공을 초월하여 존재하는 영(靈)이시며 또한 영원·불변하신 분이시다. 그에게는 악이나 죽음도 어떤 어두운 그림자도 없으며 그만이 완전한 분이시다. 그는 전지전능하시며 무소부재(無所不在)한 분이시다. 이런 속성들은 하나님만이 갖고 계시다는 의미에서 이를 하나님의 전유성(專有性) 내지 인간과의 비공유적 속성(非共有的屬性)이라고 말한다.

이와는 달리 하나님의 사랑과 공의(公義), 지혜, 거룩함과 선하심과 진실함의 인격성은 인간도 제한된 범위에서 하나님과 공유하고 있다. 이를 하나님과 인간의 공유적 속성이라 칭한다.[129] 인

---

129 G. I. Williamson, 소요리문답강해, 최덕성 역, 1978, 23면 이하.

간의 존엄성을 근거지우는 하나님의 형상론의 관점에서 볼 때 하나님을 닮은 본성의 대명사가 바로 인간의 인격성이다. 피조물 중 이러한 인격성을 지닌 존재는 오직 인간뿐이기 때문이다.[130] 이 인격성을 가지고 인간은 하나님과 인격적인 교제를 나눌 수 있고 그분과 대화를 나눌 수 있다. 성경은 그것을 때로는 부자관계, 친구관계, 부부관계 또는 주인과 종의 관계, 목자와 양의 관계, 농부와 작물관계 등등으로 비유하기도 한다.

하나님이 인간을 인격적 존재로 빚으신 뜻은 인간을 하나님과의 인격적 교제 가운데 두어 인간의 성품 안에서 하나님의 형상이 이루어지도록 하려 하심이다. 이것은 천지창조의 때로부터 하나님께서 품으신 일관되고 포기될 수 없는 뜻이다. 비록 인간은 타락으로 인하여 에덴동산에서 추방되어 하나님과의 인격적인 교제가 끊긴 상태에 놓여 있었지만 하나님은 그 관계회복을 통해 인간을 다시 인격적 교제의 자리로 돌려세우기 위한 계획을 실현하셨다. 그는 자신의 외아들, 참 신이요 참 인간인 예수그리스도를 인간의 역사 속으로 보내서, 죄 없으신 그를 극악한 죄인들에게만 과하여졌던 십자가형에 내주어 속죄와 화목제물로 삼으셨다. 예수그리스도의 십자가 위에서 죽으심과 흘리신 피로 말미암아 이제 죄로 단절되었던 하나님과 인간 간의 인격적 교제의 가교가 마련된 것이다. 누구든지 예수를 주(主)로 시인하여 그리스도 예수 안에 있으면 새로운 피조물로 거듭나(born again) 때로는 하나님의 양자관계처럼 때로는 친구관계처럼 하나님과 인격적인 대화와 교제를 나누는 가운데서 하나님의 형상을 닮아 가게 되기 때문이다. 이것이 창

---

130 월터스토프, 하나님의 정의, 배덕만 역, 2017, 204면.

조-타락-구속(救贖)으로 이어진 기독교세계관이며 또 인류구원의 복음의 핵심이기도 하다.

물론 인간은 인류의 조상 아담의 범죄로 철저하게 타락했지만, 하나님의 형상의 파편들이 그의 인간성 속에 남아 있는 것도 사실이다. 그것은 인간 스스로 선택한 것이 아니라 하나님께로부터 각자가 수동적으로 부여받은 것(수여적 · 형식적 형상)이다. 여기에는 양심, 사고력, 구성력, 관리력, 도덕적 분별력, 타인과의 신뢰 및 책임 가운데 맺어 가는 관계성 등을 들 수 있다. 더 나아가 하나님의 형상에 비추어 본다면 근본적이고 본질적인 요소라고 할 이성, 문화 창조, 환경을 지배하고 관리 · 보전하는 일, 하나님의 계시된 뜻을 깨달아 자신의 삶을 도덕적 완전성에로 그리고 하나님의 영광을 바라보고 그것을 즐거워하는 삶으로의 발전, 타인과 더불어 공동체를 이루어 가는 사회생활 등은 실은 하나님께서 각자에게 주신 잠재적 능력을 사용함으로써 정도의 차이는 있지만 성취되는 것(성취적 · 본질적 형상)이다.

(2) 내재적인 본질적 형상의 실현

1) 인간의 본질적 형상

특히 인간의 존엄성과 인권의 관점에서 중요한 것은 위에서 간략히 언급한 것 중 두말할 것도 없이 성취적 · 본질적 형상이다.[131]

첫째, 이성능력은 인간에게 부여된 하나님의 형상에서 본질적인 기초요소를 구성한다. 이성이 없다면 아마 인간은 하나님을 알

---

131 패커, 인간을 아는 지식, 이남종 역, 1990, 16면 이하 참조.

고 그분을 닮아 갈 수 없을 것이다. 하나님께서는 에덴동산에 아담을 두시고 하나님이 지으신 각종 들짐승과 공중의 새를 아담 앞으로 이끌어 가서 아담이 각 생물을 부르는 것이 곧 그 이름이 되게 하셨는데(창2:19), 이것이 인간의 이성능력의 일단이다. 비록 하나님의 지혜에 이를 수 없지만 하나님을 알고, 하나님이 지은 세상을 다스리는 데 이성은 필요불가결한 요소이다. 비록 지적인 장애를 안고 태어나 우리와 함께 살아가는 장애우도 존엄한 인격의 주체로서 사랑의 공동체 안에서 이성적인 타인과 연대하여, 정도의 차이는 있을지라도 이 이성능력의 열매를 공유하면서 세상을 함께 다스리며 살아가는 것이다.

둘째, 창조능력은 주어진 소재를 가지고 인간의 삶에 필요한 것을 만들고 그것에 가치를 부여하는 능력이다. 하나님은 무에서 유를 창조하신 전능자이지만, 인간은 제한된 창조능력에 따라 피조세계에 편만한 재료들을 가지고 소용대로 작품을 만들어 낸다는 뜻에서 창조능력을 가진 존재라고 말하는 것이다. 이것 역시 하나님의 형상을 입은 인간에게 하나님이 주신 특권이요 기쁨인 것이다. 인간이 만들어 낸 문화와 문명이 이 같은 창조능력의 소산이다. 더 나아가 하나님은 인간에게 복을 주시고 "그들에게 이르시되 생육하고 번성하라"(창1:28)고 분부하셨다. 결혼한 부부는 특별한 사유가 없는 한, 사랑의 열매인 아기를 낳아 기른다. 하나님께서 그들에게 새로운 인간의 생명을 창조하고 잘 양육하여, 생육하고 번성하게 하신 것은 감격스럽고 즐거움 가득한 특권이 아닐 수 없다. 이 모든 인간의 창조사역들은 창조주 하나님의 형상의 자연스러운 표현 외에 다름 아니다.

셋째, 지배능력은 피조세계에 대한 인간의 통치력이다. 하나님은 천지창조의 맨 마지막 단계에서 인간을 지으시고, 인간으로 하여금 피조세계를 다스리도록 하셨다. "땅을 정복하라, 바다의 물고기와 하늘의 새와 땅에 움직이는 모든 생물을 다스리라"(창1:28)고 말씀하셨다. 바로 위에서 언급한 바 이성과 창조역량도 실은 인간으로 하여금 모든 피조세계를 잘 관리하고 다스려서 자연환경과 세계 내 사물들과 호흡 있는 모든 생명체들이 하나님의 창조의 본뜻대로 "보시기에 좋았더라"고 말씀하신 의미에 합당하게 지속적으로 성장하고 보존되게 하려 함이다. 노아의 방주사건이 이에 좋은 본보기가 될 것이다. 피조세계의 관리와 지속적인 보전을 맡은 선한 청지기로서 인간은 인간 이외의 피조물들을 돌보아야 할 의무가 있는 것이다. 오늘날 자연환경의 파괴자로서 또는 생태계의 교란자로서 인간의 탐욕과 기술이 자주 지목되는 것은 바로 인간이 하나님의 뜻을 배반하고 이런 신성한 의무를 저버린 반이성과 파괴적인 본성을 지칭한 것 외에 다름 아니다.

넷째, 인간의 인격적인 삶에 부어진 하나님의 의(righteousness) 또한 하나님의 형상의 한 요소이다. 의의 삶이란 하나님의 말씀을 통해 계시된 하나님의 뜻을 깨닫고 그 뜻에 믿음으로 순종함으로써 인간의 삶이 영적 · 도덕적 완성에로 성숙 · 발전하여 가고 그와 더불어 온전히 하나님의 영광을 위해 드려지는 삶을 의미한다. 성경은 예수님이 역사 속으로 오시기 전에 모세를 통해 하나님이 인간에게 율법을 베푸신 것을 가르쳐 주고 있다. 율법을 준수함으로써 하나님의 의에 이를 육체가 없지만, 그럼에도 하나님께서 율법을 베푸신 뜻은 우리를 위협하고 절망시키고자 함이 아니라 하나님의 형상을 닮아 가도록 우리를 이끌어 주시고자 함이었다. 하나님을 경외하지 않는 대부분의 사람들은 자신의 소견에 옳은 대로 살아가며 자신의 부패한 본성에서 용출하는 충동을 따라 행하기 쉬우므로 율법을 거추장스러운 것으로 여길 수도 있겠지만, 하나님의 형상을 사모하는 사람들은 하나님의 율법의 참된 뜻이 하나님을 지극히 사랑하며 이웃을 내 몸 같이 극진히 사랑하는 데 있는 것임을 잘 안다.

다섯째, 인간의 인격적 삶 속에서 나타나는 사회성(Sozialität) 내지 평화로운 공존(friedliche Koexistenz)의 가능성은 우리가 마지막으로 언급하고자 하는 하나님의 형상의 한 징표이다. 인간의 사회생활은 수평적 관계이든 수직적 관계이든 다양한 관계의 중첩으로 이루어진 것이다. 가족, 교회, 사회적인 각종 모임과 단체, 동호인 클럽, 우정, 계약관계 등에서 체험하여 알 수 있듯이 인간은 사회 속에서 독불장군으로서가 아니라 타인과 사이에 서로 역할과 기대를 주고받으며 비로소 의미 있는 삶을 엮어 갈 수 있는 것이다. 창조주 하나님이 인간을 창조하실 때 그 신비한 창조사역도 이미 삼위일체 하나님의 공동사역이었음을 밝히 보여 준다. "우리의 형상을 따라 우리가 사람을 만들고"(창1:26)라는 문장 속에 나타난 복수의 인칭대명사가 사랑 안에서 하나님의 근본적인 사회성의 일단을 말해 준다. 예수 그리스도께서 제자들의 요청에 응해 기도문을 가르쳐 주실 때에도 시종일관 우리 아버지, 우리 죄, 우리라는 복수를 쓰셨는데 이것도 제자들과 교회의 공동체성을 말해 주고 있는 것이다. 사회생활 속에서 우리들 각자가 타인 중의 한 사람으로 사회화되고 또 타인이 나와의 관계 속에서 인격화가 되는 이런 모든 관계의 역동성과 역사성이 또한 인간의 인격성 속에 반영된 하나님의 형상의 구현임에 틀림없다 할 것이다.

위에 언급한 다섯 번째 요인은 중세의 랍비들이 레위기 18장의 근친상간 금지 명령의 이유로 추측한 사유이기도 하다. Joseph ibn

Kaspi는 "아내와 딸과 동시에 결혼관계이거나 자매를 동시에 아내로 맞을 경우에 질투심이 발생하여 서로 싸우게 되므로 레위기 18장의 근친상간 금지명령은 우리 사이에서의 싸움을 제거하고 평온을 유지하게 한다"는 추측을 했고,[132] 랍비 Nissim of Marseilles(14세기)는 근친혼을 금지해야 가깝지 않은 사람들끼리 결혼을 통해 더 가까워지게 되고, 그들을 사랑과 친족으로 결속시켜서 민족은 하나의 가족과 같이 된다고 했다. 이러한 외부와의 연대가 없으면 내부적으로 싸움이 늘어나게 되므로 근친혼을 금지시켜 족외혼을 하게 했다는 것이다. 그렇게 되면 플라톤이 말한 이상적인 국가 모델대로 사람들이 서로를 형제로 여기게 되기 때문이라고 그 이유를 추정한다.[133]

2) 부패의 위험은 늘 열려 있다

우리의 인격성이 하나님의 말씀에 순종하며 살면 복을 받아 참 자유, 성취감, 만족, 기쁨을 맛볼 수 있는 반면, 하나님의 말씀

---

132 Martin Lockshin, "Why the Torah Prohibits Incest", TheTorah.com 2017. 9.27 http://thetorah.com/why-the-torah-prohibits-incest/
[These laws are] in order to increase serenity and to remove fighting from among us so that the righteous man finds tranquility ⋯ Accordingly the Torah forbade [marriage with] a woman that might lead to arguments.

133 Martin Lockshin, (2017), Possibly the reason that incestuous relations were prohibited is so that people in the nation who are not related become closer to each other. [When people marry someone from outside of their immediate family] bonds of love and kinship are forged between them; as a result, the nation becomes united like one family [literally like one person]. This way, they do not have separate families that keep away from each other leading to more fights and feuds. As Plato said, in the ideal nation, people consider each other brothers. ⋯

을 배반하고 불순종의 길로 나아가면 우리의 인격은 그 죄로 말미암아 말할 수 없이 피폐해지고 멸망하는 짐승 같은 처지로 전락된다는 사실도 잘 안다. 물론 모세가 전하여준 율법은 예수의 죽음과 부활로 그 요구가 성취되기 전까지는 완성된 것이 아니었다.[134] 그리하여 율법의 완성자로 오신 예수그리스도께서 친히 십자가 위에 달려 피 흘려 죽으시고 부활하시고 승천하심으로 이제 아담의 후손인 모든 사람들은, 오직 둘째 아담으로 오신 그리스도 예수를 믿는 믿음 안에서 아무 공로 없이, 스스로 화목제물이 되신 그리스도와 연합하여 그리스도의 의를 힘입어 하나님 앞에서 의로운 영혼으로서 새로운 삶을 살아가게 된 것이다.

인생의 가장 큰 즐거움은 인간이 하나님의 뜻을 좇아 살아가는 데서만 체험될 수 있는 것이다. 단기적인 쾌락을 위해 하나님의 의를 저버리고 자기 소욕대로 행하는 사람은 실상 인생의 의미와 참 기쁨을 누리지 못하고, 죄와 사망의 음침한 골자기를 헤매는 가련한 인생일 수밖에 없다. 하나님을 무시하거나 부인하고 자신이 하나님인 양 절대적인 자율권을 주장하는 자의 인생도 뒤틀어지고 뒤죽박죽이 되기 쉽다. 비록 세상의 잣대로 보면 성공적인 삶의 경지에 이르렀다고 평가할 수 있는 사람이라 할지라도 그 속에 하나님의 형상과 닮은 신성을 발견할 수 없다면 인간냄새만이 풍겨날 것이다. 일찍이 예레미야 선지자가 말했던 것처럼 "만물보다 거짓

---

134 모세의 율법은 의식법(儀式法), 시민법, 도덕법으로 구성되어 있다. 그중 의식법은 예수그리스도의 십자가 위에서의 죽음으로 폐기되었고, 시민법도 신약성경시대에 들어와 사도들과 교회의 가르침으로써 대체되었지만 도덕법은 여전히 그 의미를 갖고 있다. 그것은 마치 자애로운 아버지가 자녀에게 주는 교훈처럼 창조주 하나님이 인간에게 주는 사랑의 말씀이기 때문이다.

되고 심히 부패한 것은 마음"(렘 17:9)이기 때문이다. 우리는 그 극명한 실태를 순결의 약속을 배반하거나 거역한 인간들의 문란한 결혼과 성생활에서 쉽게 찾아볼 수 있다.

사도시대 이후 서방기독교지성의 최고봉이었던 성 어거스틴은 출산의 성스러운 목적 이외의 애정, 확신, 관심, 기쁨을 위한 결혼 내에서의 섹스는 결코 정당화될 수 없다고 말한 바 있다. 그 후 많은 경건주의자들은 이 엄격주의를 따르고자 했다. 그러나 하나님께서 남자와 여자에게 생육하고 번성하라고 말씀하셨을 때, 그들에게 결혼과 성적 결합으로 인한 기쁨도 맛보라고 하신 뜻으로 이해하는 것은 잘못된 관점으로 보이지 않는다.[135] 물론 성경은 여기저기에서 하나님께서 주신 거룩한 성을 사용함에 있어 순결과 같은 일정한 의무와 한계를 분명히 두고 있다. 즉, 섹스는 이성과의 관계에서만 가능하고, 일생을 언약한 부부 사이에서만 가능하고 또한 결혼의 지속성과 출산을 배제한 채 완전히 색욕을 채우기 위한 것으로 취급되어서는 안 된다는 점이다. 자위행위, 성매매, 간통이나 강간·강제추행 등의 성폭력, 동성애자들 간의 비정상적이고 부자연스러운 성교, 근친상간이나 수간 등도 다 중한 음란죄가 된다.

결혼 내에서의 성생활에도 일정한 절제와 금도가 있으며(고전 7:5), 독신의 은사를 받은 어떤 사람들에게는 독신생활이 존중된다(마 19:10-12). 하나님께서 귀하게 베풀어 주신 성을 인간의 소욕대로 무분별하고 무절제하게 남용하거나 오용한다면, 거기서 하나님의 형상인 신성을 발견하기는 어려울 것이다. 본능에 따라 사는 짐

---

135 패커, 전게서, 21면 참조.

승도 성에 관한 한 번식을 위한 주기 외에는 결코 성을 맹렬히 추구하지 않는 법인데, 사계절 성생활의 자유와 특권이 주어진 인간에게 짐승의 본능보다 더 추한 왜곡된 성생활, 즉 무절제와 그리고 또 순리에 어긋난 성행위가 범람한다면 하나님의 형상을 입은 인간의 존엄성의 흔적을 어디서 찾을 수 있겠는가?

3) 실천적인 삶의 중요성

인간의 인격성 속에 나타난 이러한 속성들은 바로 하나님의 형상의 발현인 것이다. 인간이 이들 능력을 가진 존재로서 매일의 삶 속에서 그것들을 더욱 배양하고 발전시켜 나가야 할 의무와 책임을 하나님과 다른 사람들 앞에 지고 있을 뿐만 아니라 또한 그것을 의식적으로 실현할 수 있는 능력과 가능성도 열려 있는 것이 사실일진대 매일 우리의 삶의 형태가 어떠한 것이어야 할는지는 사뭇 자명해진다. 그것은 하나님께 대해 우리가 매일 청결한 마음과 선한 양심과 거짓이 없는 믿음에서 나오는 사랑(딤전 1:5)으로 하나님을 경외하여 따르는 것이다. 또한 이웃과 형제들에 대해 감사와 관심을 표하고 그들의 연약함을 돌아보아 그들의 평안을 위해 기쁜 마음으로 봉사하며 물질적, 영적인 어려움에 처한 이들에게 선한 사마리아인처럼 caritas의 정신으로 도움을 주는 사랑의 수고이다.

물론 이웃에 대한 사랑은 단지 어려움에 대한 관심 이상의 것을 요구한다. 공적 영역과 사회체계에서는 보다 인간답고 정의롭고 공평한 사회질서 형성을 위한 개선과 개혁을 실현하는 일이며, 불의에 저항하고 사회정의와 공동선을 위해 헌신하는 사회책임의식이기도 하다. 이러한 삶의 자세는 곧 하나님께서 우리에게 그것을 행할 수 있는 능력을 주시고 그것을 활용하도록 기대하고 계신 것이기 때문에 깨어 힘써야 할 책무에 속한다. 이 같은 부름에 응답하여 그것에 합당하게 행하는 것만이 우리의 인격성과 존엄을 발전시키고 극대화하는 일이 될 것이다.

(3) 사랑의 의미

1) 인간의 존엄성 · 인권과 사랑의 요소

하나님의 형상론에 입각한 인간의 존엄과 인간의 인격성은 곧 현실에서의 실제적인 사랑에 뿌리박고 있다고 요약하여 말할 수 있을 것이다. 인간의 존엄성이 위에서 언급한 바대로 그리스도 안에서 그리스도를 통하여, 즉 그리스도와 연합하여, 하나님의 형상과 그분의 무한한 성품에 참여한 결과로 얻어질 수 있는 것으로 생각할 수 있다면 그 참여(participatio)가 내포하는 긴밀한 관계의 본질 또한 바로 사랑의 요소에 의해 더 확실하게 증거 되고 밝혀질 수 있을 터이기 때문이다. 이 논제가 성립하는 정도에 따라서 인간의 존엄성과 인권의 최종적인 근거도 밝혀질 수 있다.

2) 인간에게 사랑을 가르쳐 준 하나님

먼저 기독교의 근본계명인 사랑은 무엇을 뜻하는 것일까? 사랑은 일반적인 의미에서 무엇인가 애정을 느끼고 좋아하는 것 그리고 지향하는 것을 얻으려는 의식적인 노력을 말한다. 이러한 활동은 또한 의식적인 인간의 행동을 요구한다. 그러나 기독교적인 의미에서 사랑은 현대기독교변증가인 루이스(C. S. Lewis)가 말했듯이 어떤 감정의 상태가 아니라 의지의 상태로서, 하나님을 향한 사랑이든 인간을 향한 사랑이든 하나님의 뜻(will)을 행하려고 노력하는 의지의 문제인 것이다.[136] 그것은 무엇보다 하나님의 사랑의 끝이 없으심(Unendlichkeit)에 참여하려고 의식적인 노력을 기울이는 자세를 요구한다. 그러나 그것은 적어도 현실적인 인간의 삶 속에서 일종의 자유로운 행동이어야 한다. 부자유한 행동은 존엄성의 발현인 사랑의 개념과 어울릴 수 없다. 그러므로 사랑은 일반적으로 자유의지의 모든 활동을 의미한다. 즉, 진(眞), 선(善), 미(美), 성(聖)과 같이 인간의 차원에서 볼 때 영원성을 품음 직해 보이는 어떤 추구할 만한 가치 있는 대상에 대한 일종의 적극적이고도 긍정적인 자세를 말한다. 기독교적 관점에서 이것은 하나님의 영원성과 광대무변성에 대한 가장 넓은 뜻의 동경과 긍정을 의미한다.

물론 사랑에는 남에게 호의적인 사랑(amor benevolentiae)이 특별한 고려대상이 되지만, 자기애적인 사랑(amor concupiscentiae)을 완전 배제해야 할 이유는 없다. 왜냐하면, 무한하신 하나님에 대한 사랑은 하나님의 질서를 긍정하는 것과 하나님의 영원하신 뜻을 수긍하고 따르는 것을 포함해야 하지만, 바로 이 뜻 속에는 정당한 방법과 정당한 정도에 맞는 자기애적인 사랑의 활동도 포함되기 때문이다.[137] 결국 사랑이란 의미 속엔 영원무궁하신 하나님과 그의 주권적 통치에 대한 일체의 승인이 담겨 있다. 인간의 측면에서 보면, 창조주요 신실한 우리아버지인 하나님의 마음에 합한 자가 되기 위한 그리고 또한 영원히 계시고 무한히 인자한 분이신 하나님께 영광을 돌리기 위한 지극한 관심과 그를 따르고 닮기 위한 충성스런 섬김이 사랑이다.

---

136 C. S. 루이스, 순전한 기독교, 장경철/이종태 역, 2001, 205-209면 참조.
137 J. Santeler, Die Grundlegung der Menschenwürde bei I. Kant, 1962, S.283.

인간이 사랑을 통해 하나님의 성품에 참여한다고 말할 때, 그 것은 또한 이런 의미를 갖는다. 즉, 인간의 존엄은 인간이 바로 사 랑의 행동을 취할 때 현존하는 것으로서 실현된다는 점이다. 물론 이러한 현실적인 사랑의 시각에서 보면 장애를 가진 정신적 약자 나 미성숙한 어린이는 말할 것도 없고 성인이라도 때때로 현실적 인 사랑의 행동을 취하지 않을 때 사랑도 없고 존엄도 없는 존재로 간주될 수 있을지 모른다. 그러나 사랑을 통한 하나님의 성품에의 참여를 올바르게 이해한다면 그런 난제는 쉽게 풀릴 것이다. 하나 님의 영원성을 사랑 안에서 바라보며 품고 싶어 하는 관점에서 보 면 이미 그의 영원성에 대한 적극적인 지향과 참여의 가능성만으 로도 우리는 전적으로 의미 있는 어떤 것, 즉 존엄으로 간주하지 않으면 안 될 요소를 품고 있다고 생각할 수 있을 터이기 때문이 다. 그것은 순전히 논리적인 가능성이 아니라 인간의 삶의 현장에 서, 적어도 싹 속에 이미 현존하고 있는 생명의 실체처럼, 때가 차 면 곧 뒤이어 활동이 전개될 수 있는 실재적인 능력인 것이다.

3) 사랑의 힘과 능력

이처럼 사랑은 단순히 관념적인 것이 아니라 실천적인 덕목인 것이며, 또한 단순히 개인적인 것이 아니라 사회적인 것이기도 하 다. 사랑은 상대를 인식하고 열망하고 상대를 위하여 자기 몸을 돌 아보지 않고 자신을 상대에게 넘겨주며 상대에게 경도되는 것이 다. 사랑은 상대를 위한 헌신을 자아의 좁은 영역의 철책을 뛰어넘 기까지 포기하거나 중단하지도 않는다.[138] 그것은 친구를 위해 목

---

138 고전 13:4-7(사랑은 오래 참고 사랑은 온유하며 시기하지 아니하며 사랑은

숨을 버리거나(요 15:13), 심지어 원수를 위해 목숨을 내놓는 경우 (롬 5:10)처럼, 다시 말해 자기를 부인하는 자리까지 나아가 사랑의 하나님께서 스스로 먼저 우리에게 보여 주셨던 본을 따라, 또한 우리에게 넘치도록 부어 주신 그 사랑의 능력에 힘입어 자비하신 하나님의 뜻에 온전히 자기 자신을 맡겨 드리는 행위를 의미한다(눅 9:23). 그리하여 이 사랑은 끝내 온 세계에 미치도록 넓으며 하나님의 무한성을 위해 그 무한성에 하나님의 대리자로서 책임을 질 수 있는 능력을 의미하기도 한다. 이것은 곧 하나님의 무한성을 긍정하는 것이며 그의 아름다움을 찬미하는 것이며 그의 지혜에 대한 경탄이요 우리 안에 내주하시는 그의 현존에 대한 경외이기도 한 것이다.

사랑의 이 같은 정서는 필연적으로 사랑하는 자와 사랑을 받는 자의 결합에 이른다. 사랑의 목표는 실로 결합체를 이루는 것이다(요 17:23). 하나님은 인간을 이미 자신의 순전한 사랑에서 창조하셨고, 그 지극한 사랑에 대한 자발적인 반응을 기대하셨으며 그 반응에 새로운 사랑으로 응답하시길 원하셨다. 무한하신 하나님은 이성적인 피조물의 자발적인 사랑을 기뻐하고 또 기대하셨다. 왜냐하면, 강요된 사랑은 사랑이 아니기 때문이다. 인간의 타락으로 이 사랑의 기대가 완전히 실추되긴 했지만 하나님의 사랑은 포기를 모르는 사랑이었던 것이다. 하나님은 천지창조와 인간창조에 함께했던 그 외아들 예수그리스도를 하나님의 변함없는 사랑의 메

자랑하지 아니하며 교만하지 아니하며 무례히 행하지 아니하며 자기의 유익을 구하지 아니하며 성내지 아니하며 악한 것을 생각하지 아니하며 불의를 기뻐하지 아니하며 진리와 함께 기뻐하고 모든 것을 참으며 모든 것을 믿으며 모든 것을 바라며 모든 것을 견디느니라).

신저로 2천여 년 전 어두운 인간역사 속으로 보내셨다. 역사 속으로 오신 메시아 예수는 하나님의 그 크신 사랑, 자기희생적인 사랑, 즉 아가페(ἀγάπη)를 전파했고 몸소 실천해 보이셨으니 그것이 바로 그리스도 예수가 십자가 위에서 자신의 죄가 아닌 인간의 죄를 위해 대신 지급한 고통과 죽음을 통한 사랑이었던 것이다.

물론 상호의존적이고 대향적인 사랑을 우애(φιλία) 또는 우정이라고 부를 수 있다. 그러나 십자가 위에서 인류의 머리에 부어주셨던 하나님의 사랑은 우정을 뛰어넘는 깊고도 넓고 높은 차원의 사랑이다. 인간은 이제 그리스도 예수 안에서 그와 함께 그를 믿는 믿음 안에서 하나님의 그 크신 사랑에 참여하여 그것을 맛보게 되었으며 그 사랑을 닮아 갈 수 있는 자리까지 이른 것이다. 고린도 전서 제13장 1-3절에서 사도 바울이 사랑의 송가를 부를 때 "내가 사람의 방언과 천사의 말을 할지라도 사랑이 없으면 소리 나는 구리와 울리는 꽹과리가 되고, 내가 예언하는 능력이 있어 모든 비밀과 모든 지식을 알고 또 산을 옮길 만한 모든 믿음이 있을지라도 사랑이 없으면 내가 아무것도 아니요, 내가 내게 있는 모든 것으로 구제하고 또 내 몸을 불사르게 내줄지라도 사랑이 없으면 내게 아무 유익이 없느니라." 말할 때 그는 바로 이 아가페적인 사랑에 참여한 자리에 있는 것이다. 그리하여 그 사랑은 "불의를 기뻐하지 아니하며 진리와 함께 기뻐하고, 모든 것을 참으며 모든 것을 믿으며 모든 것을 바라며 모든 것을 견디게"(고전 13:6, 7) 해 준다.

4) 본질적인 차이를 뛰어넘어 하나를 이루는 사랑

인간은 비록 가멸적(可滅的)이고 유한한 운명을 타고 났지만, 하나님의 사랑 안에서 영원하고 무한한 하나님의 형상과 성품에

240

참여할 수 있게 되었으며 그와 영원한 삶을 누릴 수 있게 된 것이다. 인간은 아담의 죄로 인해 이 사랑의 능력을 모두 잃어버렸지만, 그 아들을 우리 죄를 속하기 위한 화목제물로 보내 주신 하나님이 먼저 우리를 사랑하신 그 큰 사랑에 힘입어 우리가 서로 사랑할 수 있게 되었다(요일 4:10). 우리를 대신하여 희생제물이 되어 주신 예수그리스도도 제자들에게 주신 새 계명에서 "내가 너희를 사랑한 것 같이 너희도 서로 사랑하라"고 명하셨다(요 13:34). 하나님이 베풀어 주신 그 사랑의 능력 안에서 인간은 사랑의 하나님과의 공유적인 속성을 자신의 내면적 인격에서뿐만 아니라 사회관계적 인격, 즉 사회성 속에서도 윤리적으로 꽃을 피워 최고의 경지에서 그 열매를 거둘 수 있는 것이다. 더 나아가 하나님만이 전유하는 비공유적 속성에 대해서도 이 사랑의 통로를 통해 참여하기를 소망할 수 있으며, 그 사랑의 힘에 의해 우리는 하나님의 성령의 도우심과 영원하심과 끝에 이르러서는 영화로움을 덧입게 되는 것이다. 결국 이 모든 것이 측량할 수 없는 하나님의 은혜요 값을 매길 수 없는바, 거저 받은 구원의 선물이다.

칸트가 그의 도덕형이상학에서 말했듯이 우리 인간의 제2천성에 부어질 하나님을 닮은 성품과 선물의 풍성함을 우리는 가히 짐작할 수도 없을 것이다. 하나님은 본시 인간존재와 비교할 수 없는 장엄성(majestas)을 지니고 계시지만 인간은 그 사랑 안에서 하나님의 이 지고한 성품에 참여함으로써 한 존엄한 주체, 즉 존엄성(dignitas)을 얻게 된 것이다. 그 사랑의 매개를 통해 하나님의 장엄성은 인간의 존엄성으로 발현되고 인간의 존엄성은 하나님의 장엄성에 가닿는 것이다.[139] 그 사랑 안에서 창조주인 하나님과 피조물인 인간이 하나가 되어 온전함을 이루는 것이다.[140]

5) 파괴적인 본성과 건설적인 사랑

이렇게 볼 때 사랑이란 단순히 육체적인 것 또는 감성적인 것이 아니라 몸과 마음과 영혼을 아우르는 전인격적인 것이며 따라서 그 속에는 자기희생을 통해 하나 될 수 없는 것들을 하나로 만들어 가는 초월적인 힘이 들어 있다. 그것은 또한 사람의 임의대로 또는 각자 소견에 좋을 대로 행하는 데 있지 않고, 오직 창조질서와 인간의 순리에 속하는 자연스러운 본성의 질서에 따라 행하는 데 있는 것이다. 그러므로 사랑은 결코 무례히 행하지 아니하며 자기유익만을 추구하지 않으며 또 악한 것을 생각하지 아니하고 진리 안에서 기뻐하며 진리를 좇아 행하는 것이다(고전 13:5-6).

사랑은 인간의 사회성과 공동체성을 결코 개인의 사적 감정과 욕심에 이끌려 파괴하려 들지 않으며, 오히려 그와 반대로 인간의 사회성과 공동체성을 촉진시키고 강화하는 데 기여한다. 결국은 인간으로서 존엄과 가치와 품격을 지니고 행복을 추구할 수 있는 (헌법 제10조) 사회, 다시 말해 살 만한 가치가 있는 평화로운 사회로 통합되어 가도록 하는 것이다. 성경이 가르치는 기독교적 사랑의 말씀들은 실로 거듭난 참된 인간성과 구원의 하나님의 성품을 닮아 가는 인간성, 즉 인격성과 사회성의 완성을 지향하고 있는 것이다.

---

139 천부인권설은 그 이치를 설명하기 위해 단지 "자명하다"고 전제하고 넘어가는 수사를 사용하는데, 천부인권의 근거를 이 같은 인간의 존엄성에서 찾는다면 자명성에 대한 보충설명이 될 것이다.

140 J. Santeler, a.a.O., S.285.

(4) 사랑의 요청을 거부하는 세속도시

1) 포스트모더니스트도 사랑의 중요성을 안다

오늘날의 후기현대사회는 약한 것들과 소외된 자들 및 소수자들을 위한 사랑의 요구를 전면에 내세우고 여기저기에서 열정적으로 외치는 후기현대주의자들의 목소리가 높지만,[141] 그 사랑은 기독교적인 아가페사랑과 거리가 먼, 금기를 모르고 육체적 소욕을 좇는 애정행각이거나 기껏 해서 조건적인 용서에서 표현되는 바, 어떤 주변적인 영역에서 일어나는 법감정 상태를 일시 누그러뜨리는 정서적 차원을 주된 대상으로 삼는다.[142] 그들의 지식은 하나님을 마음에 두기를 거부하는 사람들에 의해 지배되는 것이거나 하나님을 지식으로 알되 "마음이 부패하여지고 진리를 잃어버려 경건을 이익의 방도로 생각하는 자"(딤전 6:5)들의 것이기 때문이다. 신학자들이 세속화라고 일컫는 현상은 점점 더 강렬해지는 것 같다. 그 까닭은 수많은 빼어난 철학자, 예술가, 역사가, 과학자, 전문 지식인들의 사고에서 하나님이 계셔야 할 자리는 점점 더 황폐되었거나 사라졌기 때문이다. 심지어 기독교신앙을 가진 사람들의 삶의 자리에서도 신앙의 영역과 가정, 직장, 사회의 생활이 분리되는 현상을 흔히 경험하게 된다. 냉철한 지성을 가지되 하나님을 아는 지식으로 마음이 뜨겁게 단련된 사람들은 희귀한 반면, 하나님을 무시하거나 아예 모르는 지식인들의 문화에 대한 영향력이 커

---

141 악셀 호네트, 정의의 타자, 문성훈 외 3인 역, 2009, 183면 이하; 오민용, "법과 용서―자끄 데리다의 용서론을 중심으로", 법학연구 제29권 제2호, 충북대학교 법학연구소(2018), 28면 이하 참조.
142 C. S. 루이스, 순전한 기독교, 154면 이하 참조.

가기 때문에, 오늘날의 세계에서 대다수의 사람들은 기독교적 삶의 방식에서 멀어져 가고 있다.

진실한 기독교신자들은 인생의 가장 큰 기쁨을 항상 우리가 하나님의 뜻이라고 생각하는 것을 행하는 데서 발견하고 획득한다. 자기부인의 삶을 살아가면서 하나님께 순종하고 그분만을 섬기는 그리스도인이 맛보는 기쁨과 즐거움, 영적인 만족은 자기향락에 빠져 사는 세속도시의 거류민들이 경험하는 어떤 쾌락과 비교할 수 없을 정도로 질적으로 다른 것이다. 그것은 경건한 삶의 방식이며 또한 인간성 속에서 꽃피는 거룩한 삶의 방식 때문에 가능한 것이다. 거룩한 신자들은 모든 것이 다 하나님의 은혜의 선물이라는 믿음에서 출발한다.

2) 도벳의 북소리 그리고 우상 숭배적 춤사위

인간은 하나님나라와 세속국가의 시민으로서 2중의 지위를 갖고 살아가지만, 영적으로 보면 하나님의 자녀답게 살아가려는 갈망과 사탄과 마귀들의 유혹에 이끌려 행동하고자 하는 탐욕 사이를 왔다 갔다 하는 양면성을 보여 주기도 한다. 요한계시록에 나오는 라오디케아(Laodikea)교회 교인들처럼 차지도 덥지도 않고 그저 미지근한 혼합주의 경향의 사람들이 우리 주위에 많은 부분을 차지한다(계 3:14-16). 그리하여 그들은 인생의 행복이 쾌락과 자기도취, 고상한 이타주의와 비루한 육욕주의를 혼합한 것이라고 생각한다. 세속주의는 세상을 온통 어둠으로 덮어 하나님의 진리를 대적하려 한다. 그리고 인생의 참된 기쁨에 대한 오해를 불러일으켜 어리석은 사람들로 하여금 미혹에 빠져들게 하는 경향을 갖는다.

그중에 유미주의자들은 개인의 경험을 과신하게 하고 인간의 감정과 느낌을 극대화하며 그것이 행복에의 길인 양 오도한다. 좋다고 생각되면 거침없이 행하는 것, 또는 짧고 굵게 사는 것이 행복의 지름길이라고 속삭인다. 그리하여 마약, 돈, 술과 섹스에 도취되도록 하며, 막장에 이르러서는 동성애에 탐닉하게 하고 마침내는 자살로 치닫도록 유혹한다. 그러나 이런 삶의 양태로 쾌락을 추구하는 것은 실제로 기쁨을 파괴하거나 감소시키는 역설에 처한다는 사실을 유미주의자들은 일상의 경험을 통해 입증시켜 주고 있는 셈이다. 쾌락의 추구는 어떤 종류든, 어떤 수준이든 기쁨을 감소시키는 것으로 되돌아온다. 기쁨은 만족을 주지만 쾌락은 불만을 불러온다. 이것이 쾌락과 기쁨 사이의 본질적 차이이다.[143]

19세기 말부터 20세기 초 프랑스의 빼어난 작가였던 마르셀 프루스트(Marcel Proust)는 그의 대표작 「잃어버린 시간을 찾아서」의 연작 일부인 '소돔과 고모라'에서 "동성애는 희망이 없다"고 잔인하게 지적했다. 동성애는 덧없는 도전, 기쁨 없는 사랑이기 때문이라는 것이다. 반면 19세기 말부터 런던 동성애의 귀공자였던 오스카 와일드는 자기경험에서 우러나온 감정을 토대로 "사랑은 자기를 속이는 것부터 시작해 다른 사람을 속이는 것으로 끝난다."고 했다.[144]

다른 한편 비관주의와 허무주의는 하나님 없는 사상이 이를 수밖에 없는 종착지와도 같은 것이다. 그것은 신이 없는 세계에 의식이 분명치 않은 사람들을 불러들여 방향을 잃은 개체를 만들어 돌려보낸다. 그들은 가치나 도덕 감정 같은 것을 거추장스러운 장

---

143 패커. 전게서, 38면 이하.
144 이정훈, 전게논문, 200면 이하 참조.

애물로 간주한다. 인간의 존엄성과 사랑 안에서 하나님의 영원하심에 참여하는 모든 일들이 개인이나 사회를 위한 아무 희망도 되지 못한다고 설파한다. 그들이 찾고자 하는 사랑의 유토피아는 그 자체 신기루에 불과했다. 우리가 알아야 할 것은 비관주의와 허무주의의 중심에는 언제나 파괴적인 교만이 자리 잡고 있다는 점이다. 희망의 노래가 사라진 대지는 실제 지옥과도 같은 것이다.

이러한 풍조 속에서 오늘날 기독교적 문화전통의 영향력은 점점 시들어 가는 중이다. 만약 우리가 여기에 머물러 있거나 수수방관하고 침묵만 하고 있으면, 머지않아 반기독교적인 무질서와 광포의 횡행을 여기저기서 목도하게 될 것이다. 기독교신앙으로부터 배교한 자들의 기독교진리에 대한 극심한 반항과 완악함이 그 도를 더해 갈 것이다. 기독교적 사랑과 자비는 값싼 인도주의나 인권논리에 파묻히거나 휘둘리고 다원주의와 상대주의 그리고 똘레랑스(관용) 같은 그럴듯하게 들리는 말로 대체될지도 모른다.[145] 이것이 인류의 미래전망에 대해 우리가 예견하는 두려움이다.

3) 거룩한 제사장들을 부르는 문화명령

이 도도한 세속화의 조류에 맞서 진정한 그리스도인들은 거룩한 대응사상과 그것을 현실화할 행동을 요구받고 있다. 그들은 세속사회를 포기하거나 방관하지 말고, 하나님의 지혜와 능력에 힘

---

145 관용 논리는 도덕성과 관계없이 정치적 합의를 이룰 수 있다는 점에서 상당한 장점을 지니지만, 도덕적 합의 없이 자율권만을 토대로 사회적 협력이 확보되기 어렵다는 점 및 권리존중의 질과 관련하여 천박하기 그지없는 행위를 허용해야 하는가라는 난제와 마주친다는 날카로운 지적에 관하여는 마이클 샌델, 왜 도덕인가? 114면 이하 참조.

입어 세속사회를 하나님의 공의와 사랑, 기독교적 가치관으로 재건하도록 부르심을 받은 사명자로서 하나님 앞에 나아와 서 있기 때문이다. 그것은 창세기 1:28의 문화명령, 모세의 율법과 이스라엘 선지자들의 예언서에 나타난 사회의 거룩성 회복에 대한 하나님의 관심, 그리고 이웃사랑에 관한 예수 그리스도의 새 계명(요한복음 13:34)과 관련된 것들이다. 하나님의 율법과 예수님의 새 계명은 인간을 속박하는 구속 장치가 아니라 완전하고도 즐거운 인간성의 완성을 이루도록 돕고 또한 인간성을 자유롭고 풍요롭게 해주는 계명이다.[146]

그리스도인들은 하나님의 도덕법을 인간의 인격성의 윤리적인 발전과 보존을 위한 유일한 윤리적 기준으로 일고 있다. 그런점에서 그 기준을 따르고 준수하는 것은 의무일 뿐만 아니라 특권이기도 한 것이다. 이 특권은 도덕적으로 결코 중립일 수 없다. 그속엔 가장 강력한 도덕적 실체가 들어 있기 때문이다.

이런 관점에서 동성애문제를 들여다보면 그것이야말로 하나님과 동일형상으로 지음 받은 인간이 그 존엄스러운 영혼의 자리에서 떠나 자신을 우상화하거나 단순한 육체적 수준으로 타락한의식상태가 아닌가? 창세기 19장에 등장하는 소돔과 고모라의 죄악과 그 죄악을 심판으로 다스리시는 하나님의 공의를 상정할 때,동성애가 얼마나 근본적으로 인간에게서 하나님의 형상을 왜곡시키고 인간을 치욕스럽게 만드는가를 엿볼 수 있다. 어디 그 뿐이

---

146 마이클 브라운, 성공할 수 없는 동성애혁명, 자유와 인권연구소 역, 2017, 63, 293, 367면; 김규호, "동성애조장 반대운동 활성화를 위한 기독교시민단체의 역할", 동성애, 21세기 문화충돌(김영한 외), 2016, 376면 이하; 신국원, 신국원의 문화이야기, 2002, 177-186면; 패커, 전게서, 29-77면 참조.

랴? 1970대 프랑스에서 일어난 일들이긴 하지만, 문제는 동성애가 페미니스트나 사회주의자들, 좌파정당, 좌파운동권에게 권위주의와 가부장적인 제도에 대항하는 투쟁무기로 둔갑한다는 점이다. 동성애는 성적인 아버지에 대한 거부를 넘어, 가장인 아버지를 증오케 하고 허구화함으로써 법을 포함하여 모든 억압적으로 보이는 제도들을 아버지 죽이기 프레임 속으로 쓸어 넣는 마법을 휘두르고 있다. 그 속에서 결혼은 더 이상 무거운 제도가 아닌 가벼운 사랑이야기가 되고, 에이즈로 인한 죽음조차 마치 낭만적인 사랑의 이야기로 변한다.[147]

그러나 사랑의 하나님께서는 자신의 형상을 따라 첫 인류인 아담과 하와를 남자와 여자로서 각각 그분 앞에 동등하고 구별된 인격체로 지으셨다(창 1:27). 하나님께서 거룩하게 빚으신 남녀 간 성 차이는 하나님의 형상과 그로부터 말미암는 인간의 존엄과 가치 면에서 결코 어떤 불만의 근거로도 삼을 수 없다. 왜냐, 하나님께서 사랑의 관계로 연합하여 살도록 당신의 거룩하신 뜻을 따라 구별하여 정하여 준 남녀의 차이점들은 하나님의 창조계획을 반영하고 인류의 번영과 지속의 가교가 되기 때문이다. 따라서 동성애에 대한 성적 이끌림은 하나님이 원래 계획하신 창조의 질서에 비추어 볼 때 자연스러운 선의 일부로 승인할 수 없으며, 그 자체가 무서운 죄악이요 타락이라고 할 수 있다. 그것은 하나님의 사랑의 부르심을 거역하는 것이며 그분의 사랑 안에서 우리가 더욱 풍성한 사랑의 연합으로 나가야 할 본분을 저버리는 일이기 때문이다.

물론 동성애의 원인으로 여러 가지 요인을 들 수 있겠으나, 어

---

147 이정훈, 전게논문, 201면 이하, 239면 참조.

쨌든 현재 동성애적 행위에 포로가 되어 존엄한 인격적 주체로서 스스로 단절하고 나올 수 없는 사람들에게는 영적 치유와 같은 상담과 도움이 필요하다. 그런 관계를 중단하기로 결심하고 뛰쳐나와서 자신과 하나님, 자신과 다른 인간과의 관계에서 본래 인격성의 자리로 되돌아서려면 다양한 도움의 손길이 필요하리라. 특히 기독교 신앙공동체는 이들의 회심과 귀환을 사랑의 마음으로 적극 도와야 한다. 우리는 동성애에 대한 성적 이끌림을 경험하는 이들도 하나님의 은혜를 체험함으로써 돌아서서 그 은혜 안에서 삶의 순결을 지키며 예수 그리스도를 믿는 믿음 안에서 하나님이 기뻐하실 만한 삶의 열매를 맺을 수 있다고 확신하기 때문이다.[148]

4) 세속주의를 거슬러 올라가는 연어들의 회귀운동

하나님이 우리를 사랑하신 그 큰 사랑으로 인하여 그리고 공동체의 건강한 발전을 위해 우리가 동성애를 참된 사랑이 아니라고 말하고, 권리 내지 인권이 될 수 없다고 말하는 것은 인간다움을 위한 하나님의 형상론과 하나님의 사랑의 관점에서 결코 배제적인 혐오의 표시이거나 인간성을 모독할 만큼 지나친 말이 아니다.[149] 기독교적 세계관의 관점에서 볼 때 국가제도나 법제도가 개인의 인권을 존중하고 보호해야 할 궁극적 이유는 모든 사람들이 하나님의 영광을 바라보고 살며 하나님의 뜻에 순종하며 살도록 하나님의 형상대로 지음 받았기 때문이다.[150] 따라서 우리는 동성애적 행동이

---

148 놀랍게도 사탄의 전략은 최근 독일 등 서구 여러 나라에서 동성애자들을 회심시키려는 기독교적 사랑의 노력들을 원천적으로 차단하기 위한 법적 금지장치를 서둘러 도입하는 데 미치고 있다.
149 월터스토브, 전게서, 207면 이하.

나 트랜스젠더리즘을 법적으로 용인하려는 세속적 가치관을 지닌 입법자들과 시민운동단체들에 대해서도 사랑의 마음을 가지고 공동체의 거룩함과 건강함을 해치는 그 일들을 중단하도록 촉구해야 한다. 성소수자들의 성 취향 행태는 공동체의 지배적인 법의식이 승인할 만한 인권적격성을 결하고 있을 뿐만 아니라 공동체를 모든 면에서 허물어뜨릴 수 있는 위험요소를 안고 있기 때문이다.

위 부분의 핵심을 요약하면 다음과 같다:

기독교적 인권관은 인간을 향한 하나님의 사랑에 뿌리를 둔다. 인간의 존엄과 인간의 인격성도 사랑에 뿌리박고 있기 때문이다. 사랑의 특성은 이러하다. **사랑은 인간의 사회성과 공동체성을 개인의 사적 감정과 욕심에 이끌려 파괴하려 들지 않으며, 오히려 그와 반대로 인간의 사회성과 공동체성을 촉진시키고 강화하는 데 기여한다.** 결국은 인간으로서 존엄과 가치와 품격을 지니고 행복을 추구할 수 있는 권리(헌법 제10조)의 실현에 이른다. 동성애에 대한 성적 이끌림은 하나님이 원래 계획하신 창조의 질서에 비추어 볼 때 성을 순리대로 쓴 것이 아니며, 성적 타락의 극치에 해당한다. 공동체의 건강을 위해 우리가 동성애를 사랑이 아니라고 말하고, 악이라고 말하고, 권리 내지 인권이 아니라고 말하는 것은 하나님의 형상론과 하나님의 사랑의 관점에서도 결코 부당하거나 지나친 말이 아니다. **기독교적 세계관의 관점에서 볼 때 국가제도나 법제도가 개인의 인권을 존중하고 보호해야 할 궁극적 이유는 모든 사람들이 하나님을 위해 살며 하나님의 뜻에 순종하도록 하나님의**

---

150 W. Huber, Gerechtigkeit und Recht-Grundlinien christlicher Rechtsethik, 1996, S. 254ff.

형상대로 지음 받았기 때문이다. 따라서 우리는 동성애적 부도덕이나 트랜스젠더리즘을 법적으로 용인하려는 세속적 가치관을 지닌 입법자들과 시민운동단체들에 대해 공동체의 거룩함과 건강함을 해치는 그 일들을 중단하도록 촉구해야 한다. 성소수자들의 성 취향 행태는 공동체의 지배적인 법의식이 승인할 만한 인권적격성을 갖고 있지 않기 때문이다.

이와 관련하여 생길 수 있는 쟁점들은 짚어 보기로 하자:

- 동성애합법화 반대를 기독교적 세계관으로 설명하는 것은 기독교인들에게 도움이 되는 측면이 있는 반면, 기독교적 세계관을 갖지 않는 비기독교인들에게 설득력이 떨어질 수 있다.

- 사랑이 공동체에 유익을 초래하는 것과 인권적격성의 한 기준으로 사용한 것은 인권이 사익과 다른 점에 대한 설명과 관련된다. 문경란 전 국가인권위원회 상임위원은 "사익은 개인만 이익이 되는 것이고, 인권은 개인과 공동체에 다 유익이 되는 것"이라고 설명한 바 있는데 공동체에 유익이 된다는 점이 '사랑'으로 표현됐다고 할 수 있다. 사랑을 근거로 동성애합법화를 배제하는 논거는 공공의 이익을 가지고 논하는 것과 유사한 것이다.

국가인권위원회 상임이사를 역임한 문경란 서울시인권위원장은 2014년 서울시민인권헌장 제정을 위한 시민위원들을 대상으로 한 강의에서 '사익, 권익, 인권'은 다음과 같이 구분된다고 설명했다. 반드시 (해야)하면서 공동체에 도움 되는 것이 인권이고, 반드시 하면서 개인의 이해관계가 반영된 것이 권익이고, 자기 개인의 이해관계에 의해서 해도 되고 안 해도 되는 것이 사익이다. 이렇게 구분을 한다는거죠. … 건강권은 인권이예요. 인권 중에서 나의 건강이 그야말로 건강하게 사는 기본적인 인권이구요. 흡연은 그야말로 말씀하신 대로 다른 사람의 건강을 위협할 수도 있고, 이건 기호잖아요. 담배를 안 피운다고 해서 인간이 존엄하게 살아가는 데 문제가 있다 이렇게 보는 건 좀 문제가 있지 않습니까. 건강하게 사는 것은 인권이죠. 내가 그래야 잘 살 수 있잖아요. 흡연권을 보장해 달라고 하는데 흡연권은 건강권이 아니고 그래서 인권이 보통 아니라고 얘기합니다.[151]

- 여기에서 동성애는 인권이 아니란 주장은, 양심상 그것을 용인할 수 없는 기독교인들이, 동성애인권을 주장하고 그것을 강제적인 차별금지법으로 관철하려는 일련의 인권업자들에게 대응하는 방어무기인 셈이다. 기독교인이 동성애자를 심판하는 위치(가해자)에서 보는 관점이 아니라 지금은 동성애자들이 그러한 양심적 기독교인에 처벌을 요구하는 시점에 이르렀기 때문에 더욱 그러한 것이다.

- 사랑의 관점은 구약처럼 신정일치국가 율법에 근거한 논리가 아니라 오히려 신약시대 디아스포라의 유대인들이 세속적인 로마 제국의 신민으로서 교회 공동체를 구성할 때의 관점에서 동성애문제를 대하는 입장이다.

" … 한 자들을 도무지 사귀지 말라 하는 것이 아니니, 만일 그리하려면 너희가 세상 밖으로 나가야 할 것이라. 이제 내가 너희에게 쓴 것은 만일 어떤 형제라 일컫는 자가 음행하거나 탐욕을 부리거나 우상 숭배를 하거나 모욕하거나 술 취하거나 속여 빼앗거든 사귀지도 말고 그런 자와는 함께 먹지도 말라 함이라. **밖에 있는 사람들을 판단하는 것이야 내게 무슨 상관이 있으리오마는 교회 안에 있는 사람들이야 너희가 판단하지 아니하랴? 밖에 있는 사람들은 하나님이 심판하시려니와 이 악한 사람은 너희 중에서 내쫓으라**(고전 5:9~13).

---

151 문경란 녹취록 9페이지(첨부), 자문위원단 명단 http://gov.seoul.go.kr/files/2014/11/54597968e09983.37219130.pdf

"미혹을 받지 말라 음행하는 자나 우상 숭배하는 자나 간음하는 자나 탐색하는 자나 남색하는 자나 도적이나 탐욕을 부리는 자나 술 취하는 자나 모욕하는 자나 속여 빼앗는 자들은 하나님의 나라를 유업으로 받지 못하리라. 너희 중에 이와 같은 자들이 있더니 주 예수 그리스도의 이름과 우리 하나님의 성령 안에서 씻음과 거룩함과 의롭다 하심을 받았느니라(고전 6:9~11).

- 신약에서도 동성애는 죄라는 평가를 지속하지만, 구약과 달리 교회 밖의 일반인들에 대해서는 심판하실 하나님의 최종판단에 맡기되 그러나 교회 안에서 형제가 그러한 일을 할 경우에는 출교라는 단죄를 내려야 한다는 것이다. 물론 출교는 그들로 하여금 죄를 깨닫고 돌아오게 하고, 일반인으로 하여금 그와 같은 죄의 유혹에 빠져들지 않게 하려는 것이다. 신약시대 초대교회공동체로부터 20세기가 끝나도록 동성애를 처벌하는 예는 많이 있었지만, 동성혼을 반대하거나 비판하는 행위를 처벌하는 그런 강제는 없었다. 하지만 21세기에 들어와 소수자인권이라는 이름으로 차별금지법이니 혐오표현금지법 등이 등장하고, 실제 혐오스러운 장면을 보고도 역겹다고 말할 수 없는 가치전복 현상이 생겼다. 그리하여 양심적인 기독교인들이 저항하는 입장이 된 것이다. 그러한 입법에 반대하고 시민불복종운동으로 나아가는 것은 양심적인 기독교인들뿐만 아니라 양심적인 일반 시민 모두에게 주어진 권리요 도덕적 의무이다.

V

성소수자권리 논의에서 세 가지 쟁점

― 결론에 갈음하여 ―

1. 동성애의 비신화화

(1) 동성애자의 부류와 특징

일상적인 언어의 용례에 따르면 동성애란 동성 간의 성적 행위를 말하며, 동성혼이란 동성애자 간의 결혼을 말한다. 여기에서 중심축을 이루는 단어는 동성애자이다. 동성애자는 다음과 같은 특징을 가진 사람이다:[1]

① 동성에 대해 성적 매력을 느끼는 사람
② 동성과 실제 성관계를 가지는 사람
③ 동성애자로서 성정체성(sexual identity)을 가진 사람

물론 여기에서도 다양한 컬러가 있을 수 있는 것이다. 어떤 경우에는 이 세 가지 특징을 모두 가질 수 있지만 한 개 또는 두 개의 특징을 나타낼 수도 있다.

첫 번째 특징인 성적 매력은 주관적인 느낌이기에 객관적 기준으로 모호함이 있고, 때로는 개인의 공상(空想)일 수 있으며 일시적인 충동처럼 일어났다 흔적도 없이 곧 사라지는 것일 수도 있다. 따라서 이 첫 번째 특징만 가지고 있는 사람을 동성애자라고 단정한다면, 관점에 따라 동성애자 비율을 과장하여 사회적 혼란과 착시현상을 초래할 위험도 있다.

---

1 길원평 외 5인 공저, 동성애 과연 타고나는 것일까? 2016, 25면 이하; 바른 성문화를 위한 국민연합 편, 동성애에 대한 불편한 진실, 2013, 13면 이하 참조.

이에 비해 두 번째 특징은 객관적으로 좀 더 분명한 기준이 될 수 있다. 하지만 이것도 허위가 작용할 수 있는 여지를 남긴다는 게 문제이다. 왜냐, 동성 간 성관계의 빈도수는 개개의 경우에 따라 차이가 있게 마련이고, 또 어느 정도에 이르러야 동성애자라고 단정할 수 있을지에 관한 일반적인 기준도 아직 확립되어 있지 않기 때문이다. 외국에 체류하면서 단순한 문화체험과 같은 호기심이나 아니면 경제적 곤궁을 해결하기 위한 피하기 어려운 형편에 처하여 동성과 성관계를 가진 사람들을 동성애자라고 단정할 수 있을지 의문이다. 그것은 때와 상황이 변하면 다시 도지지 않을 한때의 에피소드로서의 얘깃거리 이상의 것이 되지 않을 수도 있기 때문이다.

세 번째 특징은 우리가 심각성을 가지고 접해야 할 동성애자의 가장 확실한 증거라고 할 수 있다. 왜냐, 이 단계에 접어든 동성애자라면 스스로 자신이 동생애자라고 인식하고 있을 뿐만 아니라, 또한 경우에 따라서는 이 단계를 지나 분명한 자기고백을 통해 이것을 외부적으로 공표하는 이른바 커밍아웃의 단계로 나아가기 때문이다. 앞의 두 가지 특징의 한계성에 비하면 이 셋째 특징은 그 하나만으로도 동성애자라고 말하는 데 충분한 근거가 된다.

위 세 가지 동성애자 특징 중 가장 기본적인 특징으로 두 번째 것을 꼽을 수 있을 것이다. 동성 간 성관계를 갖는 자들을 동성애자 또는 그 부류에 속한자라고 생각하는 게 보편적인 상식에도 합치하기 때문이다. 동성애(동성 간 성행위나 성 접촉)를 했다는 것은 특이한 행동양식에 속하는 것이므로 그 빈도수는 결정적인 기준이 되지 않는다고 봐야 할 것이다. 물론 동성애를 성관계와 분리해서 생각하게 하려는 게 동성애자 측의 전술이긴 하다. 그래서 동성애의 정의가 자꾸 흔들리고 변화를 겪고 있는 것도 이런 까닭이라 할 수 있다. 일반적으로 동성애를 한다면 자신이 동성애자라고 생각하는 게 보편적일 것이다. 혹 양성애를 하는 경우도 있고, 또는 동성애를 중단하고 싶어 갈등하는 경우도 있긴 하지만, 어쨌거나 그 모든 경우의 기초는 자기가 동성애를 하는 동성애자라는 인식이기 때문이다. ②번이 있어야 ①번이나 ③번도 충족되는 것이기에 가장 핵심적인 기준은 ②번이라고 하는 이유가 바로 여기에 있다.

그러나 동성애자 형태에는 더 다양한 부류들이 있을 수 있다. 예컨대 양성애자라 하더라도 위에서 본 둘째 특징이나 셋째 특징에 해당할 수 있으므로 동성애자 부류에서 제외하기 곤란하다. 더 나아가 성전환수술을 받아 성전환자가 된 자들도 현재의 전환된 성에서 둘째 또는 셋째의 특징을 나타낼 경우 동성애자 부류에 들어갈 수 있는 것이다. 끝으로 퀴어리스트도 양성애자 또는 동성애자의 부류에 들어올 개연성이 높다. 최근에 들어서 학자들은 동성애, 이성애, 양성애 등을 통틀어 성적 지향(sexual orientation)이라고 부른다.

동성애자들이 서로 성관계를 가질 경우 이성 간의 성관계와 달리 신체적 구조에서 오는 제약 때문에 부자연스러운 성행위양태가 불가피하다. 남성 동성애자(gay)는 구강섹스와 항문성교를 함으로써, 여성 동성애자(lesbian)는 구강섹스와 성구를 사용함으로써 상대방의 성기를 자극하고 성적 쾌감을 느끼는 방식이 흔히 알려진 방식이다.[2]

---

2 레즈비언의 다른 방법들도 있다: http://mitr.tistory.com/2020

(2) 유발원인에 감춰진 신화적 요소

동성애의 유발원인으로는 여러 가지 가능성들이 거론된다.[3] ① 부모의 잘못된 성역할 모델—유약한 아버지나 강한 어머니의 영향, ② 유년기의 불안정한 성정체성 모델—성적인 것이 아닌 인정의 결핍, 소속감의 결핍, 박탈감, 오랜 거절감, 불안정감 등의 영향, ③ 동성과의 만족스러웠던 성경험 또는 이성과의 불만족스러웠던 성경험 모델—동성끼리 생활할 수밖에 없는 생활환경 등에서 우연히 경험하게 된 동성애의 영향, ④ 동성애 우호적인 영화, 비디오, 전언 등을 통한 전파 모델—동성애를 미화하거나 부추기는 미디어문화의 영향, ⑤ 동성애를 정상적인 성관계로 보게 만드는 사회·교육풍토 모델—동성애가 사회적·법적으로 용인되고 또한 학교에서 성교육시간에 동성애가 이성애와 같이 정상적인 성적 지향이라 가르치는 데서 오는 영향, ⑥ 동성애 자체가 주는 성적 쾌감과 강한 중독성 모델—동성애를 우연히 경험한 후에 다시 경험하고 싶은 중독현상의 영향, ⑦ 동성애에 유혹에 빠지기 쉬운 신체적, 심리적 경향의 모델—어느 정도 타고난 선천적 요인이라 할 수 있는 반대 성에 가까운 외모, 목소리, 체형이나 성격 등의 영향이 언급된다.

현대사회에서는 앞의 6가지와 같은 후천적 요인이 마지막의 선천적 요인보다 동성애로 기울어지게 하는 데 더 직접적이고도 강한 영향력이 된다고도 하지만, 혹자는 실제 두 가지 요인이 합쳐져 동성애 경향을 증폭시킨다고 한다. 그러나 엄밀하게 어느 요인

---

3 동성애에 대한 불편한 진실, 전게서, 15면 이하 참조.

이 결정적인지는 실제로 분간하기 난해한 경우가 많다는 것이다. 그럼에도 불구하고 여기에서 명확히 짚고 넘어가야 할 점은 선천적 요인은 동성애자가 되는 데 결정적인 역할을 하는 것이 아니라, 단지 후천적 요인들을 수용, 증폭시켜서 동성애로 이끌리게 하는 데 가세하는 역할 정도를 한다고 보는 것이 온당한 입장이 될 것이라는 점이다.[4] 단, 여기에서 말하는 선천적 요인은 유전자를 의미하는 것으로 오해하지는 말아야 할 것이다. 아직 동성애를 결정짓는 유전자가 확인되지 않았기 때문이다. 한때 동성애 유전인자가 결정적인 역할을 한다고 오도하는 연구결과들이 동성애자 측에 의해 주장되기도 했지만, 그 주장은 일방적인 주장이었을 뿐, 오늘날 이를 과학적으로 뒷받침할 만한 입증된 자료는 없는 실정이다.

그러므로 어떤 경우라도 동성애자가 된 데는 최종적으로 자기의 선택과 결정 그리고 자기책임으로 돌아간다는 점을 놓쳐선 안될 것이다. 환경요인이나 타력에 의해 어쩔 수 없이 강제적으로 동성애자가 되었다는 변명은 구실에 불과할 뿐이다. 인간의 행위는 원칙적으로 자유로운 윤리적 자기결정능력의 소산, 즉 자신의 인격을 외부세계에로 자유롭게 표현한 자기의 인격적 작품이기 때문에, 본능이나 환경의 굴레를 벗어날 수 없이 그에 굴복하는 동물의 행태와는 근본적인 성격을 달리하는 것이다. 한때 스키너(Skinner) 같은 행태연구가들이 주장했던 이른바 결정정주의적 인간상은 오늘날 헌법질서를 비롯한 법질서 전체가 상정하고 출발점으로 삼고 있는 자유롭고 존엄한 인간상과 합치하지 않는다. 인간의 행동에도 환경요인과 심리적, 정신적 요인에 의한 일정한 영향이 없을 수

---

4 전게서, 19면.

없지만, 인간은 동물처럼 자신의 삶을 단지 기계적, 본능적으로 연명해 가는 것이 아니라 자유의지와 선의지에 의해 이를 극복하며 나아가 문화적, 윤리적으로도 그것을 계발하고 고양시키면서 의미 있는 삶을 영위해 가는 존재인 것이다. 이런 맥락에서 볼 때 동성애도 결국 자신의 의지와 선택에 의해 이루어진 성적 행동양식이라고 보아야 할 것이다.[5]

(3) 과학적 증거에 의한 비신화화

이와 관련하여 최근까지도 동성애를 옹호하는 입장에서 자주 거론되고 또한 주장되어 온 이른바 동성애는 "유전하는 선천성 현상"이라는 입론이 진실인지를 좀 더 상세히 살펴볼 필요를 느낀다. 다행스럽게도 일단의 과학자들을 중심으로 한 새로운 과학적 탐구 결과들이 한때 언론과 세인들의 주목을 받았던 과학적 연구결과들을 더 이상 신뢰할 수 없게 만들었다는 사실이다.[6] 이 사실을 설득력 있게 설명한 길원평 교수 외 5인의 전문가가 내놓은 연구결과 중 일부를 여기에 그대로 재인용해 보기로 하겠다:

> 이제까지 진행되었던 동성애와 관련된 유전자 연구의 역사를 살펴보면, 동성애와 관련이 있다고 주장하는 논문이 발표된 후 약 5년이 지나서 관련이 없는 것으로 밝혀지곤 하였다.
> 1993년 해머 등이 Xq28이 동성애와 관련이 있을 것으로 추정하였고 서구 언론은 동성애 유전자를 발견하였다고 대서특필하였으며, 한국 인터넷에서도 인용되고 있지만, 1999년에 라이스 등이 Xq28 내의 표

---

5 전게서, 20면.
6 길원평 외, 동성애 과연 타고나는 것인가?, 전게서, 35-110면.

지 유전자들을 조사하여 동성애와 관련이 없다는 결과를 발표하였다. 2005년에 해머를 포함한 무스탄스키 등이 많은 사람을 대상으로 조사하여 Xq28이 동성애와 연관성이 없다는 결과를 발표하면서, 예전과는 (1993년) 달리 동성애와 관련이 없다는 결과가 나오게 된 이유를 자세히 분석하였다.

2010년에는 라마고파란 등이 전체 게놈을 조사하여 동성애 관련 유전자를 발견하지 못하였다. 따라서 동성애를 유발하는 유전자가 있을 것으로 추정되는 모든 부분에 대한 연구결과들이 부정되었다.

하지만 이런 부정적 연구들은 한국 인터넷에 거의 소개되지 않음으로써 일반인들에게 왜곡된 정보를 주고 있다.

결론적으로 요약하면, 동성애와 관련이 있을 것으로 추정되는 유전자를 발견하였다는 연구결과가 발표되고, 몇 년이 흐른 후에는 그 결과가 잘못되었음이 밝혀지는 과정이 그간 계속해서 반복되었다. 즉 동성애를 유발하는 유전자는 발견되지 않았으며, 이제까지 발표된 논문들의 결과로써 추론하면 앞으로도 발견될 가능성은 거의 없다.[7]

길원평 교수 외 5인의 공저자는 다음과 같은 결론을 내리고 있다. 첫째, 동성애는 유전이라는 종전의 연구결과는 2000년대 이후 대규모 조사 결과 모두 사실이 아닌 것으로 부인되었다. 둘째, 동성애가 태아기의 자궁에서 받은 성호르몬에의 영향에 의해 선천적으로 타고난 행동양식이라는 연구결과들도 최근 들어 입증되지 않거나 부인되었다. 셋째, 동성애자의 두뇌가 일반인들과 차이가 있다는 주장도 입증되지 않았다. 넷째, 가령 동성애에 대한 어느 정도의 유전적인 영향이 있다손 치더라도 동성애를 정상으로 인정하거나 적극적 차별시정조치(affirmative action)처럼 법 정책적으로 우대해서는 안 된다. 만일 유전적 소인이 동성애를 결정짓는 것이

---

7 길원평 외, 전게서, 59-61면.

라면, 그것이야말로 현대생식의학의 유전자 수선기술에 의해 수정란 내지 초기배아단계에서부터 치료되어야 할 과제이다. 다섯째, 최근의 다른 연구들, 즉 동성애와 두뇌에 대한 환경이나 경험의 영향, 두뇌 가소성, 나이에 따른 변화 등은 다른 모든 인간의 행동이나 정신장애의 설명과 마찬가지로, 동성애 형성에 유전적인 요인보다 환경이나 학습과 같은 후천적인 요인의 영향이 더 크다는 것을 시사한다.[8]

따라서 현재의 과학적 탐구의 추세대로라면 동성애는 후천적 영향에 의해 형성되었다고 보는 것이 합리적인 추론일 것이다. 성인식의 형성과정에 후천적 영향이 선천적 영향보다 훨씬 더 강력하고 직접적으로 미친다고 보기 때문이다. 그러므로 동성애를 둘러싼 신비적인 가설이나 유전적 또는 선천적인 요인에 일반인의 시선을 돌리도록 하는 일단의 과학적 가설들은 가설 그 자체일 뿐 진리를 담보한다고 말할 수 없다. 특히 동성애의 유전적 요인에 관해 일시 과장된 연구결과를 내놓았던 킨제이를 비롯한 일부 연구자들이 양성애자나 동성애 애호자들이었다는 사실을 감안하면 그러한 가설 내지 주장 속에 감추어진 지식의 간계에 속아 넘어가서는 안 될 것이다.

(4) 또 다른 신화화의 책략들

최근 들어 동성애진영에서, 동성애를 타고난 사람과 그렇지 않은 사람, 두 종류가 있다는 새로운 주장을 퍼트리는 전략이 보인

---

8 상게서, 145면 참조.

다. 동성애가 타고난 것이라는 신화론적 주장에 일반인들도 과학적인 증거가 없다는 냉철함을 보이자 새로운 신화화를 기도하는 것으로 여겨진다. 물론 두 종류의 동성애자가 있다는 주장이나 이들을 구별하는 과학적 방법을 제시하지 않은 채로 말이다.[9] 그 주장의 요체는 타고나지 않은 사람은 동성애를 끊을 수 있지만 타고난 사람은 결코 끊을 수 없다고 하는 데 있다. 이것도 과학적 증거에 의한 것이 아니라 신비적인 가설에 불과한 것임은 두말할 것도 없다. 이 또한 지식의 간계요 허위의식의 일종에 불과한 것이다.

결론적으로 성 인식도 자의식적인 의지와 선택적 결정의 문제로 돌아간다. 자기의지의 결정에 의하지 않고 저절로 또는 어떤 필연적인 강제에 의해 인간의 사고와 행동이 정해지는 것은 아니다. 마음속에 생긴 성향, 느낌 등을 자신의 의지로 판단하고 행동에 옮김으로써 습관이 되며 행동양식이 형성되는 것이다. 따라서 동성애도 후천적인 환경의 유혹이나 영향을 자의식과 의지로 받아들여 행동으로 옮겨 버릇이 되고 더 심한 경우 중독적인 지속적 습성에 빠져듦으로써 형성된 처지라 할 수 있다.[10]

여기에서 강조하고자 하는 것은 바로 그렇기 때문에 동성애자들을 있는 그대로의 존재자로 방치하거나 포기해서는 안 되고 그들이 정상적인 성 인식으로 돌아와 인간의 존엄과 가치가 있는 삶, 참된 행복을 추구하고 참된 사랑을 나누며 이를 더욱 유지·발전시키는 삶으로 나아갈 수 있도록 공동체가 지혜와 힘을 모아야 한다는 점이다. 근본존재론의 철학자 하이데거(Heidegger)가 그의 프

---

9 상게서, 189면 참조.
10 상게서, 188면 참조.

라이부르크(Freiburg)대학 연구실 책상머리에 걸어 두고 경구로 삼 았던 잠언 4장 23절 말씀, "모든 지킬 만한 것 중에 더욱 네 마음을 지키라 생명의 근원이 이에서 남이니라."의 의미는 동성애의 유혹 과 고통에 씨름하는 일부 현대인들에게도 여전히 유념해야 할 경 구가 아닐까 생각하는 바이다.

2. 동성애의 사랑은 참다운 사랑일 수 있는가?

(1) 사랑의 의미론적 다양성

1) 마술적 사랑

사랑은 영원한 주제에 해당한다. 사도 바울이 "믿음, 소망, 사 랑 이 세 가지는 항상 있을 것인데 그중에 제일은 사랑"(고전 13:13) 이라고 말했을 때 필시 이 점을 염두에 두었으리라고 본다. 진실로 사랑의 주제만큼 많은 신학과 철학사상, 문학과 예술의 소재가 된 것도 그리 흔하지 않을 것이다. 17세기에 보편학(scientia generalis) 의 체계를 세우기에 고심했던 라이프니츠(Leibniz)는 특별한 분과 학(scientia specialis)으로서 법률학의 중심주제인 정의를 보편학의 중심주제인 사랑과 논리적으로 연관시키려 했다. 즉, 정의는 먼저 현자의 이웃사랑(caritas)이라는 것이다. 이 사랑은 일반적인 호의 (benevolentia)이고, 호의는 사랑(amor)의 한 행위(habitus)이며, 사 랑한다는 것은 남의 행복(felicitas)에서 즐거움을 얻는 것이다. 그 리고 행복은 지속적인 기쁨(laetitia)이고, 기쁨은 하나의 감정이거 나 호감(voluptas)의 상태이며, 호감은 완전성(perfectio)의 어떤 감정이며, 완전성은 힘과 능력(potentia)이 충만한 상태라는 것이다. 그는 도덕적·법신학적 관점에서 최상의 보편적 정의는 로마법학자 울피아누스(Ulpianus)의 세 가지 기본적인 법규범, 즉 ① 아무에게도 해를 입히지 말라(neminem laedere), ② 각자에게 그의 몫을 주라(suum cuique tribuere), ③ 명예롭게 살아라(honesta vivere) 중에서 모든 도덕적 덕성을 포함하고 영원한 행복에 속하는 마지막 법규범을 꼽았다.[11]

사랑은 "마술적"이라고 불릴 정도로 주체와 대상 사이의 구별이 없으며 다양한 의미와 다양한 층위를 갖고 있다. 따라서 사랑을 근거지우거나 설명하는 일은 불가능에 가깝다고 말하는 사람도 있다.[12] 비록 이것 또는 저것이라고 단정하기는 어렵지만 우리는 다양한 계시적인 언어와 견해들을 통해 그 의미의 정원으로 접근해 들어가 볼 수는 있을 것이다. 이미 잘 알려진 바대로 헬라문화에서 사랑은 남녀·이성 간의 사랑을 뜻하는 에로스(ἔρως), 가족·동족 간의 사랑을 뜻하는 스톨게(στολγε), 우정·친구 간의 사랑을 뜻하는 필로스/필리아(φιλός/φιλία) 그리고 하나님·신의 사랑을 뜻하는 아가페(ἀγάπη) 등이 쓰였다. 이에 비해 유대·기독교전통에서는 하나님사랑과 이웃사랑(인간사랑), 자기사랑과 원수사랑 등이 통용되었다. 중세교회의 가르침 가운데는 가난한 이웃들에 대한 관심과 배려가 하나님사랑과 겹쳐져 사용된, 흔히 자선이란 의미로 통용되는 카리타스(caritas)라는 용례도 있었다.

오늘날도 사랑의 스펙트럼은 넓다. 개인적이며 성적 친밀성과

---

11 이에 관한 상세한 서술은 M. Schneider, Leibniz als Grundlagenforscher, in: Rechtstheorie, Bd. 38, 2007 Heft4, S.412f.

12 E. Illouz, Warum Liebe weh tut, 2012, S.286ff.

관계된 에로스적 의미의 사랑, 즉 이념적으로 말하자면 아름다움을 추구하는 사랑에서부터 더 나아가, 다시 말해서 육체적·성적 친밀성의 토대를 벗어나 그것을 뛰어넘고 또한 그것을 극복하기까지 한 선의 이념, 진리이념, 정의이념에서 세계의 조화(Platon)이념에 이르는 사랑도 있다. 하나님사랑, 부모사랑, 자녀사랑, 조국애, 인류애, 동포애, 예술사랑, 진리탐구 등이 그것이다. 인류애, 동포애 같은 인간사랑은 흔히 이웃사랑(Nächstenliebe)으로서 기독교적 관점에서 보면 아가페에 가깝다.[13] 쇼펜하우어(Schopenhauer)는 이를 그리 흔치 않게 나타나는 어떤 인간의 모진 운명에 대한 짐을 나누어진다는 의미에서 동정(Mitleid)이라 했다. 더 나아가 니체는 선한 사마리아인 비유에 나오는 이웃사랑에서의 이웃(Nächsten)을 '가장 가까운 사람'이라는 의미에서 장소적, 인적으로 제한된 것으로 이해한 뒤, 이 개념을 '가장 먼 사람'(Fernsten)에게까지 확장하여, 이웃사랑(가장 가까운 사람 사랑)을 가장 먼 사람 사랑(Fernstenliebe)까지를 포괄하는 개념으로 확대하려는 시도도 했다.[14]

여기에서 이웃사랑, 즉 인간사랑은 사랑받는 개인과 관계된 게 아니고 인간가족, 인류전체와 같은 유(類)개념(Gattungsbegriff)과 관계된 것이다. 물론 인간 사랑과 그에 대한 용의성은 심리학적으로 개인적인 사랑의 체험에서도 조성될 수 있지만, 사회적으로는 개인적인 사랑도 이웃사랑, 인간사랑 속에서 사회적 사랑(soziale Liebe)으로 확장되는 것을 알 수 있다. 이 사회적 사랑의 차원에서

---

13 특히 기독교 교의학에서 인간본성과 아가페와 에로스의 관계에 관한 상세한 논의는 진 아웃카(Gene Outka), 아가페 기독교사랑의 윤리적 분석, 정경화 역, 1999, 305면 이하 참조.
14 G. Küchenhoff, Neugestaltung der Gesellschaft im Recht, 1977, S.15.

인간사랑은 '모든 사람에 대한 존중(Respekt) 이론'[15]이나 '보편적 인간의 호의(Wohlwollen)에의 요구'(칸트)와도 만나게 된다. 다만 이 사회적 사랑의 관념 속에서 인간사랑은 개인적 사랑이나 개인적 존중, 호의 등과 구별되는바, 하나의 통합된 사랑의 사회공동체를 구성하는 법 개념이 된다는 점에서, 앞서 본 다른 개인적, 정서적인 측면에서의 사랑의 개념들과 근본적으로 구별된다는 견해도 있다.[16]

2) 열정으로서의 사랑에 이르기까지

사랑이라는 주제만큼 또한 시대의 변천을 민감하게 반영하는 것도 그다지 많지 않아 보인다. 사랑의 역사는 인간의 역사만큼이나 오래되었다. 우리에게 체계이론의 주창자로 잘 알려진 독일 사회학자 루만(Luhmann)은 그의 저술 「열정으로서 사랑」에서 사랑의 의미론적 변화를 잘 보여 주고 있다.[17] 그는 먼저 러셀(Bertrand Russell)의 연구결과, 즉 기독교와 야만족들의 승리가 고대사회의 성문화를 파괴하고 성생활을 동물적인 수준으로 끌어내렸을 뿐 아니라 성의 의미에 대한 계속된 평가절하와 억제의 결과 16세기 이래로 성 언어의 내밀성과 은밀성의 경향이 강해졌고, 알몸에 대한 공개적 표현도 점차 기피대상이 되었다는 주장을 인용하여,[18] 16세기에 자연으로서의 성은 일면 죄악으로 더러워진 인간본성의 일

---

15 사회정의 이론의 창안자인 이태리의 Rosmini의 사상.

16 G. Küchenhoff, a.a.O., S.16.

17 N. Luhmann, Liebe als Passion, 1998, S.49ff., 57ff., 71ff., 137ff.

18 B. Russell, Marriage and Morals, 1929, zit. nach dem Neudruck London 1972, S.36; Why I am not a Christian, 12 chap. Our Sexual Ethics, 1977.11.

부가 되었고, 그럼에도 불구하고 타면 생육을 위해 신이 원하는 어떤 것, 따라서 곧장 비난받을 만한 것은 아니라는 양면성을 얻게 되었다는 것이다.[19]

성에 관한 이런 인식은 17세기 초에 접어들어 다음과 같이 변하기 시작했다고 한다. 즉, 인간의 자연(본성)으로서 성은 물론 그 자체 선한 것이지만, 반면 인간을 그 자신도 동의할 수 없는 어떤 행태의 유혹에 빠지게 하는 것이라는 사실이다. 이것은 중세적인 성 관념에 뿌리를 둔 것이기도 하다. 성충동을 통제가 필요한 인간 본성의 일부로 인식하는 이런 사고유형은 17세기 내내 유지되었을 뿐 아니라 17세기 초에는 오히려 강화된 경향이 있었다고 한다. 그 후 17세기 후반경에 이르러 성관련 행태들이 사랑이란 상징적인 매개수단을 통해 일반화할 수 있었다고 한다.

18세기에 이르러서 신분적, 사회적 숙고대상들이 무너지기 시작했고 따라서 성 현상의 분석을 위한 사고의 출발점들도 변하기 시작했다. 왜냐하면, 신분적 해체 등이 성 현상의 변화를 당시 지배적이었던 종교적, 도덕적 논제들로부터 벗어나게 했고, 그런 현상을 공개적으로 취급할 수 있게 만들어 준 것이다. 성관계를 갖는 데 그리고 또한 결혼을 하는 데 가로놓여 있던 장애물들이 하나둘 사라지게 된 것이다. 사람들은 육체적 본성 개념을 제대로 평가하기 시작했으며 또한 사랑 그 자체가 이미 미덕이므로 어떤 더 이상의 도덕적인 정당화를 필요로 하지 않는다는 인식에 이르렀다. 일반적인 언어사용에서도 연애 내지 사랑이란 말을 꺼낼 때에는 육욕을 함께 떠올리는 것이 확립된 관행처럼 되었다. 그 결과 단순한

---

19 N. Luhmann, a.a.O., S.140.

성과 플라톤적 사랑 사이의 한계를 긋던 육욕과 정화가 한데 뒤섞이게 된 것이다.[20]

특히 18세기 후반에 이르러 아마도 프랑스 상류계층에서는 자유로운 성관계가 널리 행해졌을 것이라는 점이다. 성과 사랑을 분리하지 않고 가능한 한 통합적으로 다루는 인식의 관점에서 볼 때 널리 행해졌다는 말이다. 물론 이 시기에 프랑스 상류사회 밖, 특히 영국이나 독일 같은 나라에서는 섹스에 대해 관심을 기울이는 이런 풍조에 대한 부정적 반응들이 여전히 지배했던 게 사실이다. 특히 독일사회에서는 아직도 이 시기에 사람과 짐승을 구별하는 일반적인 기준의 시각에서 성문제를 다루는 경향이 여전히 우세했다. 즉 '이성(理性)적인 사랑'을 뜻하는 바, 좀 오래된 amor rationalis (Christian Thomasius)의 요소가 계속적인 영향력을 행사했고, 인간을 동물과 구별하는 표지로서 이성을 꼽아 왔기 때문이다. 감정은 언제나 도덕적 성품을 감지하는 신체기관이었으며, 민감성, 매력, 감상적인 성향의 개념들도 열정에 대한 이성의 통제 내지 사랑받는 사람의 객관적인 도덕적 품성과 관계된 것으로 이해되었다. 따라서 성이란 동물적 본능의 영역 밖에 달리 있을 곳이 없었던 것이다. 혹 육체와 관련된, 수많은 키스라든가 포옹이라든가 서로 가슴을 베고 눕는 등의 행태는 단지 우정을 종교적 또는 세속적으로 표현하고 기리는 이야기책들 속에서 발견될 정도였다는 것이다.[21]

그러나 당시 유럽문화와 유행의 중심에 서 있던 프랑스에서 성 담론이 활성화되자 친밀성을 표현하는 규범(코드)의 기본형식

---

20 Ebd., S.142.
21 Ebd., S.145.

으로 사랑과 우정의 경합이 문제로 대두되었다. 물론 이론적으로 정신적인 우정과 육욕적인 사랑은 엄격히 구별될 수 있으나 사람들은 성 담론의 활성화요소로 우정을 자주 거론했다. 우정은 고대 헬라문화 이래로 유럽문화에서 시대적으로나 사회적으로 친밀관계를 일반 대중화시키는 데 사랑보다 훨씬 유리한 장점을 갖고 있었기 때문이었다.[22] 그러나 결국에 이르러 두 사람 사이의 친밀성을 나타내는 언어로서 우정보다는 사랑이 유럽문화에서 승리했다고 보는 것이 지배적이다. 우정의 옷을 빌려 입고서 사랑이 힘을 키운 결과인 셈이다. 니클라스 루만(Niklas Luhmann)에 따르면 사랑이 질적인 의미를 지닌다면 우정은 단지 관계성을 나타낼 뿐이라고 한다. 사랑은 인간과 신, 한 사람과 자기 자신과의 관계를 나타내기도 하지만, 우정은 단지 한 사람과 타인과의 관계만을 나타낼 수 있을 뿐이기 때문이다. 우정은 이로써 이미 아리스토텔레스의 니코마코스 윤리체계에서 보여 주듯이 윤리적인 문제의 취급에서 하나의 부품 같은 기능을 할 뿐이라는 것이다.[23]

(2) 루만(Luhmann)이 인용한 러셀(Russell)의 기독교윤리비판에 대한 반론

1) 허무를 낳는 사랑

이런 이해를 전제하고 동성애가 참된 의미에서 사랑이라 말할 수 있는지를 논의해 보고자 한다. 다만 위의 논제 중 루만이 인용

---

22 Ebd., S.147.
23 Ebd., S.103.

한 러셀의 말, 즉 기독교가 고대의 성문화를 파괴하여 동물적 수준의 무질서로 끌어내렸다는 주장에는 동의할 수 없음을 중점적으로 다루고자 한다. 플라톤의 향연에서 언급된 헬라의 이른바 '교육적 성애관계'를 '동성애 안에 들어 있는 남성들 간의 우정'이라는 미적 관념으로 미화해서 말한 거라면 그 맥락을 이해할 듯도 하다. 하지만 소크라테스와 플라톤은 말할 것도 없고, 크세노폰(Xenophon), 아리스토텔레스, 플루타르크(Plutarch)까지도 당시 주위에서 흔히 보던 동성애적 문화에 대한 자신들의 성찰에 따르면 동성애적 행태가 근본적으로 우정이라는 공동의 선에 참여하여 그것을 활성화시킬 만한 역량을 근본적으로 결하고 있다는 판단을 매우 신중하게 내리고 있음을 간과해서는 안 될 것이다.[24] 그러므로 논리적 사유형식의 하나로 어떤 사물과 역사의 현상 일부를 도려내어 이를 다른 맥락과 절단하고(절대화) 더 나아가 일반화해서 말하는 언술은 '소경의 코끼리 더듬기'나 플라톤의 '동굴의 우상'에 빠질 위험에 봉착할 수 있다는 점을 유념할 필요가 있다.

2) 동성애는 신성한 성의 질서에 반한다

서양의 정신문화사에서 유대 · 기독교적 사랑의 이념은 동성애를 죄악시하고 육체적인 정욕을 사랑이란 이름으로 미화하는 것을 철저히 배격하는 데서 그 특징을 뚜렷이 드러낸다. 바울(Paulus)의 여러 서신들에서 영적 삶과 육적 삶의 첨예한 대비는 이런 맥락에서 읽을 수 있다.[25] 하지만 성경의 전체적 맥락을 짚어 보면 결코

---

24 이에 관한 상세는 J. Finnis, Law, Morality, and "Sexual Orientation", Nortre Dame L. Rev. 69(1994), p.1065.
25 롬 8:5-17; 갈 5:16-24.

몸을 곧 죄악이라고 단정하거나 몸을 곧 죄악 그 자체와 동일시한 것이 아님을 알 수 있다. 인간의 전인격은 영-육 내지 영-혼-육으로 구성되어 있다는 전제 아래 육체에 빠진 삶에 비해 영혼의 삶의 본질적 중요성과 우위성에 강조점을 둔 것이다.

솔로몬의 아가서는 하나님과 인간의 사랑의 관계를 서사적으로 묘사코자 한 것이지만 사랑의 큰 기쁨을 노래하고 있고, 잠언서도 부부간 애정의 삶의 중요성을 가르쳐 준다. 사도 바울은 우리 몸이 하나님의 성령이 거할 처소일 뿐만 아니라 부활·승천하신 예수그리스도께서 영광과 심판의 주님으로 다시 이 세상에 오시는 날에는 우리 육체까지도 부활하는 영광을 볼 것이므로, 호흡이 있는 날 동안 이를 소중히 보존하고 관리해야 할 것을 교시한다. 사람의 몸을 입고 이 땅에 오신 예수그리스도와 몸의 부활을 부인하고 영혼은 신성하고 몸은 사악한 것이라고 주장했던, 초기 기독교 시대의 신비주의적 이단(異端)이었던 영지주의(Gnosticism)는 역설적이게도 육체의 욕심을 따라 사는 무절제한 삶을 방치하거나 조장하는 결과를 낳았던 것이다. 사도 바울은 이런 이단에 맞서서 성도의 몸이 하나님께로부터 받은 바 성령의 전(殿)이며 자신의 것이 아닌 만큼, 각자의 몸으로 하나님께 영광을 돌리라고 언명한다(고전 6:19-20). C. S. 루이스도 위대한 종교들 중 육체를 철저히 인정하는 거의 유일한 종교가 기독교라고 단언한다.[26]

기독교의 죄에 관한 가르침은 성 문란의 죄와 그 밖의 다른 모든 죄를 대비시키는 구도에서 출발한다. 비록 극악한 살인의 죄라 하더라도 그것은 자기 몸 밖에서 저지르는 죄이지만, 간음, 강간,

---

26 C. S. 루이스, 순전한 기독교, 160면.

동성애, 근친상간, 수간 같은 음란과 성 문란의 죄는 자기 몸 안에서 저지르는 죄의 성격을 가지기 때문에 도덕법으로서 율법의 말씀은 전자의 죄 보다 후자의 죄의 오염성을 훨씬 심각하게 다루고 있는 것이다.[27] 서양 사회가 기독교를 받아들인 후 천수백 년 사이에 서양사회의 인간 존중정신 및 식탁과 일상생활세계에서의 예절 등이 오늘날 세계시민사회의 모범이 된 데는 바로 생활 속까지 파고든 기독교적 사랑에 의한 교화의 깊이와 엄격한 사회적 기율이 크게 작용한 것이라는 점은 많은 문명사가들도 한목소리로 증언하는 바이다.[28]

3) 영성이 없는 지성은 맹목이다

물론 어느 곳의 어떤 문화나 문명도 그 속에 명암 두 얼굴을 갖게 마련이다. 문명 비판적 시각에서 보면 찬란한 고대 이집트의 피라미드나 나일강변 람세스의 웅장한 유적도 수많은 히브리민족 노동노예들에 대한 노동착취와 비인간적인 채찍 끝에서 이루어진, 오늘날의 기준에서 보면 수치스러운 단면을 갖고 있는 게 사실이다. 유럽의 세계중심축으로의 부상이나 미합중국의 세계최강국으로의 발 돋음 밑에는 목불인견의 식민지약탈과 지배 그리고 냉혈하기 그지없는 인디언사냥과 노예제도의 암울한 그림자가 드리워져 있는 것도 사실이다. 고대의 페르시아 문명이나 황하문명에도 마찬가지로 어두운 그림자가 있게 마련이다.

---

27 고린도전서 6:18(음행을 피하라 사람이 범하는 죄마다 몸 밖에 있거니와 음행하는 자는 자기 몸에 죄를 범하느니라).

28 M. Scheler, Die christliche Liebesidee und die gegenwärtige Welt, in: ders., Vom Ewigen im Menschen, 1933, S.124ff.

그렇다고 해서 인류의 모든 문화적 진보나 문명의 발전상들을 송두리째 야만성의 밑바닥까지 추락한 수치스러운 유산으로 폄하하는 것은 일면적일 뿐만 아니라 균형 잡힌 올바른 시각일 수도 없다. 이런 관점에서 볼 때 성윤리와 관련하여 기독교와 야만을 동일시하는 러셀의 주장은 기독교에 대한 편견과 한 불신앙인의 악의적인 폄하로밖에 보이지 않는다.

사상초유의 세계 제1차 대전을 통한 대량 살상과 참화의 잿더미 속을 절망의 눈으로 응시하던 유럽인 중에는 '기독교의 파탄'을 입에 담는 사람들도 있었던 게 사실이다. 슈펭글러(Spengler)처럼 '서구의 몰락'을 예언했던 암울한 시기가 있었다. 그러나 세기말의 풍조였던 허무주의와 도덕적 무정부주의에서 방황하던 유럽과 세계를 새롭게 다시 일으켜 세운 정신적 힘의 원동력은 다름 아닌 기독교의 정신적 유산이었음을 증언하는 유럽의 지성들은 차고 넘쳐서 손에 꼽을 수 없을 정도다. 더 나아가 세계 제2차 대전 후 신 없는 정신적 공황상태에서 유럽인들과 세계시민들을 다시 희망의 빛으로 의연히 이끌어 낸 것도 기독교신앙의 개혁주의적인 전통과 그 정신적 유산에 힘입은 바가 크다. 이 같은 정신적·종교적 힘을 부인하는 것은 편견이나 악의적인 폄하 아니면 허위의식에 사로잡힌 결과 이외에 다름 아닐 것이다.[29]

서양문화에서 "그 너비와 길이와 높이와 깊이를 측량할 수 없는 그리스도의 사랑"(엡 3:18-19)이 사랑의 지평을 육체와 성으로부터 분리시킨 것은 오랜 기독교전통과 맥락을 같이한다. 한편으로 이웃사랑의 중요성을 가르치면서 다른 한편으론 육체적인 사랑과

---

29 Ebd., S.149ff.

영적인 사랑을 근본적으로 분리시키는 가르침은 이미 루만이 앞의 서술에서 밝히고자 했던 사랑의 양면성(모순성)을 기독교적 성 담론도 고스란히 담고 있음을 알 수 있다.[30] 육체적인 본성에 종노릇하는 것을 부인하고 거역해야 하는 것, 육체적 본능을 되도록 금기시하는 것은 기독교적 사랑의 개념 속에서 중요한 의미체계를 구축하고 있는 자기부인과 절제를 통하여 타인과의 나눔과 돌봄의 교시를 반영한 것이기도 하다. 그리고 그것이 서양 전통문화의 윤리이론 속에 고스란히 자리를 잡고 있는 것 역시 부인하기 힘들다. 성을 영성을 향한 일종의 정신적 운동으로 변형시킨 인도의 어떤 영성종교나 후기현대의 뉴 에이지 운동과는 달리, 서양의 윤리전통이 성에 관한 지도적인 2원론 관점에서 사랑을 근본적으로 인간의 성본능과 그 충동으로부터 분리시킴으로써 이성(理性)적 사랑을 고양시키는 반면, 성본능에 대해서는 오랫동안 정조대나 코르셋을 채운 것은 문화사적으로 흥미 있는 관심거리가 될 만하다.

4) 기독교적 지성과 반동성애적 시각

물론 그렇게 된 데는 또 그럴 만한 이유가 있었을 것이다. 그것은 성(性)을 순리(順理)대로 쓰지 않고 역리(逆理)로 바꾸어 씀으로서 문란과 무절제의 극치를 보여 준 그레코로만의 성 풍속과 매음관행, 동성애 등에 대한 정신적, 사회 위생적인 반작용이었던 것이다. 사도 바울이 2천여 년 전 유럽전도 여행에서 체험한 충격적인 광경들은 아레오바고에 모여든 아테네사람들의 신지식추구에 대한 열정과 알지 못하는 우신들의 숭배였고, 당시 정치와 문화의

---

30 N. Luhmann, Liebe als Passion, a.a.O., S.57ff.

중심지였던 로마나 무역으로 당시 풍부한 삶을 누렸던 고린도지방 사람들의 매음이나 남색과 같은 '상실한 마음'(롬1:28)에서 나오는 무절제한 성 풍속이었던 것이다. 바울은 로마교회와 고린도 교회에 보낸 그의 서신에서 이런 성적 행태들이 그리스도인의 영적 신앙생활과 사회생활에 미치는 심각한 유해성을 간파하고 이에서 돌아서서 성 생활을 순리에 따라 영위하도록 엄하게 명한 것이다. 마치 서양 선교사들이 같은 복음의 원리를 전파하면서 중국대륙에서는 당시 만연한 아편 등 마약류 흡입을 기호로 삼는 것을 죄악시하여 금하였던 반면, 한반도 조선 땅에서는 술과 담배의 무절제한 사용을 죄악시하여 금했던 것과 유사한 맥락을 갖는 것으로 이해할 수 있을 것이다.

그러나 서양의 르네상스나 계몽주의 등 문화적 근대화의 조류가 다 종교개혁의 경건주의적인 전통과 맥락을 같이하는 것은 아니다. 사상가들과 그들이 살았던 당대 사회의 분위기가 기독교적 영향력과 변증론적으로 합일되면서 오늘날에 이르기까지 주목할 만한 사상의 보화들로 전해져 내려온 것이라고 해석할 수 있을 것이다. 앞에서 언급한 바 있는 토마지우스(Thomasius)는 말할 것도 없고 스피노자(Spinoza)의 사상체계에서도 우리는 비슷한 원리를 엿볼 수 있다. 즉, 스피노자에 의하면 "실존하는 모든 것들은 신의 본성이나 본질을 특정한 방식으로 표현한다. 즉 실존하는 모든 것은 만물의 원인인 신의 역량을 특정한 방식, 즉 제한된 방식으로 표현한다"는 것이다. 물론 그에게 있어 신은 '자연신, 즉 이신(理神)'을 뜻하며, '실존하는 모든 것'은 양태를 의미한다. 양태들이 모든 피조물의 세계를 구성하는 것이며, 그 안에서 각각 신의 본질을 표현하는 특정 방식이 된다. 다만 스피노자가 신의 관점, 실체의 관점에서 볼 때 인간이란 양태가 피조물의 세계 안에 있는 다른 어떤 양태들보다 더 고귀한 가치를 갖는 것은 아니라고 한 점[31]은 불교적인 범신론 사고와 비슷한 색채를 풍기는 것으로 보인다.

데카르트(Descartes)는 몸을 이성과 마음으로부터 분리된 자연계의 일부로 보았다. 그리고 이성과 마음이 우리의 정체성을 규정하는 유일한 기준이라고 했다. 그의 눈에 육체는 우리 자신의 외부 세계와의 관계에서 유용하게 사용되는 어떤 기계에 불과했기 때문에 우리 개인의 정체성은 의식과 마음에 있다는 것이고 이것이 서양근대철학의 전통으로 자리 잡기까지 한 것이다.[32]

칸트(Kant)도 사랑의 마음가짐을 합리적인 감정으로 끌고 갔다. 즉, 사랑의 마음이 육체와 정서, 정욕과 섞여서 뒤범벅이 되지 않고 잘 보존되도록 하는 것이 바로 어떤 이성적인 사랑의 느낌이라는 것이다. 물론 칸트는 제일차적으로 도덕법칙 앞에 홀로 서 있는 개인적인 인간존재의 측면을 보고 있지만 말이다. 그는 우리 삶의 가치와 존엄성을 도덕적 행동의 도덕적 가치에 세우려 했다. 우리의 감정과 욕망은 그 자체로서는 도덕적 가치를 갖지 못하지만, 그의 '비사교적 사교성' 담론에서 보았던 것처럼, 보편적 도덕성의 정언명령을 따라가는 데 촉매제 역할로서의 의미까지도 거부하는 것은 아니다. 낭만적인 달콤한 사랑과 타인을 위한 관심이 비록 상황에 따라서는 실의에 빠져 삶을 포기하기 직전까지 이른 어떤 영혼을 구해 주는 결과를 낳는다 해도 거기에 도덕적 가치를 부여할 수는 없다는 것이다. 왜냐, 우리의 고집과 이기주의로부터 우리를

---

31 정정훈, 인권과 인권들, 2014, 235면 이하에서 재인용.
32 V. J. Seidler, The Moral Limits of Modernity—Love, Inequality and Oppression, 1991, p.13.

구해 줄 수 있는 것은 오직 우리에게 과하여진 도덕적 의무뿐이라는 것이다. 그러므로 칸트는 "너는 행하여야 하므로, 행할 수 있다"(Du kannst, denn du sollst!)라는 유명한 도덕명제를 세웠던 것이다. 칸트는 우리가 우리 자신의 본성을 거역함으로써 우리 자신을 항상 시험해 보라고 가르친다. 이것이 윤리에서 자기부인과 자기거역이라는 실천적인 삶의 좁은 길이기 때문이다.[33]

기독교의 사랑도 이웃을 그가 사랑받을 만하든 않든 간에 자비의 준칙, 즉 인간의 실천적 사랑의 원리에 따라 자신과 같이 사랑하라고 가르친다. 여기에서 진술된 자기사랑은 먼저 자기를 부인하고 자기십자가를 지고 그리스도를 따라오라는 애신(愛神)과 관련지어 깊이 들여다보면 자기부인과 같은 것이고, 이 자기부인의 가르침은 예수의 복음의 핵심 중 하나일 뿐만 아니라 종교개혁자 칼뱅(Calvin)의 개혁주의교회의 오랜 가르침의 일부분이기도 하고, 프로이센 프로테스탄트의 경건주의 영향을 입은 칸트의 이성적 사랑과도 일맥상통하는 것이다.

5) 무신론자들의 음침한 골짜기

물론 사랑과 성, 결혼에 관한 서양 윤리전통은 니체(Nietzsche)가 '신은 죽었다'고 선포했을 때부터, 무신론과 유물론, 극단적인 인본주의,[34] 좌파적인 해체사상과 다원주의와 상대주의 같은 가치 무정부주의에 포위되어 갔던 것이다. 신이 없는 철학의 빈터에 사람의 손으로 만들어진 우상신, 즉 초인을 불러들임으로써 전체주

33 *Ibid.*, pp.15, 185.
34 M. Scheler, a.a.O., S.138.

의 국가권력, 레비아탄의 등장을 지난 세기 우리는 목격했고, 그 망령의 부활과 같은 두려움을 21세기의 우리는 다시 경계하는 눈초리로 지켜보아야 할 처지에 놓인 것이다.

우리는 또한 사르트르(Sartre)가 "실존이 본질에 우선한다"고 선언했을 때, 신을 정점으로 한 가치왕국에서 본질적인 가치를 실존보다 우선했던 가치체계가, 신을 부인하는 실존적 자아들의 '한계를 모르는 자유'에 의해 무너져 내릴 위험을 예견했었다.

그리고 우리는 오늘날 파리 68혁명의 불길한 혼들이 사랑과 성, 결혼과 가정, 국가와 법에서 처분할 수 없는 거룩함의 의미를 송두리째 뒤엎으려 노도와 같이 밀려들고 있음을 목도하고 있는 것이다. 러셀(Russell)의 기독교적 성윤리 비판이 함의하고 있던 공동체해체의 위험성이 이제 현실이 되고 있다는 점에서 지금이야말로 바로 우리가 다시 자기 반성적·자기 성찰적 이성(reflektive Vernunft)으로 돌아가야 할 시점임을 깨닫게 해 준다.

> "누가 헛되고 속이는 철학으로 너희를 사로잡을까 주의하라, 이런 철학은 사람의 전통과 세상의 초등학문을 따름이요 그리스도를 따름이 아니니라."(골 2: 8)

(3) 성윤리에 대한 평균인적 사고의 관점에서

1) 정상적인 성과 결혼과 가정

아직도 지구촌에 산재한 인간가족들 및 그들이 일구어 가는 문화 속에서 성적 정체성을 인식하고 판단하는 데 주류를 형성하는 규범은 이성애적 규범이라는 데 이의를 달 사람은 없을 것이다. 이성애를 규범으로 인식하는 가치관은 창조질서와 자연의 순리에 따를 때 성은 남성과 여성으로 구별되고, 그것이 성의 본질적 특성이라는 데서 출발한다. 남성과 여성의 본질적 차이점을 뛰어넘어 한 몸을 이룰 수 있게 해 주는 것은 두말할 것도 없이 사랑이다. 본디 양극성을 지닌 음양을 하나로 조화시킬 수 있는 힘의 근원은 양극 그 자체에 있지 않고 그것을 초월한 신적인 사랑이다. 그것은 인위적인 역할분담이나 교환 또는 시간적으로도 비교적 안정적인 친밀감이나 우정을 서로 나누고 느끼는 어떤 동거적인 삶의 형식을 통해서 이루어지는 것과 본질적으로 다르다. 그것을 가능하게 해 주는 원동력은 영적 · 사회윤리적인 측면에서 온전함과 기쁨의 근원이 되는 신적 사랑에서 출발하여 사회공동체적으로 인정받는 사랑에 의해 보전되며 남자와 여자의 전인적인 사랑으로 완성되어 가는 것이다. 결혼과 가정, 가족이라는 제도가 실은 이러한 사랑의 신비스러운 통로 역할을 하는 것이다.

2) 신성한 결혼

결혼은 전래적으로 ① 제도(institution), ② 전통(tradition), ③ 문화(culture)로서의 성격을 지녀 왔다. 이 같은 성격은 공통적으로 결혼이 우연성의 산물처럼 주기적으로 변하거나 개인이 임의대로 해체할 수 있는 성질의 인간관계가 아니라 한번 형성된 것을 확고히 지켜 나가려는 사회의 품안에서 사회적 의지에 의해 질서 잡힌 사회체계임을 말해 준다. 문화와 전통은 결혼의 지속성을 받쳐 주기 위해 결혼의 체계로서의 의미에 '신성함'과 '숭고함'과 같은 부가적 성격을 부여하기도 한다.[35] 이러한 정신적 의미는 현대사회에서

---

35 H. Zeltner, Sozialphilosophie, 1979, S. 55-62.

다소 퇴색한 점은 있지만, 그 근본은 변질되지 않았다. 결혼은 의사주의에 입각한 당사자 간의 신분법상 계약행위가 아니라 현실적·초현실적 사회체계로 편입하는 전인격적인 연합과 연대의 표현인 합동행위의 성격이 강하다.[36] 따라서 결혼의 대의를 허무는 개개인의 임의적인 일탈행동들은 먼저 사랑의 질서에의 참여에서 이탈하는 것이며 인간의 신성한 성적 공동체의 인격적 연대의 끈을 끊거나 당사자의 인격적 품위실현과 진정한 행복추구를 포기한 채, 단기적인 성적 충동본능과 쾌락에 온몸을 내맡김으로써 자신과 상대자를 비인격적인 객체로 전락시키고 결혼이라는 사회체계와 문화, 전통에 대한 정신적 테러행위를 가하는 짓이기도 하다.[37]

여기에서 임의적 일탈행위가 동성혼만을 말하는 것은 아니다. 동성애자들은 "우리도 결혼제도 안에 들어가기를 원한다"는 동화 전술을 쓰기도 하고, 우리는 원해도 완고한 사회규범이 그것을 거부한다고 하면서 자신들을 묶은 규범의 희생자로 현출시켜서 동정의 유발을 시도할 수도 있다. 사실 1980년대까지만 해도 동성애운동가들은 결혼과 가족제도를 부정하는 걸 주저하지 않았으나, 1990년대 중반 이후 그 전술이 변한 게 사실이다. 동성애라는 행위 자체만을 놓고 얘기하자면 '혼인'에 있는 자기희생적인 아가페 사랑의 신성성과 그로부터 나오는 자기헌신과 그것을 축복하는 영적·사회적 승인을 찾아보기 어려워졌다는 점이다. 물론 이성애자들도 혼인생활에서 성적 타락에 빠질 수도, 그로 인한 이혼을 경험

---

36 우리의 전통혼례에도 조랑말과 닭 그리고 목각으로 된 기러기 등이 등장하고, 온 동네 사람뿐만 아니라 조상과 신 그리고 피조물이 혼인예식의 신성과 숭고함을 지켜보기 위해 자리를 함께해야 한다.

37 Ebd., S.105.

할 수 있다. 그러나 비록 혼인의 대의에 충실하지 못한 인간적 연약함에 대한 비난이나 도덕적 부채에 시달릴 수는 있지만, 그렇다고 혼인의 대의를 파괴하거나 욕보였다는 비난에 시달릴 가능성은 희박하다. 왜냐하면 신과 공동체 앞에서의 순종과 결속을 의미하는 결혼의 대의를 애당초 저버린 것이 아니기 때문이다. 이 점에서 양 유형의 차이를 발견할 수 있는 것이다.

결혼을 통한 성(性)공동체의 형성을 근대사회의 출현 시기에 살았던 헤겔(Hegel)은 자기의식적인 사랑에 의한 정신적 통일로 보았다.[38] 결혼의 객관적인 출발점은 이 같은 통일 상태에서 하나의 인격을 형성하는 데 대한 남녀 두 사람 사이의 자유로운 약속이라 했다. 그러나 그 출발점이 갖는 일말의 불안정성과 우연성 때문에 결혼의 건강성은 반성적 사유에 따른 교양에 좌우되는 바가 크다는 것이다.[39] 결혼에 수반하기 쉬운 우연성과 불안정성을 제거하고, 반성적 사유에 따른 교양적 학습효과를 높이는 데 있어 윤리규범 내지 법규범의 현존만큼 명징한 수단은 없을 것이라고도 했다.[40] 오늘날도 교회공동체에서는 예비신랑·신부에 대한 결혼예비학습을 통해 하나님의 섭리에 대한 확신을 돕는 기회를 제공하는 전통을 이어 오고 있는데, 그와 같은 맥락으로 이해할 수 있을 것이다. 헤겔도 혼인에는 감정적 계기가 포함되어 있어서 혼인이 동요·해체될 수 있는 가능성을 항시 내포한다고 보았다. 하지만 입법단계에서 이러한 가능성을 최대한 저지하여 인류의 법이 개인의 감정과 자의에 의해 침범당하지 않도록 지켜야 한다고 말했다.[41]

---

38 헤겔, 법철학(임석진 역), 1989, §161.
39 헤겔, 법철학, §162.
40 김일수, 형법질서에서 사랑의 의미, 2013, 286면.

3) 편리하게 써먹는 사생활의 자유와 성적 자기결정권

헤겔 시대 이후로 그가 예측했던 바와 같이 결혼의 불안정요소는 점점 증대 되어, 이제는 불륜과 이혼도 감추고 싶은 수치스러움이 아니라 심지어 당당한 권리로 주장되고 또 승인되는 세상이 되어 버렸다. 성적 자기결정권이라는 마법의 방망이만 들이대면 간통도 자유, 여성의 자기결정권이라는 요술지팡이를 들이대면 생성 중에 있는 생명의 낙태권도 인정되는 세상이 도래했다.[42] 동성애를 금기시하던 사회의식도 '희생당하는 약자와 소수자'를 가장한 교묘한 정략에 휘말려, 여기저기에서 탁류에 휩쓸려 가는 실정이다.

헤겔 시대부터 아데나워와 헬무트 콜의 집권 시기까지 독일이나 드골의 프랑스 제5공화국시대까지는 먼저 국가, 다음이 정부, 그리고 이를 뒷받침하는 법이 사회체계의 골격이었다. 그러나 그 후 그 사고체계는 물구나무서기처럼 머리를 밑으로 처박는 부자연스러운 위상으로 전복되어, 먼저 법, 다음이 정부, 그 다음이 나라의 자리가 되었다. 결과적으로 법의 지배는 법이 정부와 사람을 만드는 구조로 변모한 것이다. 법이 이들을 효과적으로 지배하기 위해 시장, 규제, 로비, 관료주의, 이익집단, 끼리끼리 해 먹는 현대판 엽관주의 같은 풍토를 조성했다.[43] 소수자들은 이 구조를 누구

---

41 헤겔, 법철학, §163.
42 헌법재판관들은 생명법익의 최고가치성에 대한 기본적 소양도 없는 헌법 무식자가 아닌가하고 절로 탄식이 터져 나올 수밖에 없는 위기상황이다. 자기보호의 무방비상태에 놓인 가장 연약한 생명체를 법제도의 방망이로 무참히 도륙할 수 있는 길을 트고도 양심의 가책을 모르는 법률가들에게 헌법은 어리석게도 법과 양심에 따른 재판이라는 허위를 가리는 무대장치쯤으로 손쉽게 전락한다.
43 이정훈, 전게논문, 191면 참조.

보다 교묘하게 이용하여 일반원칙과 보편적 정의보다 자기이익의 극대화를 위해서는 물불을 가리지 않고 이를 이용하여 목적을 챙기는 정치적 파렴치한이 되는 것도 주저하지 않는다.

그럼에도 불구하고 인간성의 역사가 보여 주듯 진리와 행복의 본질적인 기준은 근본적으로 쉽게 변하지 않는다. 일보 후퇴와 주변의 자잘한 규칙의 변화는 있을지 몰라도 영구한 몰락은 있을 수 없다. 한때 문필가들이 상상했던 바와 마찬가지로, 우리가 보기에도 동성애의 미래는 정말 희망이 없어 보인다. 아편처럼 일부 상류층에 속한 한량들의 일시 호기심의 대상이 될 수 있을지언정 법(차별금지법)으로 동성애를 강제하고 인권교육이란 이름으로 사람들을 세뇌시킨다 해도 동성애의 낙원은 천지 어느 곳에도 도래하지 않을 터이기 때문이다. 주류사회를 받쳐 주는 종교적·도덕적으로 건강한 삶의 토양이 생명력을 잃고 완전히 죽지 않는 한 정신적인 대결과 저항은 끊임없이 새로워질 것이기 때문이다. 비록 동성애의 쾌락이 단기적으로는 사람을 유혹할 수 있을 만큼 자극적일지 몰라도, 지속적으로 사회를 지탱해 나갈 만한 생명력이 거기엔 없기 때문이다. 동성애에 부착되어 있는 금기요소는 프로이트의 할아버지뻘 되는 정신분석학의 대가가 나와서 설파한다 해도 인간의 정신과 양심, 영혼의 삶에서 전승되어 온 종교적, 사회 윤리적, 가족적, 문화적 규범의 요청을 완전히 지워 버릴 수는 없을 터이기 때문이다.

결혼과 가족질서 안에서의 사랑은 실로 숭늉맛과 같아서 자극적인 꿀맛과 비교할 수 없지만, 단호히 말하건대, 물 없이 꿀맛만 보고 오래 버틸 수 있는 인생은 현실 세계에서 상정하기 어렵다. 동성애는 이런 순리를 따라 사랑의 고통과 기쁨을 나누는 것이 아니라 역리를 따라 자연적 질서를 거역하는 것이기 때문에 짜릿한 맛은 있을지 몰라도 결혼과 가정을 유지할 만큼 구수한 숭늉 맛의 저력을 간직하기는 어렵다. 결혼과 가정이 함의하는 광범위한 정신적 희생과 책임, 고통의 이해와 참음, 희락과 화평 같은 덕목이 수반되기 어렵기 때문이다. 또한 거기에는 가족의 번영과 발전, 생식과 보전, 하나님 앞과 사람 앞에서 져야 할 의무로서의 사랑의 책임 같은 것도 상정하기 어렵다. 동성애에서 성적 이끌림이란 전인격적인 사랑의 힘에 의한 것이 아니라 대부분 '식성(食性) 위주'에 따른 육적 쾌락이나 중독된(부자유한) 환락에의 얽매임이리라.

4) 그들 자신만을 위한 말도 안 되는 법률

무엇보다 강조할 것은 남성동성애자 사이의 항문성교나 여성동성애자 사이의 부자연스러운 성교는 이성 간의 성교에 비해 보건위생상 나쁜 결과를 초래한다는 점은 에이즈의 공포를 통해서 일반인들에게 널리 알려진 것보다 어쩌면 더 심각한 문제점을 사회에 던져 주고 있다는 점이다. 그러므로 이를 정당화하거나 미화하거나 권장하면 나쁜 결과가 확대되므로 마땅히 누군가는 사회위생적인 건상상태를 위해서 길거리에서도 동성애위험에 유의하도록 외칠 수 있는 자유를 가져야 한다. 진실을 말할 수 없게 법으로 사람의 입을 막는다면 나무나 돌들이 대신 외칠 수 있을지 모른다. 피조물도 인간의 이러한 죄악으로 더럽혀진 세상 때문에 고통을 겪기 때문이다. 심각하게 나쁜 결과를 초래하는 항문성교를 법적으로 보호하기 위해 동성애를 반대하는 사람을 처벌하는 차별금지법 같은 말도 안 되는 법률을 만든다면, 그 법률은 일찍이 독일의 법철학자 라드브루흐(Radbruch)의 말대로 "법률적인 불법"일 뿐이다. 양심을 이유로 그 법률을 무시하고 불복종을 선언하는 것은 의로운 시민불복종행위인 것이다. 동성애의 보호를 위한 차별금지법에 항거하는 시민불복종운동이 격화하는 서울 세종로거리를 상상하는 것만으로도 이게 정상적인 나라일까 하는 염려가 여름 구름처럼 부풀어 오른다.

책임의식 없는 남녀 간의 분방한 불장난이 진정한 사랑이 될 수 없다면 성의 순리를 역리로 바꾸는 행태를 사랑이라고 말할 수는 없을 것이다. 그것은 마치 포르노를 고상한 예술작품이라고 억지 부리는 것과 다름이 없을 것이다. 성과 사랑의 질서에서 벗어난 동성애는 정상적으로 길을 걸어갈 때 쓰는 다리와 발목을 접은 채 거꾸로 물구나무를 서서 걷는 것처럼 부자연스럽고 이상한 것이다. 아마 2~3미터를 못 가서 스스로 무너질 게 뻔하다. 거기에는 대부분 사랑의 삶을 지속시켜 주는 깊고 넓은 의미의 사랑의 에너지가 공급될 수 없기 때문이다.

동성애를 오늘날 우리나라에서 형벌로 새삼 다스려야 할 범죄라고 말하기는 어렵다. 또 처벌해야 할 필요에 대해서도 의문의 여지가 있는 게 사실이다. 한때 그것을 형사적 처벌의 대상으로 삼았던 외국의 형법전도 지난 30여 년 사이에 처벌조항들을 삭제해 버리는 쪽으로 많이 기울어졌다. 가족법도 동성애합법화로 인해 엄청난 변화를 겪고 있다. 즉 ① 금지-처벌 모델에서 ② 승인-합법화 모델로 다시 ③ 보호-동반자 모델로 ④ 장려-혼인인정 모델로 진화해 가는 추세인 게 사실이다. 그러나 이러한 세속적인 역사적 법문화의 변화에도 불구하고 더 장구한 전통과 종교·사회윤리, 문화와 제도로서 신성한 결혼과 가정의 탄생의미는 급격한 변화 속에서도 본질적 핵심을 잃어버리지 않았다. 이를테면 동성애가 법전에 쓰인 국가적 · 법적 범죄(crime)는 아니지만, 마음에 새겨진 종교적, 윤리적 죄(sin)로서의 의미를 잃어버린 것은 아니듯이 말이다.

스위스의 정신의학자 메닝거(Menninger)는 한때 모든 사람들의 마음속에 있는 단어였으나 이제는 거의 들을 수 없는 죄가 고집스럽고, 반항적이며 누군가를 무시하거나 공격하거나 상처를 입히는 속성이 있음을 들어, 죄악을 결코 문화적 금기나 사회적인 실수 정도로 대강 처리할 것이 아니라 심각하게 취급해야 한다고 강조한 바 있다.[44] 기독교적 관점에서 보면 동성애는 범죄이기 이전에 종교적인 의미에서 여전히 죄로 남는다. 자신이 누군가를 사랑한다고 그리고 누군가로부터 사랑을 받는다고 착각하거나 속고 있는 거짓사랑의 상태, 그리고 채워질 수 없는 사랑의 목마름을 파괴적이거나 공멸적인 행동으로 덮으려는 위장된 사랑이 동성애에 감추어져 있는 실체인 것이다.

아가페사랑의 정원에 착근하지 못한 불안한 혼들의 자포자기적인 성의 자기수단화의 도피처가 동성애의 숨 막히는 음침한 골짜기인 셈이다. 그러므로 종교적 · 도덕적 인간이라면 양심으로부터 그것을 죄라고 또는 타락이라고 말하는 것이 당연하다. 그것을 처벌하려 드는 차별금지법 같은 것은 너무나 생뚱맞게 양심과 종교의 자유에 대한 침해에 해당한다. 마치 우리나라 형법전(penal code)에 동성애행위를 벌한다는 새로운 죄형법규를 신설하는 것과 유사한 차원의 문제로 보인다.

---

44 K. Menninger, Whatever became of sin?, 1973, p.178.

5) 미래가 보이지 않는 답답한 현재

합리주의철학 이후 생의 철학, 실존철학을 지나 후기현대주의 철학에 이르러 이성이나 본질보다 감정·감성이나 실존을, 정신보다는 몸을 중요시하는 경향이 만연해진 게 사실이다. 신 없는 세계에서 극단적인 개인주의, 자유주의, 인본주의는 실제 인간을 보이지 않는 거대한 힘에 조종당하는 불안한 실존으로 방임했을 뿐만 아니라 '감정과 정서의 과잉'을 양산했다. 사랑의 주제도 정신적, 영적 차원에서 신체적 접촉이나 성관계, 감정의 차원으로 중심축이 이동하는 경향을 보인다. 그러나 감정만 있고 육체관계만 있는 사랑은 자기집착, 자기추구(self-seeking) 외에 다름 아니다.

오늘날과 같은 정신적인 혼란기일수록 우리는 시류에 쉽게 휩쓸리지 않을 근본으로 돌아가 본질적인 것들을 다시 붙잡아야 한다. 칸트(Kant)는 여전히 우리가 보편입법에 상응하는 준칙에 따라 행동할 때 그러한 자기추구로부터 자아를 보정할 수 있다고 했다. 오직 우리를 명령할 수 있는 것은 도덕적으로 가치 있는 것뿐이기 때문이라는 것이다. "저 하늘에는 반짝이는 별, 내 안에는 빛나는 도덕률"(칸트), 바로 여기에 잇대어 있는 이성적인 자아로부터 나오는 자기반성과 자기부인, 영원성을 향한 자기희생과 자기헌신을 통한 하나가 됨이, 인간의 몸 안에 오롯이 갇혀서, 이해관계와 입맛에 따라 시시때때로 바뀌며 요동치는 본능적 충동이나 육체적인 친밀감과 쾌락, 육신과 안목의 정욕, 그 밖에 어떤 세상의 자랑거리나 육신의 생각들과 비교할 수 없는 본원적인 사랑의 실체인 것이다.

우리가 알기로는 후기현대, 즉 탈근대를 살아가는 오늘날에도 인간의 이성은 비록 비판에서 자유롭지 않은 건 사실이지만 결코 죽지 않았다.[45] 인간을 동물과 구별시켜 준다고 믿었던 이성에 대한 믿음이 특히 1, 2차 대전의 참화를 통해 깨어진 뒤에 그 폐허 위에서 신 없는 실존철학이 등장해 유물론, 인본주의와 결합하면서 실존이 본질에 우선하고, 개체의 자기입법이 보편적인 일반입법보다 우선한다는 사고의 도치현상이 심화된 것이 사실이다.

이성에 대한 절대적 신뢰도 깨어지게 되고, 인간이 동물과 본질상 다를 바가 없다는 낭만주의사상의 풍조를 겪으면서도, 인간이기에 함부로 처분할 수 없는 인간의 기본윤리를 재구성하는 계몽의 빛은 그러나 완전히 소멸된 것이 아니다. 2차 세계대전 후의 폐허 위에서 UN국가들의 자유와 인권을 향한 가치고백, 그리고 신과 사회 앞에 책임지는 존재임을 선언한 신생국가들이 인간존엄을 최고의 법 가치로 고백한 데서 출발한 헌법질서 등은 바로 이성의 빛에 이끌림을 받아 거듭 진보를 시도하는 근대성 프로젝트의 역사적인 실증자료들이다.

정신의 혼탁과 사고의 혼란은 무신론과 그에 부화뇌동하는 참을 수 없이 가벼운 사상들의 범람에서 비롯된 것이다. 니체(Nietzsche)가 신의 죽음을 고했을 때 서양철학의 역사는 거기서 끝났다고 하면 과장된 표현일까? 사르트르(Sartre)가 실존이 본질에 우선한다고 선언했을 때 서양 본질철학의 역사도 종언을 고한 것이라고 한다면 지나친 표현일까? 인간존재의 인식의 한계 때문에 우리는 진리와 정의, 선함과 아름다움과 거룩함의 궁극을 잘 알지 못한다. 인간의 식견과 주장과 판단에는 그래서 항상 오류가 있게 마련이다. 그럼에도 우리는 진리와 영원성과 정의 같은 가치가 단순한 낮도깨비가 아니라 실체적이고 근원적인 존재라는 사실에 대

---

45 이진우, 이성은 죽었는가?, 1998, 366면 참조.

한 믿음을 공유한다. 그리고 신이 비록 현실의 이해할 수 없는 난제에 긴 침묵을 지킨다고 할지라도 신의 부재나 신의 사망에 대한 선고는 아직 그 입증책임의 작은 일부도 충족시키지 못한 상태이다. 이런 의미에서 근대성 프로젝트는 아직 끝난 게 아니라는 관점(Habermas)이나 포스트모던은 모던의 연장선상에 있다는 관점(Welsch), 그리고 근대와 탈근대의 변증론을 논하는 시도(Wellmer) 등은 수긍할 만한 여지가 있는 것으로 사료된다.[46]

6) 최고의 법인 사랑의 법을 위하여

우리의 주제로 돌아가 결론적으로 말하자면 남자는 남자로서 여자와 함께할 때, 여자는 여자로서 남자와 함께할 때 진정한 인간이 된다는 사실이다. 신정통주의신학자 칼 바르트(Karl Barth)는 바로 여기에 진정한 휴머니즘의 뿌리가 있다고 말한 바 있다.[47] 그리고 이성 간의 이 인격적 결합에서 비로소 인간은 사랑의 깊은 의미를 깨달아 알게 될 것이라는 점을 신의 계명도 오랜 인간의 역사를 지나오면서 일관되게 깨우쳐 주고 있다(롬 1:26-27). 순리 속에서 남녀가 인격적인 일체성을 이루어 가는 것은 진정한 의미에서 타인의 인격을 목적 그 자체로서 존중하는 순전한 사랑인 반면, 역리 속에서 타인을 수단으로 서로 사용하는 관계는 설령 서로 원하는 바를 충족시킨다 할지라도 그것은 악행이며 순전한 사랑의 차원과는 전혀 번지수가 다른 것이다.[48] 실은 사랑의 그림자만 얼비치는

---

46 J. Habermas, Die Moderne-ein unvollendetes Projekt, 1990; W. Welsch, Unsere postmoderne Moderne, 1997; A. Wellmer, Zur Dialektik von Moderne und Postmoderne, 1985.

47 K. Barth, Humanismus, in: Theologische Studien, Heft 28(1950).

사망의 음침한 골짜기를 걸어가는 인생인 것이다. 헬비히(Helwig)가 사랑하는 사람들은 하나님의 사랑 안에서 그들이 가진 것을 단순히 서로 주는 것이 아니라 공동하여, 한 인격적 연합을 창조하고 완성시켜 나가는 것이라고 말했을 때, 참된 사랑의 진정성의 깊이를 말하려고 한 것으로 보인다.[49]

모든 성적 타락(omnes corruptiones luxuriae)이 이웃사랑에 반한다고 한 아퀴나스사상에 깊이 경도된 영국의 법 철학자 존 피니스(John Finnis)도 동성애가 '결코 인간적으로 수용할 수 있는 유효한 선택과 삶의 양식'이 될 수 없으며 '인간의 성격과 관계성을 파괴하는 것'으로 비난받아 마땅하다는 전제 아래 다음과 같은 분명한 결론을 이끌어 낸다:[50]

동성애는 공동체의 구성원들로서 자신을 기꺼이 현실적인 참된 결혼을 위해 헌신하는 이들이 갖는 자명한 이해, 즉 결혼이 주는 성적 즐거움이 결혼이 부여하는 많은 책임에 대한 단순한 도구나 부수물이 아니며 단순한 보상이나 성취물이 아니라, 오히려 부부에게 이러한 책임과 자신을 내주는 참된 사랑(genuine self-giving)을 나누기 위해 인격적인 헌신을 실현하고 체험하게 하는 것이라는 자명성에 대하여 심각하게 적대적인 방식으로 인간의 성적 능력을 취급한다 … 동성애행위를 부추기고 거기에 참여하는 숙의적인 지향성은 사실 성관계의 진정성에 대한 끊임없는 거부를 나타내는 것이며 그 자체로서 선한 것인 결혼의 배타적이고 유별공동체로서 부부간의 사랑에 대한 거부를 표현하는 것이다.[51]

---

48 C. S. 루이스, 순전한 기독교, 154면(성도덕) 이하 및 167면(그리스도인의 결혼) 이하 참조.

49 P. Helwig, Liebe und Feindschaft, 1964, S.99.

50 J. Finnis, Human Rights & Common Good, pp.355, 368.

51 J. Finnis, Law, Morality, and "Sexual Orientation", pp.1069~70.

이에 덧붙여 칼 바르트(Karl Barth)의 다음 요약은 특히 세속화된 현대를 일관된 믿음으로써 그리고 '문화의 제사장'으로서 하나님의 나라와 그 영광을 위해 충성스럽게 살아가고자 하는 기독교회와 신자들이 특히 깊게 새겨들어야 할 경구로 보인다:

> 동성애는 육체적, 정신적, 사회적인 병이요, 패역과 타락, 몰락의 현상이다. 그것은 인간이 바로 지금 여기에서 특별히 주목해야 할 의미인데도 불구하고 신의 계명의 효력을 철저히 무시하고자 할 때 나타날 수 있는 현상이다.[52]

3. 동성애는 올바른 인권이 될 수 있는가?

(1) 인권운동의 바른 방향의 모색

21세에 접어들어 벌써 그 20년대를 마주한 오늘날도 인권은 지난 세기와 마찬가지로 새로운 인간질서 확립을 위한 치열한 정신적 투쟁의 구호로서의 의미를 잃지 않고 있다.

1789년 프랑스 인권선언은 당시 절대왕권하의 구체제를 허물어뜨리는 정치적 투쟁의 산물이었다. 이를 기점으로 17세기 영국의 인권투쟁에서 물꼬를 텄고, 미국 독립선언으로 절정에 이르렀던 인권운동은 정치적 자유의 지평을 비로소 확립한 셈이다. 다른 한편으로 1918년 러시아 혁명도 인권역사에 새로운 지평을 열어놓은 의미심장한 사건이었음을 간과해서는 안 될 것이다.

---

52 K. Barth, Dogmatik III/4, 1948, S.184.

프랑스혁명에서는 인간에 의한 정치적 압박으로부터 인간해방이 주된 목적이었으나 러시아 혁명에서는 인간에 의한 경제적 착취로부터 인간해방이 주된 목표였다. 억압 없는 사회와 착취 없는 사회를 점진적 개혁의 방법이 아닌 과격한 혁명의 방법으로 실현하고자 했던 18세기와 20세기의 이들 대표적인 대변혁은 인권사적 시각에서 그 의미를 재음미해 볼 필요가 있다.

사회적 유토피아로서 억압 없는 사회와 착취 없는 사회의 설계도는 하나님의 선민이었던 고대 히브리민족에게 베푼 여호와의 말씀 속에 이미 그 원형이 잘 계시되어 있다. "나는 너희를 애굽 땅에서 인도하여 내어 그 종된 것을 면케 한 너희 하나님 여호와라, 내가 너희 멍에 빗장목을 깨뜨리고 너희로 바로 서서 걷게 하였느니라."(레 26:13)

정치적 · 경제적 · 사회적 강자의 힘에 의해 허리가 굽어진 채 노예로 살아가야 할 처지에 놓인 약자들의 목에서 멍에 빗장목을 벗기고 그들로 '바로 서서 걸어가게 해 주시겠다는 이 선언이야말로 프랑스 인권운동과 러시아 인권운동이 미처 의식하지 못했던 인류최초의 인권선언이라고 보아야 할 것이다. 이런 배경에서 인권은 바로 신권이라는 신학적 주장이 나올 법도 한 것이다. "인간을 바로 서서 걸어가게 한다"(aufrechter Gang)는 의미의 인간해방, 다시 말해 성서적 하나님의 인권선포는 실로 자연법과 인간의 존엄성의 핵심내용임에도 고대로부터 근대에 이르는 인권사상과 인권운동 속에 그 의미가 제대로 전수되지 못했다.[53]

---

53 독일의 마르크스주의 철학자 E. Bloch, Naturrecht und menschliche Würde, 1977, S.14에서도 하나님의 장엄한 선포에 대한 언급은 유보되어 있다. 이에 관하여는 김일수, "기독교적 관점에서 바라본 인권", 군선교신학 2호, 2004,

근대의 인권사상은 다 같이 인간에 의한 인간의 지배를 배제하고 모든 인간이 각자 평등하게 자유로운 존재라는 인식을 확립하는 데 초점이 맞추어져 있었다. 이런 의미에서 발리바르(Balibar)는 "인권이 해방의 정치가 추구하는 자유와 평등의 보편화과정과 관련된 것"으로 보았다.[54] 그러나 인간은 타인에 의한 지배를 완전히 벗어나기도 전에 오만한 자기우상 앞에 무릎을 꿇어야만 하는 초라한 신세가 되었다.

하나님 없는 빈터에 인간을 신격화하는 근대 인권사상과 인권운동은 모순과 시행착오를 피하기 어려웠다. 그래서 인권의 기치 아래 구체제를 무너뜨리자고 돌격나팔을 불었던 인권혁명의 과정에는 수많은 피의 보복과 숙청, 시행착오의 어둔 그림자들을 남겨놓았다. 인권신장이라는 밝은 면 뒤에 가리어진 또 다른 반인권적 폭력과 억압들을 제대로 직시할 수 있을 때 우리는 21세기에도 발전시켜 나가야 할 인권운동의 바른 방향을 내다볼 수 있으리라 믿는다. 노예상태에서 벗어나 '바로 서서 걸어가기'라는 하나님의 인간해방선포가 오늘날 복잡한 인권시장에서 인간의 오만이나 인간비하의 극단이 아니라 중용의 길을 찾는 인권이론가와 인권운동가들 모두에게 새로운 빛으로 비춰졌으면 하는 바람이다.

종종 혁명에는 법정도 재판관도 없다는 소리를 듣는다. 피에 취한 혁명가들이 스스로 법정을 지배하고 스스로 재판관 노릇을 하는 경우를 두고 한 말이다. 인권혁명도 예외가 아니라는 사실을 우리는 역사 속에서 허다하게 만날 수 있다. 프랑스 인권선언의 발

167면 이하 참조.
54 정정훈, 인권과 인권들, 전게서, 169면에서 재인용.

표 후 벌어진 구체제에 대한 피비린내 나는 숙청은 기독교에 대한 탄압과 처형으로도 이어졌다. 그 광풍에 놀라 영국에서는 보수주의가 태동하고, 미국에서는 수정헌법 제1조가 만들어지는 계기가 되었다. 러시아 공산혁명 역시도 그와 유사한 길을 밟았다. 가공할 피의 숙청과 그 후까지 이어진 기독교에 대한 극심한 탄압을 우리는 기억하고 있기 때문이다.

(2) 문제의 제기

최근 정치권의 개헌논의에 편승하여 성소수자권리에 유리하도록 헌법상의 기본권조항을 개정하자는 움직임이 일고 있음은 이미 널리 알려진 사실이다:

① 헌법 제11조의 차별금지항목에 '성적 지향' 또는 '등'을 추가하려는 움직임
② 헌법 제36조 1항의 '양성평등'을 '성 평등'으로 수정하려는 움직임 등이 바로 그것이다.

정치라는 현실적 행위와 무관하게 초월적으로 부여되는 권리로서 인권은 존재하기 어렵다는 인식이 최근의 인권운동에서 주목을 끄는 대목이다. 이런 맥락에서 최근 들어 인권운동은 해방의 정치가 추구하는 자유와 평등의 보편화 과정을 가시적 성과로 산출해 내기 위해 권리개념을 많이 사용해 왔다. 그 이유는 정치운동의 의제를 인권이라는 말로 포장하는 것이 그다지 어렵지 않은 일이며, 또 그렇게 할 때 문제의 중요성을 부각시키고 법적 보장책에까지 나아가도록 쉽게 촉진할 수 있기 때문이다. 단순한 공감대형성

이나 여론의 우호적인 지지 아니면 윤리적인 호소 차원을 넘어 법적 권리나 제도에까지 도달한다면 인권우호적인 유권자층을 우군으로 확보하는 데 훨씬 효과적인 전략이 될 수 있을 것이기 때문에 인권 이슈는 입법자들의 의정활동에서 그 중요성이 점점 더 높이 평가되는 실정이다.

동성애문제도 그 의제의 핵심을 인권에다 얽어매면, 그것에 거부감을 드러내는 기존의 도덕적, 종교적, 사회적, 문화적 거부감을 완화시킬 수 있고, 그 의제를 합법 내지 입법의 대상으로 삼음으로써 현실적으로 제도화하거나 용인되게 하는 데 손쉬운 방도가 될 수 있기 때문이다. 만약 그 권리가 헌법상 기본권으로 인정되게 되면 모든 국내법적 질서를 통솔할 수 있고, 국제적으로도 인정되면 유엔 같은 국제기구가 자체조직을 통하여 그 권리를 널리 확산시킬 것이고 산하의 여러 회원국에 정치적 압력을 행사할 수 있게도 될 것이다.

이런 공리주의적 사고와 정치적 이해득실을 따지는 계산적인 정치인들로 인해 실제 도덕의 영역에 속한 의제들이 권리로 실정법화되는 경우가 많다. 때로는 입법취지와 그 규율대상이 분명하지 않은 인기몰이용 입법(legal populism), 바람막이용 입법(Klimaschutzgesetzgebung), 상징입법(symbolische Gesetzgebung)을 양산하여 걷잡을 수 없을 법의 홍수 내지 법의 폭발을 초래할 수도 있다.

그러므로 최근 개헌논의와 함께 관심을 끌고 있는 동성애가 인권 내지 기본권으로서 적격성을 갖고 있는지를 여기에서 검증해 볼 필요를 느낀다.

(3) 권리로서 인권의 근거 지움

1) 권위에 기초한 권리

권리는 인간에게 어떤 자연적인 속성처럼 특별한 목적 없이 부착된 것이 아니다. 권리는 A와 B가 상호의무를 지는 것처럼 양자에게만 의미 있는 어떤 것으로 조건적으로 조성되는 것이 아니다. 권리는 진실하고 가치 있는 더 높은 어떤 권위에 의해 창설되는 것이다. 그 권위는 보편적이고 지속적이며 전면적인 특성을 갖는다. 그러므로 권리는 도덕적인 힘과 결합되어 있다.

더 높은 권위로는 정신사적으로 하나님, 인간의 본성, 인간의 존엄성, 인간의 이성 등이 거론되어 왔다. 만약 권리 내지 인권의 향유를 주장하는 자가 이 더 높은 권위를 부정한다면 단지 자기 자신 또는 자신이 속해 있는 어떤 집단의 실존적 사실이나 기득권을 그 권위로 내세울 수밖에 없을 것이다.

제2차 세계대전 종료 후 신생 세계질서는 이 권위를 인간의 존엄성에서 찾았고, 인간의 존엄성이 인권의 토대가 된다고 보았다. 인간존재에게 고유한 존엄성은 인간이 신과 동일형상을 입고 있다는 전제에서 또는 인간의 자율성과 이성능력과 같은 인격적 본성에서 비롯된다는 전제에서 인간의 고유한 가치성, 탁월성 등으로 표현되기도 한다.

이 같은 존엄성은 인간 각자가 인간이라는 단순한 사실 때문에 태어나면서부터 얻은 것이라고 보는 관점이 있다. 생래적, 생득적, 자연권적 인권개념도 이와 같은 맥락이다. 이에 비해 인간의 존엄성은 인간이 소유한 특정한 능력에 수반된다는 견해도 있다. 독일 합리주의철학자 칸트에게서 나온 이 관념은 인간에게 부여된 합리적 행동을 위한 능력, 의무감에 따른 행동능력, 선에 대한 이해를 토대로 한 행동능력, 의미 있는 삶을 기획, 수행, 수정, 영위할 수 있는 능력, 윤리적인 자기보전과 자기발전을 도모하여 자기완성에 이를 수 있는 능력에 대한 평가가 존엄성으로 귀결된다는 것이다. 앞에서 보았듯이 칸트는 인간이 이성의 씨앗을 가지고 태어나 그것을 계발하여 그것을 꽃피우고 열매 맺게 할 능력을 지닌 존재로 보았다. 현실적 인간의 상황이 아무리 망가져 있다 하더라도 그에게 인간적 본성의 잠재력은 남아 있고, 그것이야 말로 진실로 고귀하다는 것이다.

그 밖에도 인권을 정당화하는 데 사용되는 최근의 논증들로 ① 보편성, ② 의무를 뒷받침할 능력, ③ 고도의 우선성 등을 거론하는 이론가도 있고[55] 인간의 두 가지 도덕적 능력, 즉 ① 좋은 판단력과 자기결정능력 같은 합리성(rationality), ② 권리의식과 정의감을 위한 포용력, 공정한 조건에서 협동을 명예롭게 여기는 능력 같은 공정한 분별력(reasonableness)을 인권의 기초로 삼는 이론가도 있다.[56]

어떤 종류의 새로운 인권, 예컨대 성소수자권리 같은 것이 법적인 제도로서 승인되려면 적어도 그것이 사회와 법공동체에서 합리적인 정당성의 근거를 획득해야 할 것이고, 그에 대한 입증책임과 입증의 부담은 그것을 법적 권리로 주장하는 쪽에 지워질 수밖에 없다. 여기에서 합리적인 정당성은 절차적·형식적인 합리적 정당성은 물론 실체적·내용적인 합리적 정당성도 필요로 한다.[57]

---

55 J. W. Nickel, Making Sense of Human Rights(조국 역), 인권의 좌표, 2010, 79면.

56 J. Rawls, Political Liberalism, 1993, p.302.

2) 권리의 합리적 정당성

특히 실체적인 합리적 정당성과 관련하여 페터스(Peters)의 연구결과를 주목할 필요가 있다고 생각한다.[58]

가. 도덕적 합리성

첫째, 도덕적 합리성의 관점이다. 인권규범을 포함한 모든 법규범은 사회적 행위와 마찬가지로 항시 도덕적 평가에 복속해야 한다. 즉, 그것은 도덕적으로 허용되거나 도덕적으로 허용되지 않을 수 있으며 또한 도덕적으로 요구되거나 필요한 것일 수 있다는 의미이다. 물론 법과 도덕은 중첩되지만 언제나 동일한 것이 아니다. 그렇기 때문에 어떤 인권규범은 법적으로 요구되기도 하지만 도덕적으로 바람직한 것으로 간주되지 않을 경우도 있을 수 있다.

그러나 어느 특정한 규범이 도덕적으로 요구될 수 있는 적격성을 지닌 것으로 간주된다면 그러한 규범을 일정한 민주적 절차에 따라 법규범으로 제도화하자는 주장이 성립할 수 있을 것이다. 이것을 법규범으로 실정화하자면 물론 특별한 사회적 상황을 고려하여 경험적, 인식론적 요소들과 실천적인 현명함에 입각한 근거지움이 있어야 할 것이다.[59] 때로는 에이즈창궐과 같은 사회 위생적 요인 때문에, 또는 약물 오남용과 자살 같은 퇴폐적 행태에 대한 국가의 온정적 후견주의 관점에서 권리화가 제지되기도 하고,

---

57 '차별금지법'에 약방의 감초처럼 등장하는 문구가 '합리적 사유가 없는 차별'이다. 합리적 사유를 그 법에 저촉되는 사람이 증명해야 할 것으로 만들어 놓았는데 법안에는 합리적 사유가 뭔지를 설명해 놓지 않았기에 사실상 무방비로 당할 수밖에 없는 불비가 보인다.

58 B. Perters, Rationalität, Recht und Gesellschaft, 1991, S.93ff., 167ff.

59 Ebd., S.282f.

법적, 행정적 관리와 규제하에 놓이는 경우도 상정할 수 있다.[60]

나. 가치평가적 합리성

둘째, 가치평가적 합리성의 관점이다. 1930년대 신칸트학파 중 특히 서남독일학파의 가치철학의 영향으로 법체계에 가치관계적, 가치평가적 사고가 영향력을 떨친 적이 있었다. 법사고와 법체계에서 맹위를 떨쳤던 콩트(Comte) 이래 실증주의와 자연주의의 잔재에 대한 학문방법론상의 성찰의 결과였다. 그리고 규범적 정신과학에 속한 법학에서 이 가치 철학적 사고는 오늘날도 그 영향력이 남아 있다.

그러나 후기현대사회로 전이하면서 법체계에서 이 가치 평가적 요소는 종전에 비해 영향력이 줄어든 게 사실이다. 거기엔 문화다원주의의 수용, 관용의 요구 및 well-being에 관한 상이한 구체적인 삶의 형식들과 사고유형들에 대한 중립성의 요구 같은 것이 원인으로 작용한 때문이다.[61] 물론 이러한 후기현대주의의 사상적 요구들은 각각 상이한 정도로 실현될 수밖에 없고 그것이 또한 세계 도처에서 일어나고 있는 주목할 만한 인권운동들의 현주소이기도 하다.

관용성의 요구도 한계를 필요로 한다는 점 그래서 그 한계를 설정하는 문제 또는 도덕적으로 중요한 그래서 어떤 경우라도 집합적으로 구속력을 가지고 규율되어야 할 사안들과 도덕적으로 눈감아 줄 수 있는 가치평가상의 택일 안들 사이에 경계를 정하는 등

---

60 후견주의의 법철학적 고찰에 대한 비교적 최근의 연구로는 강영선, "자유와 배제", 고려대 석사학위논문, 2012, 특히 91면 이하 참조.

61 N. T. Casals, Group Rights as Human Rights, 2006, p.87.

의 문제는 언제나 논쟁의 대상이 된다. 그 실제적인 극명한 예들이 동성혼의 인정문제, 동성애인권 인정과 차별금지법의 도입문제, 예술과 음란성의 한계문제, 포르노와 성매매의 규제기준의 문제 및 이를 포함한 학교교실 내에서의 성교육, 군사시설 내에서의 성교육, 종교인들과 성직자들의 이에 대한 관용을 제도적으로 요구하는 것 등의 문제들이다. 물론 이런 문제들은 도덕적 합리성의 문제이지만, 가치평가적 합리성의 문제와도 밀접하게 연계되어 있음을 놓쳐서는 안 될 것이다.[62]

다. 기술적 합리성

셋째, 기술적 합리성의 관점이다. 규범은 합목적성의 관점에 따라 사회적 활동들을 규율할 수 있다. 규범의 이러한 규율은 기술적 합리성의 측면에서 근거 지워지거나 비판될 수가 있다. 여기에서 기술적 합리성은 우선 긍정적인 집합적 목표설정을 실현한다는 의미에서 사회적인 조정·조절을 뜻한다. 물론 그것은 도덕적으로 근거 지워질 수도 있고, 도덕과 관련 없이 근거 지워질 수도 있다.

더 나아가 그것은 타인에 대한 불법·부당한 침해를 예방하거나 통제하는 규율이거나 아니면 부정적인 외부결과발생을 회피하기 위한 일반적 규율을 뜻하기도 한다. 물론 부정적인 결과발생은 특정한 개인, 공동체 전체 또는 공동체 내의 일부와 관련될 수 있다. 이것은 주로 기술 분야의 활동에서 안전·예방조치의 표준, 근로기준, 사고예방규칙, 의약품·식품의 안전규칙, 산업제조물의 사용안전조치, 환경보호조치 등과 직접 연관된다.

---

62 B. Peters, a.a.O., S.284f.

이런 사례들에서 중요한 것은 경험적 지식이 중요한 역할을 한다는 점이다. 따라서 전문가층의 지식독점이나 이데올로기적 편향이 문제가 될 수 있고, 따라서 경험적 지식분야에서 전문가층에 대해 요구되는 연구와 평가의 진실성은 도덕적으로도 중요한 의미를 지닌다. 후기현대의 이른바 '위험사회'에 이르러서는 인과적으로 책임소재를 규명할 수도 없고, 체르노빌이나 후쿠시마 원자력 사고처럼 한번 사고가 발생하기만 하면 지역과 세대를 초월하는 엄청난 ―보험으로도 그 손해를 메울 수 없는― 재앙이 되는 이른바 '새로운 위험'들에 효과적으로 대응하려면 그 진단과 예측, 원인규명 등에 기술적 지식이 중요한 역할을 담당하지만, '윤리전문가'들의 역할분담도 중요하다.[63]

이 기술적 합리성은 기술적인 규칙이나 칸트가 말한 가언명령(hypothetische Imperative)과 다르다. 그것들은 규범이나 명령이 아니라 단지 행위와 결과 간의 인과관계에 대한 서술의 문법적 형식에 지나지 않기 때문이다. 오히려 이 기술적 합리성은 '사회기술론'(Sozialtechnologie)이라는 의미로 이해될 수 있는 것이다. 그것은 법규범을 하나의 조작기술의 도구로, 그리고 그의 법 효과를 그 조작의 결과 내지 전략적인 이해타산의 결과로 보아서는 안 되고, 법적 규율의 효과를 판단하는 것은 복합적인 인식론의 문제라는 점에서 출발한다. 그것은 다시 말해서 의사소통과 정향성의 문제며, 규범이 체계합리성의 관점에서 행위가 법률에 따라 수행되도록 수범자들을 규범에로 이끌고 그들에게 전달되고 올바르게 인식되게

---

63 U. Beck, Risikogesellschaft auf dem Weg in eine andere Moderne, 1986, S.76ff.

하는 것을 뜻한다.[64]

이러한 기술적 합리성이 직접 동성애문제의 해결에 기여하는 바는 그다지 크다고 말할 수 없다. 하지만, 동성애문제를 둘러싼 사회경제적인 위험증가에 대해서는 사회기술적 합리성의 관점을 가지고 상황을 종합적으로 고려할 필요가 있어 보인다. 에이즈의 증가, 사회 윤리적 갈등의 증폭, 사회적 비용의 증대 등 제반사정을 어떤 제도와 규범을 새롭게 세울 때, 선제적으로 법 정책적 관점에서 면밀히 검토해 볼 필요가 있기 때문이다.

라. 방법론적 문제

끝으로 덧붙이고 싶은 것은 도덕적 합리성과 경험지식적인 합리성과 기술적 합리성은 규범을 설정하는 데 각각 별개로 아니면 선택적으로 고려할 대상으로서 이것 또는 저것이 아니라, 보통의 경우 종합적으로 연계해서 고려해야 할 사항이라는 점이다. 즉, 어떤 사안에 대한 도덕적인 요구는 그에 상응한 경험적 지식을 필요로 하거나 기술적으로 검토된 적정한 수단을 통해 실현되어야 한다는 것이다. 그럼에도 불구하고 규범에서 도덕적인 요소의 우위성은 그것이 정의와 공동선의 의미와 밀접불가분의 관계에 놓인 한에서는 주목을 요하는 대목이라는 점이다. 규범의 도덕적 내용이 하부구조를 형성하며 그 안에서 비교적 자유롭게 선택된 실정법적 규율들이 가능할 터이기 때문이다. 도덕성을 결한 극단적인 법질서는 비록 부도덕하다는 이유 때문은 아니더라도 정당하거나 정의롭지 못하다는 이유 때문에 도덕적인 우위의 힘을 상실하게

---

64 B. Peters, a.a.O., S.287.

되고, 그 결과 경우에 따라서는 저항권이나 시민불복종의 소용돌이에 휩싸이기 쉽다.[65]

(4) 동성애의 인권적격성 검토

1) 인격적격성을 둘러싼 이론적 공방

근대적인 인간관, 인간질서에 대해서는 다양한 방식으로 후기 현대주의 사상의 공격이 있었다. 즉, ①이성 중심주의에 대한 데리다의 해체주의, ②보편성에 잠재된 폭력성에 대한 리오타르의 비판, ③합리적 주체의 보편성에 대한 푸코의 구조주의적 분석, ④다수의 척도를 곧 보편적인 것으로 설정하는 미시권력의 작동에 대한 들뢰즈의 비판 등 탈근대주의 진영에서의 공격이 그 예들이다. 뿐만 아니라 무신론과 유물론, 가치허무주의, 무신론적 실존주의 철학, 좌파 이데올로기로부터의 공격도 여전히 유효하다.

특히 성 담론에서 인권의 보편성은 ① 양성보편성에 대한 LGBTQ의 저항, ② 남성적 보편성에 대한 페미니스트 그룹의 저항, ③ 이성애와 혼인, 가정의 문화적 보편성에 대한 성소수자들의 저항은 국내적, 국제적 그리고 사회적, 사법적 이슈로 가열되고 있다. 2017년 6월 30일 지금까지 서구에서 비교적 보수적 색채를 견지해 온 독일연방하원도 동성혼을 합법화하는 법안을 의결했고 그 법안은 2017.10.1. 발효했다.

그런데 동성애가 기본적 인권목록에 들어올 만한 자격을 가진 인권인가 하는 점은 여전히 문젯거리로 남는다. 먼저 인권적격성

---

65 B. Peters, a.a.O., S.288f. 특히 주 17 참조.

의 기준들을 살펴보기로 한다. 인권에 적합한 공통된 성격으로 ①
보편성, ② 도덕성, ③ 합리성(가치합리성과 목적합리성), ④ 질서정
합성 등을 들 수 있다.

자유와 인권이 보편적이라는 뜻은 그것이 하향식으로 자명하
고 논증의 여지없이 정당한 것이라고 주장하는 것이 아니라 정치
적, 경제적, 사회적 이해관계와 욕망에 뒤엉킨 편견을 뛰어넘어서
평등한 자유와 인권의 지평을 열어 가기 위한 논증도구였다. 자유
법치국가적 헌법 원리에서 흔히 개인의 자유제한에는 합리적인 근
거에 의한 정당화가 필요하다고 말한다. 그 배경에는 이미 잘 알려
진 자연법사상, 즉 인간은 스스로 자기결정을 내릴 수 있는 자유를
갖고 있는 한에서만 그의 보편적인 본성에 맞게 살아갈 수 있다는
이념이 작용하기 때문이다. 이 이념은 다시금 인간은 자신을 동물
과 구별 짓는 특별한 존엄성, 즉 인간의 존엄성을 갖고 있다는 전
제에 그 뿌리를 두고 있는 것이다.[66]

2) 사회의 지배적인 윤리의식

동성애가 인권으로 승인되기 위해서는 우선 사회의 지배적인
윤리의식에 의해 용인될 수 있는 권리라는 점을 인정받아야 할 것
이다. 유대·기독교 전통과 동방과 중방의 전통적인 윤리 그리고
동성결혼 합법화가 대세를 이루어 가는 오늘날의 서양에서도 뿌리
깊은 전통윤리의식에 따르면 동성애는 변태적인 일탈이요 부패한
인간본성의 표본인 것이다. 칸트는 그의 윤리학에서 이 점을 더 이
상 머뭇거리지 않고 분명히 천명했다:

---

66 M. Kriele, Recht und praktische Vernunft, 1979, S.63.

"욕망의 대상은 이성(異性)이지만 인간이 아닌 경우 세 번째 자연에 위배된 육 욕의 죄(crimen carnis contra naturam)가 생긴다. 이는 남색 혹은 동물과의 교접이다. 이는 또 인간성의 목적을 위배하고 우리의 자연적 본성을 거역하는 것이다. 이로써 인간은 동물 이하로 추락한다. 어떤 동물도 이런 방식으로 자신의 종족으로부터 등을 돌리지 않는다. … 이런 악덕은 우리가 인간이며, 따라서 그런 악을 저지를 수 있다는 사실 때문에 우리를 수치스럽게 한다. 동물은 이와 같은 자연에 위배된 육욕의 죄를 저지를 수 없기 때문이다."[67] [68]

물론 인권의 도덕적 논증을 비판하는 인권이론가들도 많다. 니체, 마르크스주의자들은 이미 고전적인 비판자들이다. 그러나 도덕이 단순히 자신의 기득권을 정당화하기 위한 지배계층의 도구일 뿐이라는 니체나 마르크스주의적 견해는 인간과 비인간, 인간과 동물 사이에서 인간의 인간다움을 가장 강렬하게 지칭하는 도덕성의 근본적인 의미를 오해한 극단적인 생각이다.

3) 바디우의 극단적인 사유

이러한 철학의 세례를 받은 포스트모던 인권사상의 한 극단을 우리는 프랑스의 철학자 바디우(Badiou)에게서도 찾을 수 있다:[69]

"인권이 부정하는 것이 바로 인간의 불멸성, 혹은 주체의 차원이다. 인

---

67 알리싸 리 존스 편, 법은 아무것도 모른다, 강수영 역, 2008, 180면에서 재인용.
68 동물 중에도 가끔 동성애를 하는 경우가 밝혀진 오늘날 자연(동물)도 하지 않는 동성애라는 칸트의 이 주장은 관념적으로 이해해야 할 부분이다. https://news.joins.com/article/3652899
69 A. Badiou, 윤리학, 이종영 역, 2001, 58면 이하(정정훈, 인권과 인권들, 149면 이하에서 재인용).

권이 보호하려는 인간들이란 바로 자신의 생물학적 특질에 속박되어 있는 자들이며, 생존에의 욕망에 의해 지배되는 자들, 보다 안락한 생존에의 욕구가 그의 모든 관심과 활동을 지배하는 자들이다. 이들이 도대체 동물과 다른 점이 무엇이란 말인가? 바디우에게 동물과 다를 바 없는 단지 살아 있는 생물체로서 인간이란 자신의 동물적 본능과 욕망에 의해 지배되는 존재이다. 먹고 사는 문제에 매몰된 이기적 존재, 먹고 사는 차원에서 자신의 이익을 지속하고자 하는 충동에 의해 규정되는 존재가 바로 동물과 구별되지 않는 인간이다. 그는 자기존재의 지속에 대한 욕망에 속박된 자일뿐이다. 이는 곧 자기생명의 유지를 최고의 가치로 두고 살아가는 개인, 금전적 이득의 추구를 지상과제로 설정하고 살아가는 개인, 이윤의 창출을 모든 활동의 근본원리로 삼는 개인과 다르지 않다."

바디우는 이러한 존재를 '인간-동물'이라고 부른다. 인권이란 바로 이러한 인간-동물의 권리에 지나지 않는다는 것이다. 인간에게서 도덕적 정체성을 생략한다면 바디우가 본 그대로 인간은 인간-동물에 지나지 않는다. 비슷한 맥락에서 자크 데리다도 "동물은 낱말이며, 인간이 정한 명칭이며, 인간은 다른 생명체에 대해 이름을 붙일 권리와 권위를 스스로에게 부여했다"고 말한다.[70] 신이 없는 인간-동물의 차원에서 인간이 동물차원으로 강등되는 것도 모른 채, 수간행위를 통해 동물을 행위주체로서 주체의 담론 속에 끌어들이는 이른바 인간 동물주의(Humanimalism)[71]를 태연하게 입에

---

70 알리싸 리 존스, 전게서, 180면에서 재인용; 성경 창세기 2:19 아담이 에덴 동산에서 하나님이 흙으로 빚어 만든 모든 동물들에게 이름을 붙인 것은 성경에 기록된 바대로이지만, 인간이 그 권리와 권위를 자신에게 스스로 부여했다는 것은 창조주 하나님의 주권적인 일하심을 함께 기록한 이 텍스트의 맥락에서 볼 때 본지를 이탈한 데리다 자신의 주관적인 해석에 불과하다.
71 알리싸 리 존스, 전게서, 209면.

올리는 이들 난잡한 철학사상 때문에 인간은 자신도 모르게 어느 새 신과 같은 절대자가 되어 버린 듯하다. 이처럼 윤리도 법도 모르는 그런 인간상을 앞에 놓는다면 어디에서 인간 존엄성의 최종 근거를 찾을 셈인가? 이들 무신론적 후기현대 철학자들의 눈에 인권의 도덕성이란 한낱 위선자들의 상징으로 된 바리새인들의 위선에 지나지 않을지도 모른다.

4) 도덕적 주체의 권리

신의 죽음이 선포된 뒤 그 황무지에 뿌리를 두고 돋아난 서양의 비합리철학과 인간을 속물화하는 포스트모던의 일부 극단적 사유는 그 옛날 아테네 시민들처럼 "알지 못하는 신"에게 절하는 것과 같은 맹목이며, 당시의 소피스트 철학자들처럼 필연적으로 가치허무주의, 도덕적 무정부주의와 회의주의에 빠질 수밖에 없다. 인간의 고귀성의 근거인 도덕은 신의 성품을 닮은 인간의 형상을 금수와 버리지 형상과 구별 짓는 최우선적이고 결정적인 기준이다. 그것은 인간성의 발전과 함께 유지·발전해 가야 할 인류의 장구한 과제이며, 법질서와 국가가 수수방관하거나 포기할 수 없는 관심사이기도 하다. 인간의 존엄과 가치를 존중하고 보호하는 것을 법과 국가권력의 의무로 삼는 헌법질서 이념에 비추어 정치와 법제도와 문화와 교육의 모든 영역에서 인간을 인간답게 하는 도덕성의 근본적인 의미를 유지·발전시키는 것은 인권 규범적으로도 결코 경시할 사항이 아니다.

이런 의미에서 한 사회와 국가가 그 공동체 내에 함께 살아가는 개개인을 인권의 주체로 승인한다는 것은 바로 그를 도덕적 권리의 주체로 승인한다는 의미이다. 인간이야말로 피조물의 세계에서 유일하게 도덕적 존재이기 때문이다. 비록 죄로 얼룩져 있고 양심의 거울이 깨어져 조각난 것이 인간 실존의 한 부분이긴 하지만, 그럼에도 인간과 다른 피조물을 구별할 수 있는 기준은 인간의 생물학적적 특성보다 인간에게 본질적으로 주어진 새로움(novum)으로서 세계개방성 내지 도덕적 본성이다.[72]

인권을 통해 인간을 도덕적 권리의 주체로 승인한다는 의미는 타인의 권리를 침해하지 않는 범위 안에서 각 사람은 자유로운 인격주체로서 인권을 향유하여 자신의 인격의 발전을 도모하여 그 완성을 향해 나갈 수 있고, 인간다운 공동사회를 건설하는데 참여하여 자기기여분을 백분 활용할 수 있는 존재자라는 의미이다. 가령 아동의 권리, 노인의 권리, 장애인의 권리 같은 것도 타인과 더불어 사는 사회가 서로를 돕고 또 서로를 필요로 하는 관계로 얽혀 있어서 그들의 자리에서 그들이 존중히 여김을 받을 인격적 주체로 승인되어야 한다는 점에서 도덕적 요구를 지닌 권리의 향유주체라는 것이다. 비록 그들이 타인을 위해 주는 것이 적을지라도, 사회는 그들의 필요를 돌보고 채워 주고, 그들은 보호를 받음으로써, 사회의 도덕적 발전과 건강성을 증진시키는 협동의 자리에 나란히 함께하는 것이다.

도덕은 정상적인 인관관계의 틀로서 사회의 근간을 이루는 것이다. 미국의 예이긴 하지만 최근의 낙태와 동성애 판결이 도덕적 인식을 배제하려는 시도는 난점을 근본적으로 극복한 것이 아니라 새로운 난점을 잉태하는 것이다. "이것은 단순한 논리 안에 담긴 진리, 즉 낙태와 동성애를 금지하는 법의 공정성(혹은 부당성)이 이

---

72 A. Gehlen, Moral und Hypermoral, 5.Aufl., 1986, S.121ff.

들 행위의 도덕성(혹은 부도덕성)과 관련이 있다는 사실을 보여 준다."[73] 단순히 시류에 편승한 다수의 의견에 따라 도덕이 생성·유지·소멸하는 것이 아니다. 동성애를 권리로 승인할 수 없는 한계는 그것이 사회의 주변영역에서 은밀히 끼리끼리 행해질 수 있을지 모르지만, 주류사회에서 백주에 법으로 인정할 만한 도덕적 적격성을 갖고 있지 못하다는 점이다.

미국연방대법원에서 사생활보호권을 동성애에까지 확장하는 것을 거부했던 법정의 다수의견을 대표한 화이트(White) 판사는 "법은 항상 도덕성이라는 개념에 기초한다. 만일 도덕적인 선택을 대변하는 모든 법률이 위헌으로 판정된다면 미국의 법원들은 눈코 뜰 새 없이 바빠질 것이다"라고 명시했다.[74] 동성애욕구의 자원을 개발하기 위해 동성애를 미화하고 장려하고 교육할 수는 없는 노릇이다. 사회에 아무런 유익이 없기 때문이기도 하다. 사회가 도덕적으로 부패하고 타락하여 공멸의 길로 걸어가기로 만장일치로 합의한다면 비극적인 선택이로되 또 모를 일이긴 하지만 말이다.

5) 이성의 능력과 합리성의 비중

이성의 작용인 **합리성은** 어떤 목적 실현에 적합한 수단이기만 하면 정당시하거나 좋은 것이라고 하지 않고, **가치 합리적으로도 정당하고 윤리적으로 정당화할 수 있는 정의이념과 합치할 때 그것을 질서의 영역에 끌어들이고 제도로서 창설할 수 있다는 관점이다.** 이성은 궁극적으로 우리로 하여금 도덕법칙의 왕국에 이르도록 하

---

73 마이클 샌델, 왜 도덕인가? 안진환/이수경 역, 2010, 116면.
74 Bowers v. Hardwick, 478 U.S.186, 196(1986).

기 때문이다(칸트). 이성은 우리가 우리 자신을 위해 그리고 공동체적 관점에서도 설정한 목표와 목적 속에 항상 의미와 가치를 확립하도록 해 주는 힘을 갖고 있다. 또한 본질적으로 이기적이고 독선적인 우리의 욕망과 지향하는 바를 경멸하고 벗어 버리도록 우리를 지속적으로 일깨우는 계몽적 정신능력에 속한다.

공동사회의 종교적 · 도덕적 결속과 발전을 유지하기 위해 동성애 자유에 맞서서 동성애의 유혹에서 돌아서도록 계몽하고 상담하고 교육 프로그램을 실시하는 것은 결코 합리적 사유가 없는 게 아니다. 차별금지에 관한 법률안에 등장하는 '합리적 사유가 없는 차별금지'란 표현은 그것이 가벌성의 전제가 될 경우에는 그 자체 불명확한 법률로서 죄형법정원칙에 반하는 위헌적인 법률이 될 소지가 크다.

정상적인 우리 인간의 삶은 4가지 종류의 결할 수 없는 질서와 실천적으로 정합해야 한다. 즉, ① 자연적 질서(생물적, 화학적, 육체적, 심리 육체적 조건), ② 논리질서(합리적, 사리에 적합한, 경험칙에 맞는 논증), ③ 특정 목적성취를 위한 체계의 기술적 지배영역(언어영역, 의사소통영역 등), ④ 도덕적으로 중요한 선택을 위한 자기결정의 지배영역(사적 자기결정, 문화 창조의 영역) 등이 그것이다.[75]

인간의 삶의 질서에는 사물의 본성과 도덕적 요소, 윤리적, 종교적, 정신적 요소, 환경적 요소, 문화적 요소 등이 포함되어 있다. 삶의 어떤 영역이라도 질서와의 실천적 정합성에 대해 도덕적 확증, 즉 도덕적 논증에 의해 그 유효성이 입증되어야 비로소 공동선 내지 시민적 유용성에 해당하는 것으로 승인될 수 있다. 그리고 이러한 단계에 이르렀을 때 그것은 기존의 권리목록 내지 인권목록

---

75 J. Finnis, Human Rights & Common Good, 2011, p.325.

에 첨가되거나 그것을 대체할 수 있는 적격성을 지닌다.

6) 동성애의 해악과 법의 세계를 교란하는 파괴적인 힘

이상의 관점들을 종합해 볼 때 동성애는 인권, 즉 인간의 권리로 인정할 만한 권리적격성을 갖고 있지 못하다. 인권이 인류질서의 기본을 무너뜨리거나 파괴할 정당한 힘을 갖고 있는 게 결코 아니라는 점을 고려할 때, 동성애와 타협할 수 있는 가교는 여전히 우리 사회에 마련되어 있지 않다는 판단이 서기 때문이다. 반면 일부다처제적 혼인과 성행위, 독신자의 자위적 성행위, 동성애는 문화적, 도덕적, 논리적, 기술적으로 도덕적 확증을 지닌 결혼이나 결혼 내의 출산과 사랑과 헌신에 개방된 성행위가 아니다. 단지 육의 욕심을 채우는 서방의 몰락을 재촉하는 이질문화를 모방해 온 수치스럽고 허구적인 실상에 불과하다. 거기에는 인간의 존엄성이라는 가치 실현을 위한 규범적 정당성, 가치적격성, 도덕성이 결여되어 있다. 동성애는 본질적으로 비합리적, 비논리적, 비본성적, 비자연적이기 때문이다. 또한 동성애는 진실한 행복추구의 대상이 아니라 퇴폐적인 환상추구의 대상일 뿐이다.[76] 특히 동성애는 실제 여성 또는 남성의 본래적인 의미의 성성을 모욕하고 파괴하는 정신적 해악에 속한다.

만약 동성애를 인권으로 인정하면 인권에 내재해 있는 자유와 책임, 의무와 상호 돌봄의 연대성과 같은 윤리적 보편성과 요청들이 와해되어 법질서 내의 모순과 가치혼란을 불러올 뿐만 아니라

---

76 동성애자 중에도 헌신적 관계를 유지하는 희귀한 예가 있다고 하지만, 그것이 동성애 일반을 도덕적 권리로 승인할 만한 무게를 갖고 있다고 보기는 어렵다.

도덕적인 무정부상태를 야기할 위험이 농후해 보인다. 법공동체 내의 평화로운 공존질서마저 해체될 위험에 처할 수 있다. 동성애가 합법화된 유럽이나 미국에서도 그것이 전통문화와 공존할 만큼 아직 안정적인 뿌리를 내린 것 같지는 않아 보인다. 미국과 유럽의 경건한 보수주의의 전통은 사회적 해체의 위기를 수수방관할 정도로 무기력하거나 무책임하지는 않기 때문이다.

정부가 각양 성적 지향을 가진 성소수자들에게 차별금지라는 이름으로 정상적인 보통사람 다수를 결과적으로 역차별하고, 그들을 식성대로 '짧고 굵게' 살아가도록 방임하는 그런 무례하고 사랑 없는 입법을 한다면, 최소한 도덕을 배반해서는 안 되는 법 개념의 요청을 망각한 처사가 될 것이다. 더 나아가 극단적으로 채식주의자들, 수간에 관심 있는 자들, 근친상간에 쏠린 자들, 일부다처제나 축첩의 자유를 주장하는 자들, 혼외정사를 추구하는 자들, 매매춘에 빠진 자들, 포르노나 음란물에 빠진 자들, 특정 기호식품을 선호하는 자들, 마약을 찾는 자들, 인종적 편견을 옹호하는 자들, 이데올로기적 편향성을 지닌 자들, 자살예찬론자들, 인간을 증오하거나 적대시하는 자들, 종교적 이단자들의 권리요구도 인권으로 승인해 주어야 할 것인가가 끝없이 제기될 수 있다.

물론 차별금지에 관한 법안은 특정 성행위를 보장하는 차원의 법안이 아니다. 그러나 특정 성행위를 하는 사람들에게 엄청나게 특권적인 권리를 부여하는 부도덕한 착상의 법률안이다. '고용 분야, 경제 분야, 교육 분야, 법령과 정책 분야'에서 그들의 성적 특성으로 인해 불이익을 당해서는 안 된다는 것이다. 또 그것을 함부로 비판해서도 안 되고, 그들을 우대하는 정책과 법령은 '차별이 아닌 것으로 본다'는 과잉친절과 선의의 조작까지 담은 것으로서 그 자

체가 사회유해적인 법안으로 보인다. 두말할 것도 없이 그런 주장
들은 인권목록에 담을 만한 가치가 없는, 즉 인권적격성을 결여한
것들이다. 단지 사회에 끊임없는 논쟁과 갈등만을 불러일으키기에
는 충분한 폭발력을 지닌 주장들이다.

7) 인권제국주의의 위험 앞에서

어쨌든 동성애이슈와 관련하여 오늘날과 같은 인권의 국제화
추세에서도 신중히 조심하고 경계해야 할 부분이 있다. 한 나라와
민족의 전통적 문화에 내재해 있는 윤리적 가치관이나 전통적 관
행을 국제적인 인권규범의 잣대로 재단하는 것은 인권제국주의의
위험이 될 수 있다는 주장을 새겨들을 필요가 있다. 특수한 도덕적
판단에 보편성을 부여하기 위해서는 단순히 어떤 개인적·문화적
관점에서 참이 아니라, 도덕적으로 책임 있는 모든 존재의 관점에
서 참이어야 한다는 주장도 마찬가지 비중으로 새겨들을 필요가
있다고 본다. 도덕적 관찰이나 신념이 편협하고 이기적이며 꽉 막
힌 완고함을 드러내는 것이란 비판을 최소한 벗어나려면 적어도
'인식상으로 온당한 보편적인 도덕적 입장'을 취하는 노력이 필요
해 보인다.[77]

(5) 요 약

1) 인권적격성의 요구

권리란 보편적으로 일반인이 그에 대한 상응한 의무를 부담하
고, 법적으로 그것을 강제할 수 있을 만큼 정당성과 필요성을 쌍방

---

77 W. J. Talbott, 인권의 발견, 은우근 역, 2011, 113면 이하 참조.

적 인간관계나 다면적·복합적 인간관계에서 인정받을 만한 합리적 근거와 보편적인 도덕적 내용을 가질 때 적격성을 획득한다. 인권적격성은 기본적 인권이 주관적, 객관적 공권으로서의 성격을 갖는다는 점을 고려할 때 더욱 그러하다.

2) 공서양속에 반하는 법률은 악법

만약 동성애를 법제도적으로 기본적 인권목록에 넣으면 도덕적 근거를 결여하고 '선량한 풍속 기타 사회질서'에 반하는 동성애를 송두리째 윤리적인 정당성을 가진 어떤 실체로 인정하는 형식적 결과를 낳는다. 법은 '윤리의 최소한'이지만, 아주 미약한 윤리적 정당성을 지닌 어떤 생활사태가 일단 법률로 구체화되는 날에는 바로 '윤리의 최대한'이 될 수 있기 때문이다(Jellinek). 그러므로 현명한 입법자라면, 법과 사회윤리 사이에 괴리와 간극이 커지지 않도록 주의를 기울여야 한다. 메울 수 없는 간극에도 불구하고 법률제정을 밀어붙이는 입법자의 시도는 필연적으로 '법의 이데올로기화'라는 화근의 뇌관을 사회에 던져 놓는 것과 같다. 도덕성을 결한 반사회적·비윤리적인 실정법은 실로 법의 존재의의를 상실한 것과 다를 바 없다.

3) 동성애권리주장은 인권적격성 없는 허구

동성애는 결코 인권으로 취급할 만한 적격성을 갖추고 있지 못하다. 그것을 변태가 아니고 개인의 성적취향이라 말한다 해도, 도덕적 합리성을 결하고 있고, 선량한 풍속과 사회질서에 반하는 행위이기 때문에 권리로 승인하기에는 결코 적합하지 않기 때문이다. 더 나아가 에이즈에 취약한 개인의 건강과 사회 윤리적 건강 그리고 사회 위생적인 보건상의 관점에서도 문제가 있다. 전통적인 결혼의 선함은 동등한 배필로서 맺어진 남녀 간의 특별한 사랑과 지속적인 인격적 결합 속에서 한 가정을 이루어 자녀출산과 양육을 기대하며 행복을 추구해 가는 데 있다. 동성 사이의 친밀성과 비교할 수 없는 유별함이 이성 간의 결합 속에 있는 것이다. 동성애는 기껏 하여 사적 영역에서 묵인될 수 있는 정도에 머물 수는 있어도, 공적 영역에서 권리나 제도로 승인될 성질의 것은 못 된다.

만일 그것이 가능하려면 정상적인 사회의 기본가치들이 거꾸로 뒤집혀 전도되는 일이 먼저 일어나야 할 것이다. 그러한 가치전도의 상태는 마치 환각에 빠져 '짧고 짜릿하게' 살아가기를 열망하는 도덕적인 무정부상태, 세속적인 암흑상태의 도래를 뜻하는 것이기도 하다. 도덕적으로 의미 있는 삶으로서의 무게를 지닌 인권목록에 개인의 윤리적 자기발전과 자기보전, 결혼과 가정과 자녀의 출산양육을 포함한 지속가능한 사회발전의 원동력을 소리 없이 좀먹을 동성애가 똬리를 틀고 들어서도록 방임, 방조해서는 약속 있는 미래전망은 기대하기 어려울 터이기 때문이다.

4) 그들만의 법은 법의 자격이 없다

동성애 · 동성혼의 자유와 그 인권성의 법적 승인은 동성애자 개인이나 그룹만이 살아가는 고립된 별유천지에서만 가능할 것이다. 왜냐하면, 그들의 자유는 사회적으로 그들 외의 타자들이 부재할 때만 가능할 것이기 때문이다. 타자와 상호작용, 상호교류를 하면서 삶을 지속적으로 영위해 가야 할 정상적인 사회의 영역에서 정신적, 사회 윤리적, 문화적으로 공존하기 위해서는 자신들만의 의지와 욕망의 일방적 실현을 무조건적으로 주장할 수는 없으며 타인의 삶의 질과 행복을 위해서 욕망을 스스로 절제하거나 양보할 수밖에 없다. 그러므로 성소수자의 권리는 공정하게 사유하는 일반인들이 건전한 사회생활을 영위하는 데 충돌이 되지 않을 정도라고 용인하거나 수긍이 가능한 정도 내지 사회전체의 지배적인 법의식(Rechtsbewusstsein)에 의하여 우리 공동의 것(res communis)으로 승인될 정도의 사회윤리성을 갖고 있을 때 비로소 권리적격성을 획득할 수 있다.

5) 동성애의 형사처벌은 과잉입법

다만 일반사회 내에서 성인동성애자 상호 간의 합의에 의한 동성 간 성행위가 성매매형식이 아닐 경우 이를 새롭게 범죄시하여 형사적으로 처벌하는 것은 오늘날의 입법추세에 비추어 볼 때 과잉입법이 될 가능성이 크다. 다시 말하자면 형법적 관점에서 관용의 대상은 될 수 있다.

6) 헌법과 가족법상의 동성혼 승인은 법의 타락이다

그러나 형법 이외의 영역, 즉 혼인과 가족제도의 관점에서 동성혼을 민사법적으로 합법화하려는 시도에 대해서는 경계심을 늦추어서는 안 될 것이다. 그것은 선량한 풍속과 기타 사회질서(민법 제103조)에 반하는 타락한 입법이 될 것이기 때문이다.

7) 동성애의 합법화 시도는 입법자와 법관의 직권남용이다

인류 역사상 인권실험에서 가장 극악한 결과를 가져올 수 있는 추악한 실험이 바로 동성애를 기본적 인권으로 끌어올리려는 시도일 것이다. 공동체의 건강을 위해 우리가 동성애를 악행이라고 말하고 인권목록에 올리기에 합당하지 않은 부패한 성욕구라고 말하는 것은 하나님의 형상론(imago dei Lehre)의 입장에서 결코 지나친 말이 아니다. 그럼에도 동성애를 합법화하려는 입법이나 사법작용 내의 모든 시도는 실제 직권남용에 해당한다.

● 참고문헌

1. 국내문헌

강영선, "자유와 배려—후견주의에 대한 법철학적 고찰", 고려대 석사학위논
　　문, 2012.

길원평 외 공저, 「동성애 과연 타고나는 것일까?」, 라온누리 건강과 생명, 2016.

김규호, "동성애조장 반대운동 활성화를 위한 기독교시민단체의 역할": 김영
　　한 외 공저, 「동성애, 21세기 문화충돌」, 킹덤북스, 2016.

김영화, 「현대사회복지이론」, 2010.

김일수, "간통죄 존폐논의에 비추어 본 헌재의 형법질서관", 「헌법논총」 제
　　19집, 2008.

김일수, "군인권과 선교활동", 「군선교신학」 제13권, 2015.

김일수, "기독교적 관점에서 바라본 인권", 「군선교신학」 제2권, 2004.

김일수, "사회안전과 형사법", 「형법질서에서 사랑의 의미」, 세창출판사, 2013.

김일수, "전환기의 법학 및 형법학의 과제", 「법 · 인간 · 인권」, 박영사, 1999.

김일수, "형법질서에서 인간의 존엄", 고려대 석사학위논문, 1975.

김일수, 「범죄피해자론과 형법정책」, 2010.

김일수, 「법 · 인간 · 인권」, 박영사, 1999.

김일수, 「한국형법 III」, 개정판, 박영사, 1997.

김일수, 「한국형법 I」, 개정판, 박영사, 1996.

바른 성문화를 위한 국민연합 편, 「동성애에 대한 불편한 진실」, 밝은생각,
　　2013.

신국원, 「신국원의 문화이야기」, 한국기독학생회 출판부, 2002.

신국원, 「포스트모더니즘」, 한국기독학생회 출판부, 1999.

심재우, "사회적 행위론", 「법조」 제24권 제7호, 1975.

심재우, "인간의 존엄과 법질서", 「고대 법률행정논집」 제12집, 1974.

양현아, "성적 소수자: 법사회학적 쟁점과 전망": 한인섭/양현아 편, 「성적소
　　수자의 인권」, 사람생각, 2002.

오민용, "법과 용서―자끄 데리다의 용서론을 중심으로", 법학연구 제29권 제2호, 충북대학교 법학연구소(2018).

이봉철, 「현대인권사상」, 아카넷, 2001.

이상돈, 「인권법」, 세창출판사, 2005.

이상현, "군형법상 항문성교 기타 추행죄 연구", 숭실대 법학논총, 2016.7.

이승환, 「유가사상의 사회철학적 재조명」, 고려대학교 출판부, 1998.

이정훈 외 공저, 「성정치·성혁명에 기초한 좌파정치투쟁의 역사와 사상(연구보고서)」, 2016.

이종근, "성적 소수자의 권리보호에 관한 비교법적 연구", 「법학논총」 제18집 제2호, 동아대, 2011.

이진우, 「이성은 죽었는가?」, 문예출판사, 1998.

이항녕, 「법철학 개론」, 고려대학교 출판부, 1974.

정소영 편저, 「미국은 어떻게 동성결혼을 받아들였나」, 렉스, 2016.

정정훈, 「인권과 인권들」, 그린비, 2014.

조효제, 「인권의 문법」, 후마니티스, 2007.

최봉영, 「한국문화의 성격」, 사계절, 1997.

한국산업사회학회 엮음, 「사회학」, 한울아카데미, 1998.

함재봉, 「탈근대와 유교」, 나남, 1998.

홍성우, 「존 롤즈의 정의론 읽기」, 세창미디어, 2015.

2. 번역문헌

니켈, 제임스(J. W. Nickel), 「인권의 좌표」, 조국 역, 명인문화사, 2010.

롤즈, 존(J. Rawls), 「정의론」, 황경식 역, 이학사, 2003.

루이스, C. S.(Clive Stapes Lewis), 「순전한 기독교」, 장경철/이종태 역, 홍성사, 2001.

마이호퍼, 베르너(Werner Maihofer), 「법과 존재」, 심재우 역, 삼영사, 1996.

마이호퍼, 베르너(Werner Maihofer), 「법치국가와 인간의 존엄」, 심재우 역, 삼영사, 1994.

마이호퍼, 베르너(Werner Maihofer), 「실존법으로서의 자연법」, 윤재왕 역, 세창출판사, 2011.

마이호퍼, 베르너(Werner Maihofer), 「인간질서의 의미에 관하여」, 윤재왕 역, 지산, 2003.

바디우, 알랭(Alan Badiou), 「윤리학」, 이종영 역, 동문선, 2001.

밴후저, 케빈(Kevin Vanhoozer), 「이 텍스트에 의미가 있는가?」, 김재영 역, 한국기독학생회출판부, 2003.

버만, 해롤드(Harold Berman), 「종교와 제도」, 김철 역, 민영사, 1992.

벨첼, 한스(Hans Welzel), 「자연법과 실질적 정의」, 박은정 역, 삼영사, 2001.

브라운, 마이클(Michael Brown), 「성공할 수 없는 동성애혁명」, 자유와 인권연구소 역, 쿰란출판사, 2017.

브루너, 에밀(Emil Brunner), 「정의와 자유」, 전택부 역, 대한기독교서회, 1974.

샌델, 마이클(Michael Sandel), 「왜 도덕인가?」, 안진환/이수경 역, 한국경제신문사, 2010.

아감벤, 조르조(Giorgio Agamben), 「호모 사케르」, 박진우 역, 새물결, 2008.

아웃카, 진(Gene Autka), 「아가페 기독교 사랑의 윤리적 분석」, 대한기독교서회, 1999.

월터스토프(Nicholas Wolterstorff), 「하나님의 정의」, 배덕만 역, 복 있는 사람, 2017.

윌리엄슨(G. I. Williamson), 「소요리문답강해」, 최덕성 역, 개혁주의신행협회, 1978.

존스, 알리싸 리(Alissa Lea Jones) 엮음, 「법은 아무것도 모른다」, 강수영 역, 인간사랑, 2008.

탤벗, 윌리엄(William Talbott), 「인권의 발견」, 은우근 역, 한길사, 2011.

패커, 제임스(J. I. Packer), 「인간을 아는 지식」, 이남종 역, 무림출판사, 1990.

패커, 제임스(J. I. Packer), 「하나님을 아는 지식」, 서문강 역, 기독교문서선교회, 1993.

포이어바흐, 루트비히(Ludwig Feuerbach), 「기독교의 본질」, 강대석 역, 한길사, 2008.

프리먼, 마이클(Michael Freeman), 「인권: 이론과 실천」, 김철호 역, 아르케, 2005

헤겔(Hegel), 「법철학」, 임석진 역, 지식산업사, 1989.

호네트, 악셀(Axel Honneth), 「정의의 타자」, 문성훈 외 3인 역, 나남, 2009.

화이트헤드, 존 W.(Whitehead), 「표류하는 미국」, 진웅희 역, 두레시대, 1994.

3. 외국문헌

Barth, K., Humanismus, in: Theologische Studien, Heft 28(1950).

Barth, K., Kirchliche Dogmatik III/4, 1948.

Baumgartner, M. P., The Moral Order of a Suburb, 1988.

Baxi, U., From human Rights to the Right to be human, in: R. Falk/H. Elver/L. Hajjar(coed.), Human Rights, Vol.1, 2008.

Beck, U., Risikogesellschaft Auf dem Weg in eine andere Moderne, SV, 1986.

Bloch, E., Naturrecht und menschliche Würde, 1977.

Böckenförde, W., Recht, Staat, Freiheit, 1991.

Bohne, G., Menschenwürde und Strafrecht, 1951.

Brunner, E., Das Menschenbild und dle Menschenrechte, in: universitas, 2. Jg. 1947.

Butler, J., Dekonstruktion und die Möglichkeit der Gerechtigkeit: Weber vs. Cornell, in: A. Haverkamp(Hrsg.), Gewalt und Gerechtigkeit Derrida-Benjamin, 1994.

Campbell, T., Rights: A critical introduction, 2006.

Carey, S. C./Gibney, M./Poe, S. C., The Politics of Human Rights—The Quest for Dignity, Cambridge Uni. Press, 2010.

Casals, N. T., Group Rights as Human Rights, 2006.

Clayton, R./Tomlinson, H., The Law of Human Rights, Vol.1, 2000.

Dietze, G., Bedeutungswandel der Menschenrechte, 1972.

Dürig, G., Die Menschenauffassung des GG, in: JR 1952.

Dworkin, R., Taking Rights Seriously, 1977.

Eekelaar J./Maclean, M., "Marriage and the Moral Bases of Personal Relationships" in: S. B. Boyd/H. Rhoades(ed.), Law and Families, 2006.

Falk, R./Elver, H./Hajjar, L.(ed.), Human Rights, Vol.1, 2008.

Feinberg, J., Social Philosophy, 1983.

Finnis, J., Human Rights & Common Good, 2011.

Finnis, J., Law, Morality, and "Sexual Orientation", Notre Dame Law Rev 69(1994)

Fletcher, G. P., With Justice for Some, 1995.

Gehlen, A., Moral und Hypermoral, 5. Aufl., 1986.

Gewith, A., Human Rights, 1982.

Habermas, J., Die Modene-ein unvollendetes Projekt, 1990.

Habermas, J., Faktizität und Geltung, 1992.

Hassemer, W., Unverfügbares im Strafprozess, W. Maihofer-FS, 1988.

Helwig, P., Liebe und Feindschaft, 1964.

Hohfeld, W. N., in: D. Cambell and P. Thomas(eds.), Fundamental Legal
   Conceptions as Applied in Judicial Reasoning, 2001.

Huber, W., Gerechtigkeit und Recht — Grundlinien christlicher Rechtsethik,
   1996.

Illouz, E., Warum Liebe weh tut, 2012.

Ipsen, Ehebegriff, unter Berufung auf P. Häberle (Hrsg.), Entstehungs-
   geschichte der Artikel des Grundgesetzes, 2. Aufl., 2010.

Jaspers, K., Einführung in die Philosophie, 25. Aufl., 1986.

Kant, I., Anthropologie in pragmatischer Hinsicht, in: Kant-Werke, Bd.
   XII, 1968.

Kant, I., Die Metaphysik der Sitten, in: Kant-Werke, Bd. VIII, 1968.

Kant, I., Grundlegung zur Metaphysik der Sitten, in: Kant-Werke, Bd. VII,
   1968.

Kant, I., Idee zu einer allgemeinen Geschichte in weltbürgerlicher Absicht,
   in: Kant-Werke, Bd. XI, 1968.

Kant, I., Kritik der praktischen Vernunft, in: Kant-Werke, Bd. VII, 1968.

Kaufmann, Arth., Recht und Sittlichkeit, 1964.

Kaufmann, Arth., Rechtsphilosophie in der Nach-Neuzeit, 1990.

Kim, Il-Su, Die Bedeutung der Menschenwürde im Strafrecht, Disser.
   München, 1983.

Kriele, M., Recht und praktische Vernunft, 1979.

Küchenhoff, G., Neugestaltung der Gesellschaft im Recht, 1977.

Luhmann, N., Gibt es in unserer Gesellschaft noch unverzichtbare
   Normen?, 1993.

Luhmann, N., Liebe als Passion, 1998.

Lyons, D., Ethics and the Rule of Law, 1984.

Maihofer, W., Menschenbild und Strafrechtsreform, 1964.

Maihofer, W., Ordnung und Gesellschaft, 1960.

Maihofer, W., Rechtsstaat und menschliche Würde, 1968.

Maihofer, W., Vom Sinn menschlicher Ordnung, 1956.

Maihofer, W., Was ist Recht, in: Juristische Schulung, 1963.

Manetti, G., Über die Würde und Erhabenheit des Menschen, übersetzt von H. Lippin, 1990.

Maunz, T., Deutsches Staatsrecht, 17. Aufl., 1969.

Menninger, K., Whatever became of sin?, 1973.

Minda, G., Postmodern Legal Movements, 1995.

Nipperdey, H. C., Die Würde des Menschen, in: Neumann/Nipperdey/ Scheuner, 1951.

Peters, B., Rationalität, Recht und Gesellschaft, SV, 1991.

Rainbolt, W., The Concept of Rights, 2006.

Rawls, J., A Theory of Justice, 1972.

Rawls, J., Political Liberalism, 1993.

Russel, B., Why I am not A Christian, 1977.

Russell, B., Marriage and Morals, 1929, zit. nach dem Neudruck London 1972.

Sandel, M. J., Moral Argument and Liberal Toleration, in: G. Dworkin(ed.), Morality, Harm and Law, 1994.

Sandel, M. J., Moral Argument and Liberal Toleration: Abortion and Homosexuality, in: B. West, Rights, 2001.

Santeler, J., Die Grundlegung der Menschenwürde bei I. Kant, 1962.

Scheler, M., Die christliche Liebesidee und die gegenwärtige Welt, in: ders., Vom Ewigen im Menschen, 1933.

Schneider, M., Leibniz als Grundlagenforscher, in: Rechtstheorie, Bd.38. 2007 Heft 4.

Schorn, H., Um die Wahrung der Menschenwürde im Strafverfahren, in: DRiZ 1961.

Schulz, L., Universalisierung des Strafrechts?, Bericht zur Tagung der deutschsprachigen Strafrechtslehrer(Berlin 1997), in: Strafverteidiger 1998.

Seidler, V. J., The Moral Limits of Modernity: Love, Inequality and Oppression, 1991.

Sen, Amartya, "Human Rights and Asian Values", in: R. Falk/H. Elver/L. Hajjar(ed.), Human Rights, Vol.1, 2008.

Tugendhat, E., Die Kontroverse um die Menschenrechte, in: Analyse und Kritik 15, I , 1993.

v. Mangoldt-Klein, Das Bonner GG Kommentar, 2. Aufl., 1957.

Wapler, Die Frage der Verfassungsmäßigkeit der Öffnung der Ehe für gleichgeschlechtliche Paare, 2015.

Wellmer, Albrecht, Zur Dialektik von Moderne und Postmoderne, 1985.

Welty, Enziklika mater et magistra, 5. Aufl., 1964

Wernike, Erläuterung II 1a zu Art.1 Satz 1 GG.

Wilet, J. D., The Human Rights of Sexual Minorities: A Comperative and International Law Perspective, 22 Fall Hum. Rts.1995.

Würtenberger, Th., Humanität als Strafrechtswert, SdJZ 1948, Jg.Ⅲ Nr.11.

Zakaria, F., "Culture is Destiny—A conversation with Lee KuanYew", in: R. Falk/H. Elver/L. Hajjar(ed.), Human Rights, Vol.1, 2008.

Zeltner, H., Sozialphilosophie, 1979.

4. 외국 판례

Bowers vs. Hardwick, 1986

BVerfG, Kammerbeschluss vom 04. Oktober 1993-1 BvR 640/93, NJW 1993, 3058, Rn. 4 f.

BVerfGE 105, 313 (Rn. 29 ff.).

BVerfGE 105, 313 (Rn. 88 f.).

BVerfGE 121, 175.

BVerfGE 124, 199.

BVerfGE 126, 400.

BVerfGE 131, 239 (Rn. 67); 133, 377 (Rn. 85).

BVerfGE 131, 239.

BVerfGE 133, 377.

BVerfGE 133, 59 (Rn. 54 ff.).

BVerfGE 133, 59 (Rn. 55).

BVerfGE 133, 59.

BVerfGE 4, 110.

Dudgeon v. UK, App.No.7525/76, 45 Eur.Ct.HR, 1981.

EGMR, Urteil vom 7. November 2013, Az. 29381/09, 32684/09 (Vallianatos/ Griechenland), Absatz-Nr. 78 ff.

EuGH, Urteil vom 1. April 2008, Rs C-267/06, Slg. 2008, I- 01757 (Maruko).

Gesetz über die eingetragene Lebenspartnerschaft (Lebenspartner- schaftsgesetz) vom 16. 02. 2001, BGBl. 2001 I, 266.

Human Rights Committee, Toonen v. Australia(Communication No.488/ 1992, 31.03.1994), at3.1(c).

Lawrence v.Texas, 539 U.S. 558(2003)

5. 인터넷 관련사이트 링크

시사IN(http://www.sisain.co.kr) 2016.11.16. 제478호.

iseoul@seoul.co.kr(2017.10.3.)

https://www.bundestag.de/bundestag/ausschuesse18/a06/anhoerungen/ 09_28_gleichgeschlechtliche-ehe/383124 (독일판례사이트)

http://lgbtpride.tistory.com/1011 (동성애 관련 사이트)

http://www.kqcf.org/ (동성애 관련 사이트)

● 찾아보기

ㄱ

가언명령 304

가(家)의 원리 154

가장 먼 사람 사랑 268

가정 282

가족 159, 282

가족중심주의 159

가치 상대주의 73

가치적격성 314

가치평가적 합리성 302, 303

가치합리성 193, 222

가치허무주의 65

간주관성의 존재론 159

갈등상황 215

감성적 자의 205

감성체 205

감정 271

감정과 정서의 과잉 290

개인의 도덕적 의무 210

객관적 실존조건 206

거룩한 제사장 246

거위스 187, 193

거짓사랑 289

건설적인 본성 216

건설적인 사랑 242

게이 해방 전선 137

결혼 282

결혼 내에서의 성생활 234

결혼보호법 101

결혼예비학습 284

결혼을 통한 성공동체 284

결혼의 대의 283, 284

경건주의 278

경기도 학생인권조례 106

경험적 인간 52

계몽의 빛 291

계몽주의 278

고린도 교회 278

고립된 개체 52

공동선 55

공동체의 지배적인 법의식 250

공동체적 인간 201

공동체주의자 151

공리주의적 사고 298

공서양속 158

공자 214

공정으로서의 정의 31
공정한 분별력 300
공존세계 215
과잉입법 319
과학적 증거에 의한 비신화화 262
관계 속의 인간관 53
관계의 총합 202
관용성 302
광주광역시 학생인권보장
    및 증진에 관한 조례 107
구제 171
구조주의 65
구체적 유토피아 225
구체적인 법유토피아 197
국가인권위원회법 104, 173
권리 171, 175, 316
권리담론 170
「권리를 위한 투쟁」 176
권리적격성 223
권위 299
권위에 기초한 권리 299
규범적 정당성 314
규제기능 219
그들만의 법 318
그레코로만의 성 풍속 277
그룹권 180
그리스도의 의 233
극단적인 인본주의 280

근대성 프로젝트 46, 291, 292
근대인권사상 22
근대적 사회계약론 31
근본규범 201
근친상간 315
근친상간 금지명령 232
근친혼 232
기독교세계관 228
기독교신앙의
    개혁주의적인 전통 276
기독교의 사랑 280
기독교적 사랑 242
기독교적 세계관 250
기독교적 지성 277
기본적 윤리 185
기본적 인권 317
기본적인 도덕성 188
기쁨 245
기쁨의 근원 282
기술적 합리성 303
길원평 262

ㄴ

남성동성애자(G) 97
남에게 호의적인 사랑 237
남의 행복 266
낭만주의사상 291
네오 마르크시즘 125

노예제도 275

논리질서 313

뉴 레프트 운동 125

뉴에이지 59

뉴 에이지 운동 277

니체 62, 71, 221, 291

ㄷ

다원주의 73, 280

당대의 지배적인 윤리의식 195

대응사상 246

덕론의 최고원칙 209

데리다 69, 76, 83

데카르트 279

도널리 192

도덕 160

도덕성 187, 314

도덕적 능력 300

도덕적 무정부주의 65, 222, 276

도덕적 본성 311

도덕적 상대주의 169

도덕적 실천이성의 주체 210

도덕적으로 중요한 선택을 위한
    자기결정의 지배영역 313

도덕적, 인격적
    존재자로서의 인간 210

도덕적 주체의 권리 310

도덕적 합리성 301

도덕적 해방 161

도벳의 북소리 244

도스토옙스키 71

동굴의 우상 273

동성결혼 99

동성애 258

동성애공포증 128

동성애의 비신화화 257

동성애의 유발원인 260

동성애의 인권적격성 306

동성애자 257, 258

동성애자의 부류와 특징 257

동성애자 커플 100

동양적 시각 149

동정 268

동화전술 283

둘째 아담 233

드워킨 179

똘레랑스(관용) 246

ㄹ

라이프니츠 266

라캉 67, 69

러셀 269, 281

러스킨 182

러시아 혁명 295

레비스트로스 67

레비아탄 25, 281

로마교회 278

Lawrence v. Texas 사건 88, 188

로빈슨 217

로크 26, 150

로티 193

롤즈 31

루만 269, 272

루소 25, 27, 150

루이스 236, 274

르네상스 278

리콴유 165

ㅁ

마르크스 52, 71

마술적 사랑 266

마하티르 165

만인을 위한 결혼 100

매매춘 315

맬컴 엑스 134

메닝거 289

메시아 예수 240

모든 금지하는 것을 금지한다 225

목적법학 177

목적의 왕국 212

목적합리성 193, 222

무종교의 자유 73

무지를 향한 열정 48

무지의 베일 31

문명 비판 275

문예비평 47

문화 282

문화국가 220

문화다원주의 72, 302

문화명령 246

「문화방위론」 42

문화상대주의 166

문화의 소비자 185

문화적 다원주의 49

문화적 소외 32

문화적 우월주의 168

문화적 제국주의 168

문화적 퇴폐 194

물리적, 동물적
　　존재자로서의 인간 210

미국연방대법원 312

미시권력 49

미시마 유키오 42

민족 69

ㅂ

바디우 308

바람막이용 입법 298

바르트 292, 294

바울 273

Bowers v. Hardwick 사건 93, 188

반성적 사유 284

반성적·자기 성찰적 이성 281
반인종주의 70
발리바르 163, 296
버크 180
버틀러 81, 83, 99, 133
벌거벗은 생명 44
범신론 61
법규범의 최상위원칙 201
법률적인 불법 287
법에 대한 무지 48
법의 도덕형성력 220
법의 무지 48
법의 이데올로기화 317
법의 정의 218
법의 주체 48
법의 지배 285
법의 타락 319
법의 파쇼 224
법적 소란행위 79
법제국주의 224
법질서의 과제 217
법질서의 존재의의 214
베헤못 27
벡 91
변호사윤리장전 42
보편성 300
보편적이 되라 220
보편적 인권 50

보편적 인권론 165
보편적 인권이론 49
복음의 핵심 228
복음적 영성운동 225
본원적인 사랑 290
본질존재 72
불안사회론 46
비관주의 245
비사교성 216

ㅅ
사고의 도치현상 291
사고의 혼란 291
사교적 비사교성 214
사도 바울 274, 277
사랑 236, 237
사랑과 우정의 경합 272
사랑의 목표 239
사랑의 법 292
사랑의 빛 55
사랑의 양면성(모순성) 277
사랑의 의미 236
사랑의 의미론적 다양성 266
사랑의 책임 287
사랑의 하나님 248
사랑의 힘 55
사랑의 힘과 능력 238
사르트르 62, 71, 221, 281, 291

사상적 전복기도 61

사생활보호권 312

사생활의 자유 285

사이 164

사회경제적 소외 32

사회계약사상 23

사회관계의 앙상블 52, 201

사회기술론 304

사회상규 158

사회성 231

사회의 지배적인 윤리의식 307

사회적 소수자 41

사회적 약자 41

사회적 유토피아 295

사회적 의미성 204

사회책임 223

사회통합 219

사회화 203, 219

삼강오륜 159

상대주의 280

상징입법 298

상호존중의 원칙 211

새 계명 241, 247

새로운 위험 46, 304

샌델 180

생래적 인권사상 23

생생지도 153

생식과 보전 287

생의 철학 290

생활공동체 119

생활 사태 171

생활세계를 식민지화 22

서구의 몰락 276

서울대학교 인권가이드라인 108

서울특별시
    어린이 · 청소년인권조례 105

서울특별시 은평구 인권보장 및
    증진에 관한 조례 109

서울특별시 학생인권조례 106

선도기능 219

선량한 풍속
    기타 사회질서 222, 317

선의의 독재 167

선한 사마리아인 235

설리번 189

성과 사랑의 질서 288

성 담론 69

성 문란 274

성별 69

성별정체성 97

성북 주민인권선언문 109

성성 69

성소수자권리 297, 300

성 어거스틴 234

성윤리 276

성 인식 265

성적 자기결정권 92, 187, 285

성적 지향 97

성적 타락 293

성전환자(T) 97

성 정체성 129

성 정체성의 해체 83

성정치 75

성정치적 무기 74

세계개방성 311

세계 내 존재 53, 202

세계와 관계된 인간 203

「세계 인권선언」 35

세상 끝 날 225

세속국가 244

세속화 243

소경의 코끼리 더듬기 273

소돔과 고모라 245, 247

소수자의 인권 50

소쉬르 66

소크라테스 273

속박 없이 즐기자 225

솔로몬의 아가서 274

수간 315

순수한 자의 205

슈바이처 191

슈펭글러 276

스칼리아 188

스키너 261

스토아 150

스톤월 항쟁 136

스톨게 267

스티븐스 93

스피노자 278

시민결합 98

시민불복종 196, 306

시민불복종운동 253

시민불복종행위 288

시민상태 25

시민의 이익 55

신개인주의 149

신과 닮은 형상 208

신권 23, 295

신사회운동 61, 77

신성한 성의 질서 273

신 없는 세계 290

신인동일형상 198

신 죽이기 224

신칸트학파 302

신프라이버시권 187

실정법적 불법 224

실정성 187

실존주의 52, 70, 201

실존철학 290

실증주의 191

실천적 사랑의 원리 280

ㅇ

아가페 240, 267

아가페사랑 289

아감벤 45

아리스토텔레스 273

아버지 죽이기 224

아시아적 가치 165

아우구스티누스 59

아우팅 130

아이러니 76

아퀴나스 29, 198

악법 196

알튀세르 67, 83

야만상태 215

야스퍼스 59

양극성 282

양성애자(B) 97, 259

양의 탈을 쓴 이리들 194

에로스 267

엑소더스정신 225

LGBT 88

여성동성애자(L) 97

여성 없는 페미니즘 84

여성주의 70

역설의 투쟁전략 48

연고자 없는 개인 150

연대권 20, 36

연대주의 151

연애 270

연어들의 회귀운동 249

열정으로서의 사랑 269

영성이 없는 지성은 맹목 275

영성종교 277

영지주의 274

예레미야 선지자 233

예링 176

예수그리스도 227

예수그리스도의 십자가 227

Obergefell et al.
   vs. Hodges 사건 189

오성적 욕구 205

오성주체 205

오코너 88

온정적 후견주의 93

와일드 245

우리 공동의 것 319

우상 숭배적 춤사위 244

우상신 280

「우상의 황혼」 71

우애 240

우정 240, 272

울피아누스 267

원수사랑 267

원초적 계약 31

원초적 합의 31

웨스트팔리아(베스트팔렌)조약 20

위계질서 160
「위험사회」 78
위험사회론 46
윅스 75
월렛 88
유교문화 152
유럽법원 112
유럽인권법원 112
「유럽인권조약」 86
유물론 52, 70, 201
유미주의자 244
유발원인에 감춰진 신화적 요소 260
육욕 270
윤리의 최대한 317
으뜸패 170
음란물 315
음양상대 157
의무론 178
이데올로기의 포로 196
이데올로기적 편향 304, 315
이데올로기화의 위험 167
이성능력 207, 228
이성능력이 부여되어 있는 존재 207
이성애적 규범 281
이성을 갖춘 인격 206
이성의 규칙 25
이성의 능력 312
이성적 의욕 205

이성적 인간 52
이성적인 사랑 271
이성적 존재 207
이웃사랑 266, 268
이웃사랑(인간사랑) 267
이익법학 177
이항녕 181
인간가족 268
「인간과 시민의 권리선언」 35
인간과의 비공유적 속성 226
인간관계적 인간 203
인간다움 224
인간-동물 309
인간-동물의 권리 309
인간 동물주의 309
인간사랑 268
인간상 52
인간성 187, 200
인간에게 사랑을
    가르쳐 준 하나님 236
인간의 고상함 208
인간의 고유가치 200
인간의 본성 200
인간의 본질적 형상 228
인간의 생활관계의 총화 52
인간의 자율성 29, 208
인간의 존엄 194
인간의 존엄성 198, 299

인간의 품위 223

인간질서의 기본구조 209

인간학적 근거 201

인간해방 222, 295

인격 200

인격의 자율성 200

인격주의 151

인격화 219

인권규범 169

인권사상 22

인권의 도덕성 186

인권의 보편성 306

인권의 최종적인 근거 236

인권적격성 163, 317

인권제국주의 224

인권제국주의의 위험 316

인권혁명 296

인기몰이용 입법 298

인디언사냥 275

인류최초의 인권선언 295

인류 223

인문주의 56

인정투쟁 136

인종 69

인종적 편견 315

일반의지 28

일방적인 수단 211

일부다처제 315

ㅈ

자긍심 행진 136

자기발전 210

자기발전의무 30

자기보존 210

자기보존의무 29

자기부인 280

자기사랑 267

자기애적인 사랑 237

자기 자신과
    타인에 대한 존중의무 209

자기집착 290

자기창조의 원천 207

자기추구 290

자녀와 동성 간 생활공동체 120

자리이타 161

자발적 소수자 79

자비의 준칙 280

자살예찬론자 315

자연관계적 인간 203

자연권사상 23

자연권적 인권개념 299

자연법 213

자연법사상 307

자연법칙 25

자연상태 25

자연신 278

자연적 질서 313

자연종교관 24

자연주의 191

자유권 20, 36, 91

자유에로 부름받은 존재 221

자유에로 저주받은 존재 221

자유의 일반법칙 212

자유의 평등성 213

자유지상주의자 224

자율적 존재 208

자크 데리다 309

장애 69

장엄성 241

저항권 306

「적 그리스도」 71

적극적 차별시정조치 263

전라북도 학생인권조례 108

전인격적인 사랑 287

전체주의 국가권력 281

전통 282

전통적인 결혼의 선함 318

절대개인 160

정보화 사회론 46

정상적인 성 281

정상적인 성 인식 265

정치적 동물 52

정치적 소외 32

정향기능 219

제도 282

제도적 폭력 187

제3세대 인권 20, 36

제2세대 인권 20

제2천성 207, 241

제1세대 인권 20

젠더 이론 133

존엄성 241

종교개혁 278

종교의 자유 73

종교적, 윤리적 죄 289

종교적 이단자 315

좌파 70

좌파적인 해체사상 280

주관적 실존조건 206

중용의 길 296

지배능력 229

지배적인 법의식 319

지속가능한 사회발전 318

지식의 탈을 쓴 야만 222

직분 161, 183

직분개념 183

직분론 181

직분사상 181

진웅희 100

진정한 휴머니즘 292

집합인간 202

ㅊ

차별금지 88

차별금지법 73, 173, 253, 287

차별금지에 관한 법률안 313

차별의 유형 43

참된 사랑 249, 265, 293

창조능력 207, 229

처분 불가능한 권리 191

천부인권 23

철학적·관념론적 인간상 201

청구권 175

청년문화 125

초인 280

최고의 법가치 206

추상적 주체 52

축첩 315

출교 253

충남도민인권선언문 110

충효 165

ㅋ

칸트 29, 200, 241, 279

칼뱅 280

캔디스 65

커밍아웃 126, 128

코소보전쟁 20

콩트 302

쾌락 245

쾌락의 추구 245

퀴어리스트 259

퀴어 이론 84

퀴어 퍼레이드 127

퀴어행진 126

크리스토퍼 거리 해방의 날 138

크리스티바 69

크세노폰 273

키르케고르 59

키케로 182

ㅌ

탈근대사상 60

탈근대성 프로젝트 46

탈근대주의 45

탈동물화 162

탈산업사회론 46

탈중심화 76

토마지우스 278

통체-부분자적 세계 153

투겐타트 192

Toonen v. Australia 사건 90

트랜스젠더리즘 250

특정 목적성취를 위한
      체계의 기술적 지배영역 313

ㅍ

파괴적인 본성 216, 242

파리 68혁명 281

파스칼 59

파트너관계 100

패러독스 76

페르시아 문명 275

페미니즘 47

페터스 301

평균인적 사고 281

평등권 20, 36, 88

평화로운 공존 231

포도원을 허는 작은 여우들 194

포르노 288, 315

포스트모더니즘 61, 70

포스트모던 59

포스트모던 법 운동 96

포스트모던 페미니즘이론 61, 81

포이어바흐 52, 71

표류하는 미국 100

푸코 60, 68

privacy 222

프라이버시 권리 85

프랑스혁명 27, 295

프로이트 71

프로이트계보학 48

프루스트 245

플라톤 273

플라톤적 사랑 271

플루타르크 273

피니스 293

필로스/필리아 267

ㅎ

하나님과 동일형상 23

하나님과 인간의 공유적 속성 226

하나님나라 244

하나님사랑 267

하나님의 도덕법 247

하나님의 뜻 244

하나님의 사랑 237

하나님의 의 230

하나님의 자녀 23

하나님의 전유성 226

하나님의 형상 198

하나님의 형상론 226

하버마스 192, 195

하트만 199

한계를 모르는 자유 281

합리성 300, 312

합리적 정당성 301

합리주의철학 290

합법성의 원칙 218

해체 76

행복 194

허무를 낳는 사랑 272

허무주의 245, 276

헌법상의 인권목록 223

헌법적 기본권의 품격 195

헤겔 52, 181, 284

헤라클리트 59

헬비히 293

헬싱키선언 20

현금카드 170

현대판 엽관주의 285

혐오표현금지법 253

호의 266

호펠드 175

혼거공동체 127

혼외정사 315

혼합주의 경향 244

홉스 24

화어음양 157

화이트 312

화이트헤드 100

황금률 211

황하문명 275

회복적인 정의 219

후기구조주의 61, 65

후기현대주의 철학 290

후천적 요인들 261

후천적 젠더담론 83

김일수

고려대학교 법과대학졸업
제12회 사법고시합격, 사법연수원 제2기 수료, 변호사
고려대학교 대학원 수료(법학석사)
독일 München 대학 수학(법학박사: Dr. jur)
독일 Humboldt Foundation Fellow
미국 Harvard University Law School Visiting Scholar
고려대학교 법과대학교수, 학장 역임
한국형사정책연구원장, 국가경찰위원장 역임
현재 고려대학교 법학전문대학원 명예교수
    중국 무한대학 법학원 겸직교수, 길림대학·요령대학 법학원 객좌교수
    Zeitschrift f.d. ges. Strafrechtswissenschaft(ZStW) 국제편집자문위원

저서 및 역서
한국형법 I (총론 상)/II(총론 하)/III(각론 상)/IV(각론 하)
새로 쓴 형법총론(제13판)(2008년 중국어 역간)/새로 쓴 형법각론(제9판)
사랑과 희망의 법/개혁과 민주주의/공정사회로 가는 길/
법·인간·인권/수사체계와 검찰문화의 새 지평/범죄피해자론과 형법정책/
바람직한 양형조사제도/전환기의 형사정책/형법질서에서 사랑의 의미/
Lebensschutz im Strafrecht(Mithrsg.)/C.Roxin, 형사정책과 형법체계(역서)/
N.Brieskorn, 법철학(역서)/G.Jakobs, 규범·인격·사회(공역) 외 다수

성소수자의 권리 논쟁

초판 인쇄 2019년 9월 16일
초판 발행 2019년 9월 25일

지은이 김일수
펴낸이 이방원
펴낸곳 세창출판사
    신고번호 제300-1990-63호
    주소 03735 서울시 서대문구 경기대로 88 냉천빌딩 4층
    전화 02-723-8660 팩스 02-720-4579
    이메일 edit@sechangpub.co.kr 홈페이지 www.sechangpub.co.kr

ISBN 978-89-8411-901-7 93360